AF363736

La 1.re Edition de cet ouvrage qui est le premier que M. d'alembert ait donné au public, est de 1743, in 8°. L'auteur l'avoit dédiée à M. le Comte de Maurepas Ministre alors en place. il a dédié celle-ci à M. le Comte d'Argenson ministre déjà en disgrace. il avoit déjà dédié un autre de ses ouvrages à M. le Marquis d'Argenson dans le même cas. De pareilles dédicaces font honneur à la Philosophie morale de M. d'alembert; comme son livre en a fait beaucoup à la profondeur de ses connoissances en Mechanique et en Géometrie.

Cet Exemplaire est celui même de M. d'Argenson.

TRAITÉ

DE

DYNAMIQUE,

DANS LEQUEL LES LOIX DE L'E'QUILIBRE & du mouvement des Corps font réduites au plus petit nombre poffible, & démontrées d'une maniere nouvelle, & où l'on donne un Principe général pour trouver le Mouvement de plufieurs Corps qui agiffent les uns fur les autres d'une maniere quelconque.

Par M. D'ALEMBERT, *de l'Académie Françoife, des Académies Royales des Sciences de France, de Pruffe & d'Angleterre, de l'Académie Royale des Belles Lettres de Suède, & de l'Inftitut de Bologne.*

Nouvelle Edition, revûe & fort augmentée par l'Auteur.

A PARIS,

Chez DAVID, Libraire, rüe & vis-à-vis la grille des Mathurins.

M. DCC. LVIII.

AVEC APPROBATION ET PRIVILEGE DU ROI.

A MONSEIGNEUR

LE COMTE

D'ARGENSON,

MINISTRE D'ÉTAT.

ONSEIGNEUR,

*L'ACCUEIL favorable que les Savans
ont déja fait à ce fruit de mes travaux,*

a ij

EPITRE.

m'a inſpiré le déſir & la confiance de Vous l'offrir. Je ſouhaiterois l'avoir rendu digne de la poſtérité, pour faire parvenir juſqu'à elle le ſeul témoignage que je puiſſe vous donner de mon attachement & de ma reconnoiſſance. De toutes les vérités contenues dans cet Ouvrage, la plus précieuſe pour moi eſt l'expreſſion d'un ſentiment ſi noble & ſi juſte. Moins j'ai cherché les bienfaiteurs, moins je dois oublier ceux qui ont voulu être les miens, & les graces dont SA MAJESTÉ m'a honoré, toujours préſentes à mon cœur, me rappelleront ſans ceſſe ce que je dois au Miniſtre qui me les a obtenues. Puiſſent, MONSEIGNEUR, les Sciences & les Lettres, fideles à conſerver le ſouvenir de ceux qui les ont aimées, célébrer d'une maniere digne de la France & de Vous

EPITRE.

tant d'établissemens glorieux à Votre Mi-
nistère, qui laisseront à Vos successeurs
l'honneur de les faire fleurir ! Puissiez-
Vous goûter en paix dans votre retraite
la consolation que procure la vie privée,
de ne point voir de trop près les malheurs
des hommes ! Tels sont, MONSEIGNEUR,
les vœux d'un Citoyen à qui Votre prospé-
rité sera toujours chere, & qui se trouve
pour la premiere fois à plaindre de la mé-
diocrité de son état, par le désir qu'il au-
roit de donner plus d'éclat à son hommage.
Je suis avec un profond respect,

MONSEIGNEUR,

Votre très-humble &
très-obéissant Serviteur
D'ALEMBERT.

EXTRAIT DES REGISTRES

DE L'ACADÉMIE ROYALE DES SCIENCES,

Du 26 Avril 1758.

MEſſieurs DE MONTIGNY & BEZOUT, qui avoient été nommés pour examiner la ſeconde Edition que M. D'ALEMBERT ſe propoſe de donner de ſon TRAITÉ DE DYNAMIQUE, auquel il a fait pluſieurs augmentations, en ayant fait leur rapport, l'Académie a jugé cet Ouvrage digne de l'impreſſion; en foi de quoi j'ai ſigné le préſent Certificat. A Paris ce 26 Avril 1758.

GRANDJEAN DE FOUCHY,
Sécretaire perpétuel de l'Acad. Royale des Sciences.

AVERTISSEMENT.

CETTE feconde Edition eſt augmentée de plus d'un tiers.

On a ajoûté au Diſcours préliminaire quelques réflexions ſur la queſtion des forces vives, & l'examen d'une autre queſtion importante, propoſée par l'Académie Royale des Sciences de Pruſſe, *ſi les loix de la Statique & de la Méchanique ſont de vérité néceſſaire ou contingente?*

Dans la premiere Partie de l'Ouvrage, ce qui regarde la meſure & la comparaiſon des forces accélératrices eſt expliqué avec beaucoup plus de détail que dans la premiere Edition, & contient ſur cette matiere des remarques qu'on ne trouvera point ailleurs; on a inſéré auſſi dans cette premiere Partie, pluſieurs nouvelles recherches ſur les loix de l'équilibre.

Les additions principales de la feconde Partie, font quelques propofitions fur l'état du centre de gravité de plufieurs Corps qui agiffent les uns fur les autres ; la folution complette d'un Problême de Dynamique, qui n'avoit été qu'imparfaitement réfolu jufqu'ici, parcequ'on n'avoit pu féparer les indéterminées de l'équation finale (ce Problême fe trouve art. 97 & fuivans) ; une folution beaucoup plus fimple du Problême V. fur le mouvement d'un fil chargé de plufieurs poids, avec un grand nombre de réflexions curieufes fur ce Problême ; une folution plus détaillée & en même tems plus fimple du Problême des Corps qui vacillent fur des plans ; enfin des recherches nouvelles & des obfervations importantes fur le choc des Corps à reffort. Je ne parle point de plufieurs autres additions moins confidérables répandues dans le corps de l'Ouvrage, & qui ont principalement pour but de développer davantage ce qui m'a paru

en

en avoir befoin. Mais je ne dois pas laiffer
ignorer les obligations que j'ai à M. Bezout de l'Académie Royale des Sciences,
qui a bien voulu me fournir pour cette
Edition un grand nombre de notes, dont
l'objet eft de mettre l'Ouvrage à la portée d'un beaucoup plus grand nombre de
Lecteurs qu'il ne l'étoit dans la premiere
Edition. Ces notes, au nombre de plus de
foixante, font au bas du Texte.

Quoique cette nouvelle Edition foit déja fort augmentée, mon deffein étoit d'y
ajoûter encore plufieurs autres morceaux,
la plûpart compofés depuis long-tems, &
qui ont tous rapport à la Dynamique. Ces
morceaux étoient 1°. Des recherches fur
le mouvement d'un corps qui tourne autour d'un axe mobile; Problême du même genre que celui *de la préceffion des
Equinoxes*; l'Ouvrage que j'ai mis au
jour fur ce dernier fujet en 1749 contient tous les principes néceffaires pour
réfoudre le Problême général dont il s'a-

git; & les recherches dont je parle ici, & que je voulois joindre à ce Traité, ne font que l'application de ces principes. 2°. Plufieurs additions à l'Effai d'Hydro-dynamique entiérement neuf que j'ai donné dans les Chap. VIII. & IX. de ma *Théorie de la réfiftance des fluides*, publiée en 1752; ces additions ont pour objet de faire voir que cet Effai d'Hydrodynami-que, quoique très-court, renferme une Méthode auffi générale qu'on le puiffe défirer pour foumettre au calcul le mouvement des fluides, & de déterminer en même tems le petit nombre de cas dans lefquels on peut appliquer *rigoureufe-ment* le calcul à la recherche de ce mouvement. 3°. Une théorie des ofcilla-tions des Corps flottans, pour fervir de fupplément à celle que j'avois ébauchée dans le Chapitre VI. de mon *Effai*, déja cité, *de la réfiftance des fluides*. 4°. Un écrit affez étendu fur les vibrations des cordes fonores, en réponfe aux objec-

AVERTISSEMENT.

tions qui m'ont été faites fur ce fujet dans les *Mémoires de l'Académie de Berlin* de 1753, par deux grands Géometres, Mrs Bernoulli & Euler, divifés d'ailleurs entr'eux, même dans ce qu'ils me conteftent, puifque l'un m'accorde ce que l'autre me nie. 5°. Enfin une démonftration du principe de la compofition des forces, à la vérité moins fimple que celle qui a été donnée dans l'article 28. de cet Ouvrage, mais que je crois cependant n'être pas indifférente pour les Mathématiciens, par le moyen que j'ai trouvé de fimplifier la démonftration très-ingénieufe de ce même principe, qu'on peut lire dans le premier Tome des *Mémoires de Péterfbourg*. Mais ces différentes additions, quoique toutes intéreffantes par leur objet, auroient trop groffi le Volume que je mets au jour; je me propofe donc de les publier, enfemble ou féparément, dans quelqu'autre occafion.

FAUTES A CORRIGER.

*P*AGE 31, *lig. 6 & 7, lisez ;* L'équation trouvée $dde = \varphi dt^2$, appartient à la courbe rigoureuse & à la courbe polygone.

Page 116, lig. 5 à compter d'en bas. au lieu de $(6 + \gamma u)^2$, *lisez* $H(6u + \gamma)^2$.

Page 136, lig. 2 à compter d'en bas. au lieu de $- My$, *lisez* $- My$.

Page 191, lig. 11 ; au lieu de at. *lisez* dt.

Page 194, lig. 4, au lieu de $2ab$. *lisez* $2a$.

Page 255, lig. 1 de la note. au lieu de Fig. 15. *lisez* Fig. 11.

DISCOURS

DISCOURS
PRÉLIMINAIRE.

LA certitude des Mathématiques eſt un avantage que ces Sciences doivent principalement à la ſimplicité de leur objet. Il faut avouer
même, que comme toutes les parties des Mathématiques n'ont pas un objet également ſimple,
auſſi la certitude proprement dite, celle qui eſt
fondée ſur des principes néceſſairement vrais &
évidens par eux - mêmes, n'appartient ni également, ni de la même maniere à toutes ces parties. Pluſieurs d'entr'elles, appuyées ſur des principes Phyſiques, c'eſt-à-dire ſur des vérités d'expérience, ou ſur de ſimples hypotheſes, n'ont,
pour ainſi dire, qu'une certitude d'expérience,
ou même de pure ſuppoſition. Il n'y a, pour parler exaĉtement, que celles qui traitent du calcul
des grandeurs, & des propriétés générales de
l'étendue, c'eſt-à-dire l'Algébre, la Géométrie
& la Méchanique, qu'on puiſſe regarder comme

marquées au fceau de l'évidence. Encore y a-t-il
dans la lumiere que ces Sciences préfentent à
notre efprit, une efpece de gradation, &, pour
ainfi dire, de nuance à obferver. Plus l'objet
qu'elles embraffent eft étendu, & confidéré d'u-
ne maniere générale & abftraite, plus auffi leurs
principes font exempts de nuages & faciles à fai-
fir. C'eft par cette raifon que la Géométrie eft
plus fimple que la Méchanique, & l'une & l'autre
moins fimples que l'Algébre. Ce paradoxe ne
paroîtra point tel à ceux qui ont étudié ces Sciences en Philofophes : les notions les plus abftrai-
tes, celles que le commun des hommes regarde
comme les plus inacceflibles, font fouvent celles qui portent avec elles une plus grande lumiere : l'obfcurité femble s'emparer de nos idées
à mefure que nous examinons dans un objet plus
de propriétés fenfibles ; l'impénétrabilité, ajoûtée à l'idée de l'étendue, femble ne nous offrir
qu'un myftere de plus ; la nature du mouvement
eft une énigme pour les Philofophes ; le principe
Métaphyfique des loix de la percuffion ne leur eft
pas moins caché ; en un mot plus ils approfon-
diffent l'idée qu'ils fe forment de la matiere, &
des propriétés qui la repréfentent, plus cette
idée s'obfcurcit & paroît vouloir leur échapper ;

plus ils se persuadent que l'existence des objets extérieurs, appuyée sur le témoignage équivoque de nos sens, est ce que nous connoissons le moins imparfaitement en eux.

Il résulte de ces réflexions, que pour traiter suivant la meilleure Méthode possible quelque partie des Mathématiques que ce soit (nous pourrions même dire quelque Science que ce puisse être) il est nécessaire non-seulement d'y introduire & d'y appliquer autant qu'il se peut, des connoissances puisées dans des Sciences plus abstraites, & par conséquent plus simples, mais encore d'envisager de la maniere la plus abstraite & la plus simple qu'il se puisse, l'objet particulier de cette Science ; de ne rien supposer, ne rien admettre dans cet objet, que les propriétés que la Science même qu'on traite y suppose. Delà résultent deux avantages : les principes reçoivent toute la clarté dont ils sont susceptibles : ils se trouvent d'ailleurs réduits au plus petit nombre possible, & par ce moyen ils ne peuvent manquer d'acquérir en même tems plus d'étendue, puisque l'objet d'une Science étant nécessairement déterminé, les principes en sont d'autant plus féconds, qu'ils sont en plus petit nombre.

On a penſé depuis long-tems, & même avec
ſuccès, à remplir dans les Mathématiques, une
partie du plan que nous venons de tracer : on a
appliqué heureuſement, l'Algébre à la Géométrie, la Géométrie à la Méchanique, & chacune
de ces trois Sciences à toutes les autres, dont elles ſont la baſe & le fondement. Mais on n'a pas
été ſi attentif, ni à réduire les principes de ces
Sciences au plus petit nombre, ni à leur donner
toute la clarté qu'on pouvoit déſirer. La Méchanique ſurtout, eſt celle qu'il paroît qu'on a négli-
gée le plus à cet égard : auſſi la plûpart de ſes principes, ou obſcurs par eux-mêmes, ou énoncés &
démontrés d'une maniere obſcure, ont-ils donné
lieu à pluſieurs queſtions épineuſes. En général,
on a été plus occupé juſqu'à préſent à augmenter
l'édifice qu'à en éclairer l'entrée ; & on a penſé
principalement à l'élever, ſans donner à ſes fon-
demens toute la ſolidité convenable.

Je me ſuis propoſé dans cet Ouvrage de ſatis-
faire à ce double objet, de reculer les limites de
la Méchanique, & d'en applanir l'abord ; & mon
but principal a été de remplir en quelque ſorte
un de ces objets par l'autre, c'eſt-à-dire, non-
ſeulement de déduire les principes de la Méchanique des notions les plus claires, mais de les ap-

pliquer auſſi à de nouveaux uſages ; de faire voir tout à la fois, & l'inutilité de pluſieurs principes qu'on avoit employés juſqu'ici dans la Méchanique, & l'avantage qu'on peut tirer de la combinaiſon des autres pour le progrès de cette Science ; en un mot, d'étendre les principes en les réduiſant. Telles ont été mes vûes dans le Traité que je mets au jour. Pour faire connoître au Lecteur les moyens par leſquels j'ai tâché de les remplir, il ne ſera peut-être pas inutile d'entrer ici dans un examen raiſonné de la Science que j'ai entrepris de traiter.

Le Mouvement & ſes propriétés générales, ſont le premier & le principal objet de la Méchanique ; cette Science ſuppoſe l'exiſtence du Mouvement, & nous la ſuppoſerons auſſi comme avouée & reconnue de tous les Phyſiciens. A l'égard de la nature du Mouvement, les Philoſophes ſont au contraire fort partagés là-deſſus. Rien n'eſt plus naturel, je l'avoue, que de concevoir le Mouvement comme l'application ſucceſſive du mobile aux différentes parties de l'eſpace indéfini, que nous imaginons comme le lieu des corps : mais cette idée ſuppoſe un eſpace dont les parties ſoient pénétrables & immobiles ; or perſonne n'ignore que les Cartéſiens (Secte

qui à la vérité n'exiſte preſque plus aujourd'hui)
ne reconnoiſſent point d'eſpace diſtingué des
corps, & qu'ils regardent l'étendue & la matiere
comme une même choſe. Il faut convenir qu'en
partant d'un pareil principe, le Mouvement ſeroit la choſe la plus difficile à concevoir, & qu'un
Cartéſien auroit peut-être beaucoup plutôt fait
d'en nier l'éxiſtence, que de chercher à en définir la nature. Au reſte, quelque abſurde que nous
paroiſſe l'opinion de ces Philoſophes, & quelque peu de clarté & de préciſion qu'il y ait dans
les Principes Métaphyſiques ſur leſquels ils s'ef-
forcent de l'appuyer, nous n'entreprendrons
point de la réfuter ici : nous nous contenterons
de remarquer, que pour avoir une idée claire du
Mouvement, on ne peut ſe diſpenſer de diſtin-
guer au moins par l'eſprit deux ſortes d'étendue :
l'une, qui ſoit regardée comme impénétrable,
& qui conſtitue ce qu'on appelle proprement les
corps ; l'autre, qui étant conſidérée ſimplement
comme étendue, ſans examiner ſi elle eſt péné-
trable ou non, ſoit la meſure de la diſtance d'un
corps à un autre, & dont les parties enviſagées
comme fixes & immobiles, puiſſent ſervir à juger du repos ou du mouvement des corps. Il nous
fera donc toujours permis de concevoir un eſpa-

ce indéfini comme le lieu des corps, foit réel, foit fuppofé, & de regarder le Mouvement comme le tranfport du mobile d'un lieu dans un autre.

La confidération du Mouvement entre quelquefois dans les recherches de Géométrie pure; c'eft ainfi qu'on imagine fouvent les lignes, droites ou courbes, engendrées par le Mouvement continu d'un point, les furfaces par le Mouvement d'une ligne, les folides enfin par celui d'une furface. Mais il y a entre la Méchanique & la Géométrie cette différence, non-feulement que dans celle-ci, la génération des Figures par le Mouvement eft, pour ainfi dire, arbitraire, & de pure élégance, mais encore que la Géométrie ne confidere dans le Mouvement que l'efpace parcouru, au lieu que dans la Méchanique on a égard de plus au tems que le mobile employe à parcourir cet efpace.

On ne peut comparer enfemble deux chofes d'une nature différente, telles que l'efpace & le tems : mais on peut comparer le rapport des parties du tems avec celui des parties de l'efpace parcouru. Le tems par fa nature coule uniformément, & la Méchanique fuppofe cette uniformité. Du refte, fans connoître le tems en lui-même

& fans en avoir de mefure précife, nous ne pouvons repréfenter plus clairement le rapport de fes parties, que par celui des portions d'une ligne droite indéfinie. Or l'analogie qu'il y a entre le rapport des parties d'une telle ligne, & celui des parties de l'efpace parcouru par un corps qui fe meut d'une maniere quelconque, peut toujours être exprimée par une équation: on peut donc imaginer une courbe, dont les abfciffes repréfentent les portions du tems écoulé depuis le commencement du Mouvement, les ordonnées correfpondantes défignant les efpaces parcourus durant ces portions de tems: l'équation de cette courbe exprimera, non le rapport des tems aux efpaces, mais, fi on peut parler ainfi, le rapport du rapport que les parties de tems ont à leur unité, à celui que les parties de l'efpace parcouru ont à la leur. Car l'équation d'une courbe peut être confidérée, ou comme exprimant le rapport des ordonnées aux abfciffes, ou comme l'équation entre le rapport que les ordonnées ont à leur unité, & le rapport que les abfciffes correfpondantes ont à la leur.

Il eft donc évident que par l'application feule de la Géométrie & du calcul, on peut, fans le fecours d'aucun autre principe, trouver les propriétés

priétés générales du Mouvement, varié suivant
une loi quelconque. Mais comment arrive-t-il
que le Mouvement d'un corps suive telle ou telle
loi particuliere? C'est sur quoi la Géométrie seule ne peut rien nous apprendre, & c'est aussi ce
qu'on peut regarder comme le premier Problême qui appartienne immédiatement à la Méchanique.

On voit d'abord fort clairement, qu'un corps
ne peut se donner le Mouvement à lui-même. Il
ne peut donc être tiré du repos, que par l'action
de quelque cause étrangere. Mais continue-t-il
à se mouvoir de lui-même, ou a-t-il besoin pour
se mouvoir de l'action répétée de la cause? Quelque parti qu'on pût prendre là-dessus, il sera toujours incontestable, que l'existence du Mouvement étant une fois supposée sans aucune autre
hypothese particuliere, la loi la plus simple qu'un
mobile puisse observer dans son Mouvement, est
la loi d'uniformité, & c'est par conséquent celle
qu'il doit suivre, comme on le verra plus au long
dans le premier Chapitre de ce Traité. Le Mouvement est donc uniforme par sa nature : j'avoue
que les preuves qu'on a données jusqu'à présent
de ce principe, ne sont peut-être pas fort convaincantes : on verra dans mon Ouvrage les dif-

ficultés qu'on peut y oppofer, & le chemin que
j'ai pris pour éviter de m'engager à les réfoudre. Il me femble que cette loi d'uniformité effentielle au Mouvement confidéré en lui-même, fournit une des meilleures raifons fur lefquelles la mefure du tems par le Mouvement uniforme puiffe être appuyée. Auffi j'ai cru devoir
entrer là-deffus dans quelque détail, quoiqu'au
fond cette difcuffion puiffe paroître étrangere à
la Méchanique.

La *force d'inertie*, c'eft-à-dire la propriété
qu'ont les Corps de perfévérer dans leur état de
repos ou de Mouvement, étant une fois établie,
il eft clair que le Mouvement, qui a befoin d'une
caufe pour commencer au moins à exifter, ne
fauroit non plus être accéléré ou retardé que par
une caufe étrangere. Or quelles font les caufes
capables de produire ou de changer le Mouvement dans les Corps ? Nous n'en connoiffons jufqu'à préfent que de deux fortes : les unes fe ma-
nifeftent à nous en même-tems que l'effet qu'elles produifent, ou plutôt dont elles font l'occafion : ce font celles qui ont leur fource dans l'action fenfible & mutuelle des Corps, réfultante
de leur impénétrabilité : elles fe réduifent à l'impulfion & à quelques autres actions dérivées de

celle-là : toutes les autres caufes ne fe font connoître que par leur effet, & nous en ignorons
entiérement la nature : telle eft la caufe qui fait
tomber les Corps pefans vers le centre de la Terre, celle qui retient les Planètes dans leurs or-
bites, &c.

Nous verrons bientôt comment on peut déterminer les effets de l'impulfion, & des caufes
qui peuvent s'y rapporter : pour nous en tenir
à celles de la feconde efpece, il eft clair que
lorfqu'il eft queftion des effets produits par de
telles caufes, ces effets doivent toujours être
donnés indépendamment de la connoiffance de
la caufe, puifqu'ils ne peuvent en être déduits :
c'eft ainfi que fans connoître la caufe de la pefanteur, nous apprenons par l'expérience que les
efpaces décrits par un Corps qui tombe, font
entr'eux comme les quarrés des tems. En général, dans les Mouvemens variés dont les caufes
font inconnues, il eft évident que l'effet produit
par la caufe, foit dans un tems fini, foit dans un
inftant, doit toujours être donné par l'équation
entre les tems & les efpaces : cet effet une fois
connu, & le principe de la force d'inertie fuppofé, on n'a plus befoin que de la Géométrie feule
& du calcul, pour découvrir les propriétés de

ces fortes de Mouvemens. Pourquoi donc aurions-nous recours à ce principe dont tout le monde fait ufage aujourd'hui, que la force accélératrice ou retardatrice eft proportionnelle à l'élément de la viteffe ? principe appuyé fur cet unique axiome vague & obfcur, que l'effet eft proportionnel à fa caufe. Nous n'examinerons point fi ce principe eft de vérité néceffaire ; nous avouerons feulement que les preuves qu'on en a apportées jufqu'ici, ne nous paroiffent pas hors d'atteinte : nous ne l'adopterons pas non plus, avec quelques Géometres, comme de vérité purement contingente, ce qui ruineroit la certitude de la Méchanique, & la réduiroit à n'être plus qu'une Science expérimentale : nous nous contenterons d'obferver, que vrai ou douteux, clair ou obfcur, il eft inutile à la Méchanique, & que par conféquent il doit en être banni.

Nous n'avons fait mention jufqu'à préfent, que du changement produit dans la viteffe du mobile par les caufes capables d'altérer fon Mouvement : & nous n'avons point encore cherché ce qui doit arriver, fi la caufe motrice tend à mouvoir le corps dans une direction différente de celle qu'il a déja. Tout ce que nous apprend dans ce cas le principe de la force d'inertie, c'eft que le mobile ne peut tendre qu'à décrire une ligne droite, & à la décrire uniformément : mais cela ne fait connoître ni sa vitesse ni sa direction. On est donc obligé d'avoir recours à un second principe, c'est celui qu'on appelle la composition des Mouvemens, & par lequel on détermine le Mouvement unique d'un Corps qui tend à se mouvoir suivant différentes directions à la fois avec des vitesses données. On trouvera dans cet Ouvrage une démonstration nouvelle de ce principe, dans laquelle je me suis proposé, & d'éviter toutes les difficultés auxquelles sont sujettes les démonstrations qu'on en donne communément, & en même-tems de ne pas déduire d'un grand nombre de propositions compliquées, un principe qui étant l'un des premiers de la Méchanique, doit nécessairement être appuyé sur des preuves simples & faciles.

Comme le Mouvement d'un Corps qui change de direction, peut être regardé comme composé du Mouvement qu'il avoit d'abord & d'un nouveau Mouvement qu'il a reçû, de même le Mouvement que le Corps avoit d'abord peut être regardé comme composé du nouveau Mouvement qu'il a pris, & d'un autre qu'il a perdu. De-là il s'enfuit que les loix du Mouvement changé par quelques obstacles que ce puisse être, dépendent uniquement des loix du Mouvement détruit par ces mêmes obstacles. Car il est évident qu'il suffit de décomposer le Mouvement qu'avoit le Corps avant la rencontre de l'obstacle, en deux autres Mouvemens, tels, que l'obstacle ne nuise point à l'un, & qu'il anéantisse l'autre. Par-là, on peut non-seulement démontrer les loix du Mouvement changé par des obstacles insurmontables, les seules qu'on ait trouvées jusqu'à présent par cette Méthode ; on peut encore déterminer dans quel cas le Mouvement est détruit par ces mêmes obstacles. A l'égard des loix du Mouvement changé par des obstacles qui ne sont pas insurmontables en eux-mêmes, il est clair par la même raison, qu'en général il ne faut pour déterminer ces loix, qu'avoir bien constaté celles de l'équilibre.

Or quelle doit être la loi générale de l'équilibre des Corps ! Tous les Géometres conviennent, que deux Corps dont les directions sont opposées, se font équilibre quand leurs masses sont en raison inverse des vitesses avec lesquelles ils tendent à se mouvoir ; mais il n'est peut-être pas facile de démontrer cette loi en toute rigueur, & d'une maniere qui ne renferme aucune obſcurité ; auſſi la plûpart des Géometres ont-ils mieux aimé la traiter d'axiome, que de s'appliquer à la prouver. Cependant, ſi l'on y fait attention, on verra qu'il n'y a qu'un ſeul cas où l'équilibre ſe manifeſte d'une maniere claire & diſtincte ; c'eſt celui où les maſſes des deux Corps ſont égales, & leurs viteſſes égales & oppoſées. Le ſeul parti qu'on puiſſe prendre, ce me ſemble, pour démontrer l'équilibre dans les autres cas, eſt de les réduire, s'il ſe peut, à ce premier cas ſimple & évident par lui-même. C'eſt auſſi ce que j'ai tâché de faire ; le Lecteur jugera ſi j'y ai réuſſi.

Le Principe de l'équilibre joint à ceux de la force d'inertie & du Mouvement compoſé, nous conduit donc à la ſolution de tous les Problêmes où l'on conſidere le Mouvement d'un Corps, en tant qu'il peut être altéré par un obſtacle impénétrable & mobile, c'eſt-à-dire en général par un autre Corps à qui il doit néceſſairement communiquer du Mouvement pour conſerver au moins une partie du ſien. De ces Principes combinés on peut donc aiſément déduire les loix du Mouvement des Corps qui ſe choquent d'une maniere quelconque, ou qui ſe tirent par le moyen de quelque Corps interpoſé entr'eux, & auquel ils ſont attachés.

Si les Principes de la force d'inertie, du Mouvement compofé, & de l'équilibre, font effentiellement différens l'un de l'autre, comme on ne peut s'empêcher d'en convenir; & fi d'un autre côté, ces trois Principes fuffifent à la Méchanique, c'eft avoir réduit cette Science au plus petit nombre de Principes poffible, que d'avoir établi fur ces trois Principes toutes les loix du Mouvement des Corps dans des circonftances quelconques, comme j'ai tâché de le faire dans ce Traité.

A l'égard des démonftrations de ces Principes en eux – mêmes, le plan que j'ai fuivi pour leur donner toute la clarté & la fimplicité dont elles m'ont paru fufceptibles, a été de les déduire toujours de la confidération feule du Mouvement, envifagé de la maniere la plus fimple & la plus claire. Tout ce que nous voyons bien diftinctement dans le Mouvement d'un Corps, c'eft qu'il parcourt un certain efpace, & qu'il employe un certain tems à le parcourir. C'eft donc de cette feule idée qu'on doit tirer tous les Principes de la Méchanique, quand on veut les démontrer d'une maniere nette & précife; ainfi on ne fera point furpris qu'en conféquence de cette réflexion, j'aie, pour ainfi dire, détourné la vûe de

deffus

deſſus les *cauſes motrices*, pour n'enviſager uniquement que le Mouvement qu'elles produiſent;
que j'aie entiérement proſcrit les forces inhéren-
tes au Corps en Mouvement, êtres obſcurs &
Métaphyſiques, qui ne ſont capables que de répandre les ténèbres ſur une Science claire par
elle-même.

C'eſt par cette raiſon que j'ai cru ne devoir
point entrer dans l'examen de la fameuſe queſtion des *forces vives*. Cette queſtion qui depuis
trente ans partage les Géometres, conſiſte à ſavoir, ſi la force des Corps en Mouvement eſt
proportionnelle au produit de la maſſe par la
viteſſe, ou au produit de la maſſe par le quarré
de la viteſſe : par exemple, ſi un Corps double
d'un autre, & qui a trois fois autant de viteſſe,
a dix-huit fois autant de force ou ſix fois autant
ſeulement. Malgré les diſputes que cette queſtion a cauſées, l'inutilité parfaite dont elle eſt
pour la Méchanique, m'a engagé à n'en faire
aucune mention dans l'Ouvrage que je donne
aujourd'hui : je ne crois pas néanmoins devoir
paſſer entiérement ſous ſilence une opinion, dont
Leibnitz a cru pouvoir ſe faire honneur comme d'une découverte; que le grand *Bernoulli* a
depuis ſi ſavamment & ſi heureuſement appro-

fondie (*) ; que *Mac-Laurin* a fait tous ſes efforts pour renverſer ; & à laquelle enfin les écrits
d'un grand nombre de Mathématiciens illuſtres
ont contribué à intéreſſer le Public. Ainſi, ſans
fatiguer le Lecteur par le détail de tout ce qui
a été dit ſur cette queſtion, il ne ſera pas hors
de propos d'expoſer ici très - ſuccinctement les
Principes qui peuvent ſervir à la réſoudre.

Quand on parle de la force des Corps en Mouvement, ou l'on n'attache point d'idée nette au
mot qu'on prononce, ou l'on ne peut entendre
par-là en général, que la propriété qu'ont les
Corps qui ſe meuvent, de vaincre les obſtacles
qu'ils rencontrent, ou de leur réſiſter. Ce n'eſt
donc ni par l'eſpace qu'un Corps parcourt uniformément, ni par le tems qu'il employe à le
parcourir, ni enfin par la conſidération ſimple,
unique & abſtraite de ſa maſſe & de ſa viteſſe
qu'on doit eſtimer immédiatement la force ; c'eſt
uniquement par les obſtacles qu'un Corps rencontre, & par la réſiſtance que lui font ces obſta-

---

(*) Voyez le Diſcours ſur les loix de la communication du Mouvement, qui a mérité l'éloge de l'Académie en l'année 1726. où le
P. *Maziere* remporta le prix. La raiſon pour laquelle la piece de M.
Bernoulli ne fut point couronnée, ſe trouve dans l'éloge que j'ai publié de ce grand Géometre, quelques mois après ſa mort, arrivée au
commencement de 1748.

cles. Plus l'obſtacle qu'un Corps peut vaincre, ou auquel il peut réſiſter, eſt conſidérable, plus on peut dire que ſa *force* eſt grande, pourvû que ſans vouloir repréſenter par ce mot un prétendu être qui réſide dans le Corps, on ne s'en ſerve que comme d'une maniere abrégée d'exprimer un fait, à peu près comme on dit qu'un Corps a deux fois autant de *viteſſe* qu'un autre, au lieu de dire qu'il parcourt en tems égal deux fois autant d'eſpace, ſans prétendre pour cela que ce mot de *viteſſe* repréſente un être inhérent au corps.

Ceci bien entendu, il eſt clair qu'on peut oppoſer au Mouvement d'un Corps trois ſortes d'obſtacles ; ou des obſtacles invincibles qui anéantiſſent tout-à-fait ſon Mouvement, quel qu'il puiſſe être ; ou des obſtacles qui n'ayent préciſément que la réſiſtance néceſſaire pour anéantir le Mouvement du Corps, & qui l'anéantiſſent dans un inſtant, c'eſt le cas de l'équilibre ; ou enfin des obſtacles qui anéantiſſent le Mouvement peu à peu, c'eſt le cas du Mouvement retardé. Comme les obſtacles inſurmontables anéantiſſent également toutes ſortes de Mouvemens, ils ne peuvent ſervir à faire connoître la force : ce n'eſt donc que dans l'équilibre, ou dans le Mouvement retardé qu'on doit en chercher la mefure. Or tout le monde convient qu'il y a équilibre entre deux Corps, quand les produits de leurs maffes par leurs viteffes virtuelles, c'eft-à-dire par les viteffes avec lefquelles ils tendent à fe mouvoir, font égaux de part & d'autre. Donc dans l'équilibre le produit de la maffe par la viteffe, ou, ce qui eft la même chofe, la quantité de Mouvement, peut repréfenter la force. Tout le monde convient auffi que dans le Mouvement retardé, le nombre des obftacles vaincus eft comme le quarré de la viteffe; enforte qu'un Corps qui a fermé un reffort, par exemple, avec une certaine viteffe, pourra avec une viteffe double fermer, ou tout à la fois, ou fucceffivement, non pas deux, mais quatre refforts femblables au premier, neuf avec une viteffe triple, & ainfi du refte. D'où les partifans des forces vives concluent que la force des Corps qui fe meuvent actuellement, eft en général comme le produit de la maffe par le quarré de la viteffe. Au fond, quel inconvénient pourroit-il y avoir à ce que la mefure des forces fût différente dans l'équilibre & dans le Mouvement retardé, puifque, fi on veut ne raifonner que d'après des idées claires, on doit n'entendre par le mot de *force*, que l'effet produit en furmontant l'obftacle ou en lui réfiftant ? Il faut avouer cependant que l'opinion de ceux qui regardent la force comme le produit de la maffe par la viteffe, peut avoir lieu non-feulement dans le cas de l'équilibre, mais auffi dans celui du Mouvement retardé, fi dans ce dernier cas on mefure la force, non par la quantité abfolue des obftacles, mais par la fomme des réfiftances de ces mêmes obftacles. Car on ne fauroit douter que cette fomme de réfiftances ne foit proportionnelle à la quantité de Mouvement, puifque, de l'aveu de tout le monde, la quantité de Mouvement que le Corps perd à chaque inftant, eft proportionnelle au produit de la réfiftance par la durée infiniment petite de l'inftant, & que la fomme de ces produits eft évidemment la réfiftance totale. Toute la difficulté fe réduit donc à favoir fi on doit mefurer la force par la quantité abfolue des obftacles, ou par la fomme de leurs réfiftances. Il paroîtroit plus naturel de mefurer la force de cette derniere maniere; car un obftacle n'eft tel qu'entant qu'il réfifte, & c'eft, à proprement parler, la fomme des réfiftances qui eft l'obftacle vaincu : d'ailleurs, en eftimant ainfi la force, on a l'avantage d'avoir pour l'équilibre &

pour le Mouvement retardé une mesure commune : néanmoins comme nous n'avons d'idée précise & distincte du mot de *force*, qu'en restraignant ce terme à exprimer un effet, je crois qu'on doit laisser chacun le maître de se décider comme il voudra là-dessus ; & toute la question ne peut plus consister, que dans une discussion Métaphysique très-futile, ou dans une dispute de mots plus indigne encore d'occuper des Philosophes.

Tout ce que nous venons de dire suffit assez pour le faire sentir à nos Lecteurs. Mais une réflexion bien naturelle achevera de les en convaincre. Soit qu'un Corps ait une simple tendance à se mouvoir avec une certaine vitesse, tendance arrêtée par quelque obstacle ; soit qu'il se meuve réellement & uniformément avec cette vitesse ; soit enfin qu'il commence à se mouvoir avec cette même vitesse, laquelle se consume & s'anéantisse peu à peu par quelque cause que ce puisse être ; dans tous ces cas, l'effet produit par le Corps est différent, mais le Corps considéré en lui-même n'a rien de plus dans un cas que dans un autre ; seulement l'action de la cause qui produit l'effet est différemment appliquée. Dans le premier cas, l'effet se réduit à une simple tendance, qui n'a point proprement de mesure précise, puisqu'il n'en résulte aucun mouvement ; dans le second, l'effet est l'espace parcouru uniformément dans un tems donné, & cet effet est proportionnel à la vitesse ; dans le troisiéme, l'effet est l'espace parcouru jusqu'à l'extinction totale du Mouvement, & cet effet est comme le quarré de la vitesse. Or ces différens effets sont évidemment produits par une même cause ; donc ceux qui ont dit que la force étoit tantôt comme la vitesse, tantôt comme son quarré, n'ont pu entendre parler que de l'effet, quand ils se sont exprimés de la sorte. Cette diversité d'effets provenans tous d'une même cause, peut servir, pour le dire en passant, à faire voir le peu de justesse & de précision de l'axiome prétendu, si souvent mis en usage, sur la proportionalité des causes à leurs effets.

Enfin ceux mêmes qui ne seroient pas en état de remonter jusqu'aux Principes Métaphysiques de la question des forces vives, verront aisément qu'elle n'est qu'une dispute de mots, s'ils considerent que les deux partis sont d'ailleurs entiérement d'accord sur les principes fondamentaux de l'équilibre & du mouvement. Qu'on propose le même Problême de Méchanique à résoudre à

deux Géometres, dont l'un foit adverfaire &
l'autre partifan des forces vives, leurs folutions,
fi elles font bonnes, feront toujours parfaitement
d'accord ; la queftion de la mefure des forces eft
donc entiérement inutile à la Méchanique, &
même fans aucun objet réel. Auffi n'auroit-elle
pas fans doute enfanté tant de volumes, fi on fe
fût attaché à diftinguer ce qu'elle renfermoit de
clair & d'obfcur. En s'y prenant ainfi, on n'auroit eu befoin que de quelques lignes pour décider la queftion : mais il femble que la plûpart
de ceux qui ont traité cette matiere, ayent
craint de la traiter en peu de mots.

La réduction que nous avons faite de toutes
les loix de la Méchanique à trois, celle de la
force d'inertie, celle du mouvement compofé,
& celle de l'équilibre, peut fervir à réfoudre le
grand Problême Métaphyfique, propofé depuis
peu par une des plus célébres Académies de
l'Europe, *fi les loix de la Statique & de la Méchanique font de vérité néceffaire ou contingente ?*
Pour fixer nos idées fur cette queftion, il faut
d'abord la réduire au feul fens raifonnable qu'elle puiffe avoir. Il ne s'agit pas de décider fi l'Auteur de la nature auroit pu lui donner d'autres
loix que celles que nous y obfervons ; dès qu'on

admet

admet un être intelligent capable d'agir fur la matiere, il eſt évident que cet être peut à chaque inſtant la mouvoir & l'arrêter à fon gré, ou fuivant des loix uniformes, ou fuivant des loix qui foient différentes pour chaque inſtant & pour chaque partie de matiere; l'expérience continuelle des mouvemens de notre corps, nous prouve aſſez que la matiere, foumife à la volonté d'un principe penfant, peut s'écarter dans fes mouvemens de ceux qu'elle auroit véritablement fi elle étoit abandonnée à elle-même. La queſtion propofée fe réduit donc à favoir fi les loix de l'équilibre & du mouvement qu'on obferve dans la nature, font différentes de celles que la matiere abandonnée à elle - même auroit fuivies; développons cette idée. Il eſt de la derniere évidence qu'en fe bornant à fuppofer l'exiſtence de la matiere & du mouvement, il doit néceſſairement réfulter de cette double exiſtence certains effets; qu'un Corps mis en mouvement par quelque caufe, doit ou s'arrêter au bout de quelque tems, ou continuer toujours à fe mouvoir; qu'un corps qui tend à fe mouvoir à la fois fuivant les deux côtés d'un parallélogramme, doit néceſſairement décrire, ou la diagonale, ou quelqu'autre ligne; que quand

d

plufieurs Corps en mouvement fe rencontrent & fe choquent, il doit néceffairement arriver en conféquence de leur impénétrabilité mutuelle quelque changement dans l'état de tous ces Corps, ou au moins dans l'état de quelques-uns d'entr'eux. Or des différens effets poffibles, foit dans le mouvement d'un Corps ifolé, foit dans celui de plufieurs Corps qui agiffent les uns fur les autres, il en eft un qui dans chaque cas doit infailliblement avoir lieu en conféquence de l'exiftence feule de la matiere, & abftraction faite de tout autre principe différent, qui pourroit modifier cet effet ou l'altérer. Voici donc la route qu'un Philofophe doit fuivre pour réfoudre la queftion dont il s'agit. Il doit tâcher d'abord de découvrir par le raifonnement quelles feroient les loix de la Statique & de la Méchanique dans la matiere abandonnée à elle-même; il doit examiner enfuite par l'expérience quelles font ces loix dans l'univers; fi les unes & les autres font différentes, il en conclura que les loix de la Statique & de la Méchanique, telle que l'expérience les donne, font de vérité contingente, puifqu'elles feront la fuite d'une volonté particuliere & expreffe de l'être fuprême; fi au contraire les loix données par l'expérience s'accordent avec celles que le raifonnement feul a fait trouver, il en conclura que les loix obfervées font de vérité néceffaire ; non pas en ce fens que le Créateur n'eût pû établir des loix toutes différentes, mais en ce fens qu'il n'a pas jugé à propos d'en établir d'autres que celles qui réfultoient de l'éxiftence même de la matiere.

Or nous croyons avoir démontré dans cet Ouvrage, qu'un Corps abandonné à lui-même doit perfifter éternellement dans fon état de repos ou de mouvement uniforme ; nous croyons avoir démontré de même que s'il tend à fe mouvoir à la fois fuivant les deux côtés d'un parallélogramme quelconque, la diagonale eft la direction qu'il doit prendre de lui-même, & pour ainfi dire, choifir entre toutes les autres. Nous avons démontré enfin que toutes les loix de la communication du mouvement entre les Corps fe réduifent aux loix de l'équilibre, & que les loix de l'équilibre fe réduifent elles-mêmes à celles de l'équilibre de deux Corps égaux, animés en fens contraires de viteffes virtuelles égales. Dans ce dernier cas les mouvemens des deux Corps fe détruiront évidemment l'un l'autre, & par une conféquence géométrique il y aura encore néceffairement équilibre, lorfque les maffes feront en raifon inverfe des viteffes ; il ne refte plus qu'à favoir fi le cas de l'équilibre eft unique, c'eft-à-dire fi quand les maffes ne feront pas en raifon inverfe des viteffes , un des Corps devra néceffairement obliger l'autre à fe mouvoir. Or il eft aifé de fentir que dès qu'il y a un cas poffible & néceffaire d'équilibre, il ne fauroit y en avoir d'autres : fans cela les loix du choc des Corps, qui fe réduifent néceffairement à celles de l'équilibre, deviendroient indéterminées ; ce qui ne fauroit être, puifqu'un Corps venant en choquer un autre, il doit neceffairement en réfulter un effet unique, fuite indifpenfable de l'exiftence & de l'impénétrabilité de ces Corps. On peut d'ailleurs démontrer l'unité de la loi d'équilibre par un autre raifonnement, trop Mathématique pour être développé dans ce Difcours, mais que j'ai tâché de rendre fenfible dans mon Ouvrage, & auquel je renvoye le Lecteur (*).

De toutes ces réflexions, il s'enfuit que les loix de la Statique & de la Méchanique, expofées dans ce Livre, font celles qui réfultent de l'exiftence de la matiere & du mouvement. Or

---

(*) Voyez l'article 46 à la fin du troifiéme cas, & l'article 47.

l'expérience nous prouve que ces loix s'obfer-
vent en effet dans les Corps qui nous environnent. Donc les loix de l'équilibre & du mouvement, telles que l'obfervation nous les fait connoître, font de vérité néceffaire. Un Métaphyfi-
cien fe contenteroit peut-être de le prouver,
en difant qu'il étoit de la fageffe du Créateur &
de la fimplicité de fes vûes, de ne point établir
d'autres loix de l'équilibre & du mouvement,
que celles qui réfultent de l'exiftence même des
Corps, & de leur impénétrabilité mutuelle ;
mais nous avons cru devoir nous abftenir de
cette maniere de raifonner, parce qu'il nous a
paru qu'elle porteroit fur un principe trop vague ; la nature de l'être fuprême nous eft trop
cachée pour que nous puiffions connoître directement ce qui eft ou n'eft pas conforme aux
vûes de fa fageffe ; nous pouvons feulement en-
trevoir les effets de cette fageffe dans l'obfervation des loix de la nature, lorfque le raifonnement Mathématique nous aura fait voir la fimplicité de ces loix, & que l'expérience nous en
aura montré les applications & l'étendue.

Cette réflexion peut fervir, ce me femble,
à nous faire apprétier les démonftrations, que
plufieurs Philofophes ont données des loix du

mouvement d'après le principe des caufes fina- les, c'eft-à-dire d'après les vûes que l'Auteur de la nature a dû fe propofer en établiffant ces loix. De pareilles démonftrations ne peuvent avoir de force qu'autant qu'elles font précé- dées & appuyées par des démonftrations directes & tirées de principes qui foient plus à notre portée ; autrement il arriveroit fouvent qu'elles nous induiroient en erreur. C'eft pour avoir fuivi cette route, pour avoir cru qu'il étoit de la fa- geffe du Créateur de conferver toujours la mê- me quantité de mouvement dans l'univers, que Defcartes s'eft trompé fur les loix de la percuf- fion. Ceux qui l'imiteroient courroient rifque ou de fe tromper comme lui, ou de donner pour un principe général ce qui n'auroit lieu que dans certains cas, ou enfin de regarder com- me une loi primitive de la nature, ce qui ne feroit qu'une conféquence purement Mathéma- tique de quelques formules.

Après avoir donné au Lecteur une idée géné- rale de l'objet que je me fuis propofé dans cet Ouvrage, il ne me refte plus qu'un mot à dire fur la forme que j'ai cru devoir lui donner. J'ai tâché dans ma premiere Partie de mettre, le plus qu'il m'a été poffible, les Principes de la Méchanique à la portée des commençans ; je n'ai pu me difpenfer d'employer le calcul différentiel dans la théorie des mouvemens variés ; c'eft la nature du fujet qui m'y a contraint. Au refte, j'ai fait enforte de renfermer dans cette premiere Partie un affez grand nombre de chofes dans un fort petit efpace, & fi je ne fuis point entré dans tout le détail que la matiere pouvoit comporter, c'eft qu'uniquement attentif à l'expofition & au développement des principes effentiels de la Méchanique, & ayant pour but de réduire cet Ouvrage à ce qu'il peut contenir de nouveau en ce genre, je n'ai pas cru devoir le groffir d'une infinité de propofitions particulieres que l'on trouvera aifément ailleurs.

La feconde Partie, dans laquelle je me fuis propofé de traiter des loix du mouvement des Corps entr'eux, fait la portion la plus confidérable de l'Ouvrage : c'eft la raifon qui m'a engagé à donner à ce Livre le nom de *Traité de Dynamique*. Ce nom qui fignifie proprement la Science des puiffances ou caufes motrices, pourroit paroître d'abord ne pas convenir à ce Livre, dans lequel j'envifage plutôt la Méchanique comme la Science des effets, que comme celle des caufes : néanmoins comme le mot de

Dynamique eſt fort uſité aujourd'hui parmi les Savans, pour ſignifier la Science du mouvement des Corps, qui agiſſent les uns ſur les autres d'une maniere quelconque, j'ai cru devoir le conſerver, pour annoncer aux Géometres par le titre même de ce Traité, que je m'y propoſe principalement pour but de perfectionner & d'augmenter cette partie de la Méchanique. Comme elle n'eſt pas moins curieuſe qu'elle eſt difficile, & que les Problêmes qui s'y rapportent compoſent une claſſe très-étendue, les plus grands Géometres s'y ſont appliqués particuliérement depuis quelques années : mais ils n'ont réſolu juſqu'à préſent qu'un très-petit nombre de Problêmes de ce genre, & ſeulement dans des cas particuliers : la plûpart des ſolutions qu'ils nous ont données ſont appuyées outre cela ſur des principes que perſonne n'a encore démontrés d'une maniere générale ; tels, par exemple, que celui de la conſervation des forces vives. J'ai donc cru devoir m'étendre principalement ſur ce ſujet, & faire voir comment on peut réſoudre toutes les queſtions de Dynamique par une même Méthode fort ſimple & fort directe, & qui ne conſiſte que dans la combinaiſon dont j'ai parlé plus haut, des principes de l'équilibre

&

& du mouvement compofé. J'en montre l'ufage dans un petit nombre de Problêmes choifis, dont quelques-uns font déja connus, d'autres font entiérement nouveaux, d'autres enfin ont été mal réfolus, même par les plus Savans Mathématiciens.

L'élégance dans la folution d'un Problême, confiftant furtout à n'y employer que des principes directs & en très - petit nombre, on ne fera pas furpris que l'uniformité qui regne dans toutes mes folutions, & que j'ai eue principalement en vûe, les rende quelquefois un peu plus longues, que fi je les avois déduites de principes moins directs. La démonftration que j'aurois été obligé de faire de ces principes, ne pouvoit d'ailleurs que m'écarter de la briéveté que j'aurois cherché à me procurer par leur moyen ; & la portion la plus confidérable de mon Livre, n'auroit plus été qu'un amas informe de Problêmes peu digne de voir le jour, malgré la variété que j'ai tâché d'y répandre, & les difficultés qui font particulieres à chacun d'eux.

Au refte, comme cette feconde Partie eft deftinée principalement à ceux, qui déja inftruits du calcul différentiel & intégral, fe fe-

e

ront rendus familiers les principes établis dans la premiere, ou feront déja exercés à la folution des Problêmes connus & ordinaires de la Méchanique; je dois avertir que pour éviter les circonlocutions, je me fuis fouvent fervi du terme obfcur de *force*, & de quelques autres qu'on employe communément quand on traite du mouvement des Corps; mais je n'ai jamais prétendu attacher à ces termes d'autres idées que celles qui réfultent des principes que j'ai établis, foit dans ce Difcours, foit dans la premiere Partie de ce Traité.

Enfin, du même principe qui me conduit à la folution de tous les Problêmes de Dynamique, je déduis auffi plufieurs propriétés du centre de gravité, dont les unes font entiérement nouvelles, les autres n'ont été prouvées jufqu'à préfent que d'une maniere vague & obfcure, & je termine l'Ouvrage par une démonftration du principe appellé communément *la confervation des forces vives*.

L'accueil que le Public a fait à ce premier effai, lorfqu'il parût en 1743, m'a engagé à publier en 1744 un autre Ouvrage, dans lequel ce qui concerne le mouvement & l'équilibre des fluides a été traité fuivant la même

Méthode, & par le même principe. Cette matiere épineuſe & délicate n'eſt pas la ſeule à laquelle j'aie appliqué ce principe ; j'en ai fait le plus grand uſage dans mes *Recherches ſur la préceſſion des Equinoxes*, Problême dont j'ai donné le premier la ſolution, long‑tems & inutilement cherchée par de très-grands Géometres ; dans mon *Eſſai ſur la réſiſtance des fluides*, fondé ſur une théorie entiérement nouvelle ; dans mes *Réflexions ſur la cauſe des vents*, pour calculer les oſcillations que l'action du Soleil & de la Lune doivent produire dans notre Atmoſphère, & que perſonne n'avoit encore entrepris de déterminer ; enfin j'oſe dire que plus j'ai eu d'occaſions d'employer les Méthodes expoſées & developpées dans cet Ouvrage, plus j'ai reconnu la ſimplicité, la généralité & la fécondité de ces Méthodes.

TABLE

DES TITRES

Contenus en cet Ouvrage.

PREMIERE PARTIE.

Loix générales du Mouvement & de l'équilibre des Corps.

SECONDE PARTIE.

Principe général pour trouver le Mouvement de plufieurs Corps qui agiffent les uns fur les autres d'une maniere quelconque, avec plufieurs applications de ce Principe.

Fin de la Table des Titres.

PRIVILEGE DU ROI.

LOUIS, par la grace de Dieu, Roi de France & de Navarre, à nos amés & féaux Conſeillers, les Gens tenans nos Cours de Parlement, Maîtres des Requétes ordinaires de notre Hôtel, Grand-Conſeil, Prevôt de Paris, Baillifs, Sénéchaux, leurs Lieutenans Civils, & autres nos Juſticiers qu'il appartiendra, SALUT. Nos bien-amés LES MEMBRES DE L'ACADÉMIE ROYALE DES SCIENCES de notre bonne Ville de Paris, nous ont fait expoſer qu'ils auroient beſoin de nos Lettres de Privilége pour l'impreſſion de leurs Ouvrages : A CES CAUSES, voulant favorablement traiter les Expoſans, nous leur avons permis & permettons par ces Préſentes, de faire imprimer, par tel Imprimeur qu'ils voudront choiſir, toutes les Recherches ou Obſervations journalieres, ou Relations annuelles de tout ce qui aura été fait dans les Aſſemblées de ladite Académie Royale des Sciences, les Ouvrages, Mémoires ou Traités de chacun des Particuliers qui la compoſent, & généralement tout ce que ladite Académie voudra faire paroitre, après avoir fait examiner leſdits Ouvrages, & jugé qu'ils ſont dignes de l'impreſſion, en tels volumes, forme, marge, caraĉteres, conjointement ou ſéparément, & autant de fois que bon leur ſemblera, & de les faire vendre & débiter par tout notre Royaume, pendant le tems de vingt années conſécutives, à compter du jour de la date des Préſentes ; ſans toutefois qu'à l'occaſion des Ouvrages ci-deſſus ſpécifiés, il puiſſe en être imprimé d'autres qui ne ſoient pas de ladite Académie : faiſons défenſes à toutes ſortes de perſonnes, de quelque qualité & condition qu'elles ſoient, d'en introduire d'impreſſion étrangere dans aucun lieu de notre obéiſſance ; comme auſſi à tous Libraires & Imprimeurs d'imprimer ou faire imprimer, vendre, faire vendre & débiter leſdits Ouvrages, en tout ou en partie, & d'en faire aucunes traduĉtions ou extraits, ſous quelque prétexte que ce puiſſe être, ſans la permiſſion expreſſe & par écrit deſdits Expoſans, ou de ceux qui auront droit d'eux, à peine de confiſcation des Exemplaires contrefaits, de trois mille livres d'amende contre chacun des contrevenans ; dont un tiers à Nous, un tiers à l'Hôtel-Dieu de Paris, & l'autre tiers auſdits Expoſans, ou à celui qui aura droit d'eux, & de tous dépens, dommages & intérêts ; à la charge que ces Préſentes ſeront enregiſtrées tout au long ſur le Regiſtre de la Communauté des Libraires & Imprimeurs de Paris, dans trois mois de la date d'icelles ; que l'impreſſion deſdits Ouvrages ſera faite dans notre Royaume, & non ailleurs, en bon papier & beaux caraĉteres, conformément aux Réglemens de la Librairie ; qu'avant de les expoſer en vente, les Manuſcrits ou Imprimés qui auront ſervi de copie à l'impreſſion deſdits Ouvrages, ſeront remis ès mains de notre très-cher & féal Chevalier le Sieur DAGUESSEAU, Chancelier de France, Commandeur de nos Ordres, & qu'il en ſera enſuite remis deux Exemplaires dans notre Bibliothéque publique, un en celle de notre

Château du Louvre, & un en celle de notredit très-cher & féal Chevalier le Sieur D a g u e s s e a u, Chancelier de France ; le tout à peine de nullité defdites Préfentes : du contenu defquelles vous mandons & enjoignons de faire jouir lefdits Expofans & leurs ayans caufe, pleinement & paifiblement, fans fouffrir qu'il leur foit fait aucun trouble ou empêchement. Voulons que la copie des Préfentes, qui fera imprimée tout au long au commencement ou à la fin defdits Ouvrages, foit tenue pour dûëment fignifiée, & qu'aux copies collationnées par l'un de nos amés féaux Confeillers & Sécrétaires, foi foit ajoûtée comme à l'original. Commandons au premier notre Huiffier ou Sergent fur ce requis, de faire pour l'exécution d'icelles, tous actes requis & néceffaires, fans demander autre permiffion, & nonobftant Clameur de Haro, Charte Normande & Lettres à ce contraires ; C a r tel eft notre plaifir. D o n n é à Paris le dix-neuviéme jour du mois de Mars, l'an de grace mil fept cens cinquante, & de notre Régne le trente-cinquiéme. Par le Roi en fon Confeil. M O L.

Regiftré fur le Regiftre X I I. *de la Chambre Royale & Syndicale des Libraires & Imprimeurs de Paris*, N°. 430. *fol*. 309. *conformément au Réglement de* 1723, *qui fait défenfes, article* I V. *à toutes perfonnes, de quelque qualité qu'elles foient, autres que les Libraires & Imprimeurs, de vendre, débiter & faire afficher aucuns Livres pour vendre, foit qu'ils s'en difent les Auteurs ou autrement ; à la charge de fournir à la fufdite Chambre huit Exemplaires de chacun, prefcrits par l'art*. C V I I I. *du même Réglement. A Paris le* 5 *Juin* 1750.

Signé, L E G R A S, *Syndic.*

T R A I T É

TRAITÉ

DE

DYNAMIQUE.

Définitions & Notions préliminaires.

I.

SI deux portions d'étendue semblables & égales entr'elles sont *impénétrables*, c'est-à-dire, si elles ne peuvent être imaginées unies & confondues l'une avec l'autre, de manière qu'elles ne fassent qu'une même portion d'étendue moindre que la somme des deux, chacune de ces portions d'étendue sera ce qu'on appelle un *Corps*. L'impénétrabilité est la propriété principale par laquelle nous distinguons les Corps des parties de l'espace indéfini, où nous imaginons qu'ils sont placés.

A

Le *lieu* d'un Corps eſt la partie de l'eſpace qu'il occupe, c'eſt-à-dire la partie de l'eſpace avec laquelle l'étendue du Corps eſt coincidente.

I I.

Un Corps eſt en repos quand il reſte dans un même lieu; il eſt en mouvement quand il paſſe d'un lieu dans un autre, c'eſt-à-dire quand il occupe ſucceſſivement & ſans interruption des parties de l'eſpace immédiatement contigues les unes aux autres.

I I I.

Comme un Corps ne peut occuper pluſieurs lieux à la fois, il ne peut arriver d'un lieu à un autre dans le même inſtant : le mouvement ne peut donc ſe faire que durant un certain *tems*.

I V.

L'eſpace parcouru par un Corps qui ſe meut eſt diviſible à l'infini; le tems eſt donc auſſi diviſible à l'infini. On conçoit de plus, que ſi un Corps ſe meut en ligne droite, ſans ſubir à chaque inſtant d'autre changement que le changement de place, il ne peut manquer de parcourir des eſpaces égaux en tems égaux. Dans ce cas, on dit que le Corps ſe meut *uniformément*. Si les eſpaces parcourus en tems égaux ſont croiſſans ou décroiſſans, le mouvement eſt dit *accéléré* ou *retardé*.

PREMIERE PARTIE.

Loix générales du mouvement & de l'équilibre des Corps.

1. ON peut réduire tous les Principes de la Mécanique à trois, la force d'inertie, le mouvement compofé, & l'équilibre. Au moins j'efpere faire voir par ce Traité, que toute cette fcience peut être déduite de ces trois Principes. Je traiterai de chacun en particulier dans chacun des Chapitres fuivans.

CHAPITRE PREMIER.

De la force d'inertie, & des propriétés du mouvement qui en réfultent.

2. J'APPELLE avec M. Newton *force d'inertie,* la propriété qu'ont les Corps de refter dans l'état où ils font : c'eft cette propriété qu'il faut démontrer ici. Or un Corps eft néceffairement dans l'état de repos ou dans celui de mouvement ; il faut donc démontrer les deux Loix fuivantes.

I. Loi.

3. Un Corps en repos y perfiftera, à moins qu'une

caufe étrangere ne l'en tire. Car un Corps ne peut fe déterminer de lui-même au mouvement, puifqu'il n'y a pas de raifon pour qu'il fe meuve d'un côté plutôt que d'un autre.

COROLLAIRE.

4. Delà il s'enfuit, que fi un Corps reçoit du mouvement par quelque caufe que ce puiffe être, il ne pourra de lui-même accélérer ni retarder ce mouvement.

5. On appelle en général *puiffance* ou *caufe motrice*, tout ce qui oblige un Corps à fe mouvoir.

II. Loi.

6. Un Corps mis une fois en mouvement par une caufe quelconque, doit y perfifter toujours uniformément & en ligne droite, tant qu'une nouvelle caufe, différente de celle qui l'a mis en mouvement, n'agira pas fur lui; c'eft-à-dire, qu'à moins qu'une caufe étrangere & différente de la caufe motrice, n'agiffe fur ce Corps, il fe mouvra perpétuellement en ligne droite, & parcourra en tems égaux des efpaces égaux.

Car, ou l'action Indivifible & inftantanée de la caufe motrice au commencement du Mouvement, fuffit pour faire parcourir au Corps un certain efpace, ou le Corps a befoin pour fe mouvoir de l'action continuée de la caufe motrice.

Dans le premier cas, il eft vifible que l'efpace parcouru ne peut être qu'une ligne droite décrite uniformément par le Corps mû. Car (*hyp.*) paſſé le premier inſtant, l'action de la cauſe motrice n'exiſte plus, & le Mouvement néanmoins ſubſiſte encore : il ſera donc néceſſairement uniforme, puiſque (*Art.* 4) un Corps ne peut accélérer ni retarder ſon Mouvement de lui-même. De plus, il n'y a pas de raiſon pour que le Corps s'écarte à droite plutôt qu'à gauche. Donc dans ce premier cas, où l'on ſuppoſe qn'il ſoit capable de ſe mouvoir de lui-même pendant un certain tems, indépendamment de la cauſe motrice, il ſe mouvra de lui-même pendant ce tems uniformément & en ligne droite.

Or un Corps qui peut ſe mouvoir de lui-même uniformément & en ligne droite pendant un certain tems, doit continuer perpétuellement à ſe mouvoir de la même manière, ſi rien ne l'en empêche. Car ſuppoſons le Corps partant de A, (Fig. 1re) & capable de parcourir de lui-même uniformément la ligne AB ; ſoient pris ſur la ligne AB deux points quelconques C, D, entre A & B. Le Corps étant en D eſt préciſément dans le même état que lorſqu'il eſt en C, ſi ce n'eſt qu'il ſe trouve dans un autre lieu. Donc il doit arriver à ce Corps la même choſe que quand il eſt en C. Or étant en C il peut (*hyp.*) ſe mouvoir de lui-même uniformément juſqu'en B. Donc étant en D il pourra ſe mouvoir de lui-même uniformément juſqu'au point G, tel que $DG = CB$, & ainſi de ſuite.

Donc ſi l'action premiere & inſtantanée de la cauſe motrice eſt capable de mouvoir le Corps, il ſera mû

uniformément & en ligne droite , tant qu'une nouvelle
caufe ne l'en empêchera pas.

Dans le fecond cas , puifqu'on fuppofe qu'aucune caufe étrangere & différente de la caufe motrice n'agit fur
le Corps , rien ne détermine donc la caufe motrice à
augmenter ni à diminuer ; d'où il s'enfuit que fon action
continuée fera uniforme & conftante , & qu'ainfi pendant
le tems qu'elle agira , le Corps fe mouvra en ligne droite
& uniformément. Or la même raifon qui a fait agir la
caufe motrice conftamment & uniformément pendant
un certain tems , fubfiftant toujours tant que rien ne s'op-
pofe à fon action , il eft clair que cette action doit demeurer continuellement la même , & produire conftamment
le même effet. Donc &c.

Donc en général un Corps mis en mouvement par
quelque caufe que ce foit , y perfiftera toujours uniformément & en ligne droite , tant qu'aucune caufe nouvelle
n'agira pas fur lui.

La ligne droite qu'un Corps décrit ou tend à décrire ,
eft nommée *fa direction.*

7. Je me fuis un peu étendu fur la preuve de la feconde Loi , parce qu'il y a eu & qu'il y a peut-être encore
quelques Philofophes qui prétendent que le mouvement
d'un Corps doit de lui-même fe ralentir peu à peu , comme il femble que l'Expérience le prouve. Il faut convenir au refte que toutes les preuves qu'on a données

juſqu'ici de la conſervation du mouvement, n'ont point le degré d'évidence néceſſaire pour convaincre l'eſprit; elles ſont preſque toutes fondées, ou ſur une force qu'on imagine dans la matiere, par laquelle elle réſiſte à tout changement d'état, ou ſur l'indifférence de la matiere au mouvement comme au repos. Le premier de ces deux Principes, outre qu'il ſuppoſe dans la matiere un Etre dont on n'a point d'idée nette, ne peut ſuffire pour prouver la Loi dont il eſt queſtion. Car quand un Corps ſe meut, même uniformément, le mouvement qu'il a dans un inſtant quelconque, eſt diſtingué & comme iſolé du mouvement qu'il a eu ou qu'il aura dans les inſtans précédens ou ſuivans. Le Corps eſt donc en quelque maniere à chaque inſtant dans un nouvel état, dans un état qui n'a rien de commun avec le précédent; il ne fait, pour ainſi dire, continuellement que commencer à ſe mouvoir, & on pourroit croire qu'il tendroit ſans ceſſe à retomber dans le repos, ſi la même cauſe qui l'en a tiré d'abord, ne continuoit en quelque ſorte à l'en tirer toujours.

A l'égard de l'indifférence de la matiere au Mouvement ou au repos, tout ce que ce Principe préſente, ce me ſemble, de bien diſtinct à l'eſprit, c'eſt qu'il n'eſt pas eſſentiel à la matiere de ſe mouvoir toujours, ni d'être toujours en repos; mais s'enſuit-il clairement de là qu'un Corps en Mouvement ne puiſſe tendre continuellement au repos? Ce n'eſt pas que le repos lui ſoit plus eſſentiel que le Mouvement; mais on pourroit penſer qu'il ne faut autre chofe à un Corps pour être en repos, que d'être un Corps, au lieu que pour le Mouvement il a peut-être befoin de quelque chofe de plus, qui doit être, pour ainfi dire, continuellement reproduit en lui ; à peu près comme nous l'éprouvons dans le mouvement de notre corps, qui pour fe mouvoir a befoin d'un effort continuel, lequel fe confume & renaît à chaque inftant. Nous ne prétendons pas donner pour jufte le parallele des corps animés aux corps inanimés ; mais ce parallele peut au moins faire croire confufément, quoique fans raifon, qu'il y a quelque chofe dans un corps en mouvement qui n'eft pas dans un corps en repos, & fuffit par conféquent pour rendre infuffifante la preuve que nous examinons ici.

La démonftration donnée ci-deffus de la confervation du Mouvement, a cela de particulier, qu'elle a lieu également, foit que la caufe motrice doive toujours être appliquée au Corps, ou non. Ce n'eft pas que je croye l'action continuée de cette caufe, néceffaire pour mouvoir le Corps ; car fi l'action inftantanée ne fuffifoit pas, quel feroit alors l'effet de cette action ? Et fi l'action inftantanée n'avoit point d'effet, comment l'action continuée en auroit-elle ? Mais comme on doit employer à la folution d'une queftion le moins de Principes qu'il eft poffible, j'ai cru devoir me borner à démontrer que la continuation du Mouvement a lieu également dans les deux hypothefes ; il eft vrai que notre démonftration fuppofe l'exiftence du Mouvement, & à plus forte raifon fa poffibilité ;

fibilité ; mais nier que le Mouvement exifte , c'eft fe refufer à un fait que perfonne ne révoque en doute.

REMARQUE SECONDE.

8. L'expérience eft d'accord avec le raifonnement
pour prouver le principe de la *force d'inertie :* 1°. Nous
voyons *que les corps qui nous environnent reftent en repos, tant que rien ne les en tire ;* & s'il arrive quelquefois qu'ils paroiffent fe mouvoir fans que nous en voyons
la caufe, nous avons lieu de juger par l'analogie , par l'u-
niformité des loix de la nature , & par l'incapacité de
la matiere à fe mouvoir d'elle-même , que cette caufe
n'en eft pas moins réelle pour nous être cachée. 2°. Quoiqu'il n'y ait point de corps qui conferve éternellement
fon mouvement , puifqu'il y a toujours des caufes qui le
ralentiffent peu-à-peu , comme le frottement & la réfiftance de l'air , cependant nous voyons qu'un corps en
mouvement y perfifte d'autant plus long-tems que les
caufes qui retardent ce mouvement font moindres ; d'où
nous pouvons conclure que le *mouvement ne finiroit
point, fi les caufes retardatrices étoient nulles* (*).

Du Mouvemement uniforme.

9. Nous venons de voir qu'un Corps fe meut unifor-

(*) On trouvera dans l'Encyclopédie au mot FORCE plufieurs autres réflexions fur le principe de la force d'inertie ; comme elles n'appartiennent
pas immédiatement à notre fujet , nous y renvoyons le Lecteur.

B

mément & en ligne droite, quand aucune caufe étrangere n'agit fur lui. D'où il s'enfuit que le même Corps
peut encore fe mouvoir uniformément, lorfque deux
caufes étrangeres agiffent en même-tems & également,
l'une pour accélérer, l'autre pour retarder fon Mouvement. (C'eft ainfi, pour le dire en paffant, que les Corps
qui tombent parviennent à fe mouvoir uniformément,
lorfque la réfiftance du Fluide où ils fe meuvent tend
à diminuer leur mouvement, autant que leur pefanteur
tend à l'augmenter). Dans tout autre cas, le Mouvement eft néceffairement accéléré ou retardé.

10. Si deux parties quelconques AB, AC (Fig. 2)
d'une ligne indéfinie AO repréfentent deux portions du
tems écoulé depuis le commencement du Mouvement,
& les lignes BD, CE, les efpaces parcourus durant ces
tems par un Corps dont le Mouvement eft uniforme,
les points D, E, feront à une ligne droite ADE.

Car, puifqu'un Corps qui fe meut uniformément
parcourt des efpaces égaux en tems égaux, les points
D, E, doivent être à une ligne telle, que fi on prend
AB, BC égales entr'elles & quelconques, on ait toujours $BD = FE$. Or cette propriété n'appartient qu'à
la ligne droite. Donc &c.

C O R O L L A I R E.

11. $BD : CE :: AB : AC$. C'eft-à-dire que dans
le Mouvement uniforme, les efpaces font entr'eux comme les tems employés à les parcourir.

REMARQUE fur la mefure du tems.

12. Comme le rapport des parties du tems nous eſt inconnu en lui-même, l'unique moyen que nous puiſſions employer pour découvrir ce rapport, c'eſt d'en chercher quelqu'autre plus fenſible & mieux connu, auquel nous puiſſions le comparer; on aura donc trouvé la mefure du tems la plus ſimple, ſi on vient à bout de comparer de la maniere la plus ſimple qu'il ſoit poſſible, le rapport des parties du tems, avec celui de tous les rapports que l'on connoît le mieux. Delà il réſulte que le Mouvement uniforme eſt la mefure du tems la plus ſimple. Car d'un côté, le rapport des parties d'une ligne droite eſt celui que nous faiſiſſons le plus facilement; & de l'autre, il n'y a point de rapports plus aiſés à comparer entr'eux, que des rapports égaux. Or dans le Mouvement uniforme, le rapport des parties du tems eſt égal à celui des parties correſpondantes de la ligne parcourue. Le Mouvement uniforme nous donne donc tout à la fois le moyen, & de comparer le rapport des parties du tems au rapport qui nous eſt le plus fenſible, & de faire cette comparaiſon de la maniere la plus ſimple; nous trouvons donc dans le Mouvement uniforme, la mefure la plus ſimple du tems.

Je dis outre cela, que la mefure du tems par le Mouvement uniforme, eſt, indépendamment de ſa ſimplicité, celle dont il eſt le plus naturel de penſer à ſe ſervir. En effet, comme il n'y a point de rapport que nous con

B ij

noiſſions plus exactement que celui des parties de l'eſpace, & qu'en général un Mouvement quelconque dont la loi ſeroit donnée, nous conduiroit à découvrir le rapport des parties du tems, par l'analogie connue de ce rapport avec celui des parties de l'eſpace parcouru; il eſt clair qu'un tel Mouvement ſeroit la meſure du tems la plus exacte, & par conséquent celle qu'on devroit mettre en uſage préférablement à toute autre. Donc, s'il y a quelque eſpece particuliere du Mouvement, où l'analogie entre le rapport des parties du tems & celui des parties de l'eſpace parcouru, ſoit connue indépendamment de toute hypotheſe, & par la nature du Mouvement même, & que cette eſpece particuliere de Mouvement ſoit la ſeule à qui cette propriété appartienne, elle ſera néceſſairement la meſure du tems la plus naturelle. Or il n'y a que le Mouvement uniforme qui réuniſſe les deux conditions dont nous venons de parler. Car (*art. 6*) le Mouvement d'un Corps eſt uniforme par lui-même : il ne devient accéléré ou retardé qu'en vertu d'une cauſe étrangere, & alors il eſt ſuſceptible d'une infinité de loix différentes de variation. La loi d'uniformité, c'eſt-à-dire l'égalité entre le rapport des tems & celui des eſpaces parcourus, eſt donc une propriété du Mouvement conſidéré en lui-même. Le Mouvement uniforme n'en eſt par-là que plus analogue à la durée, & par conséquent plus propre à en être la meſure, puiſque les parties de la durée ſe ſuccedent auſſi conſtamment & uniformément. Au contraire, toute loi d'accélération ou de diminution

dans le Mouvement, eft arbitraire, pour ainfi dire, &
dépendante de circonftances extérieures. Le Mouvement non uniforme ne peut être par conféquent la mefure naturelle du tems; car en premier lieu, il n'y auroit
pas de raifon pourquoi une efpece particuliere de Mouvement non uniforme, fût la mefure premiere du tems
plutôt qu'une autre : en fecond lieu, on ne pourroit mefurer le tems par un Mouvement non uniforme, fans
avoir découvert auparavant par quelque moyen particulier l'analogie entre le rapport des tems & celui des efpaces parcourus, qui conviendroit au Mouvement propofé. D'ailleurs, comment connoître cette analogie autrement que par l'expérience, & l'expérience ne fuppo-
feroit-elle pas qu'on eût déja une mefure du tems fixe &
certaine ?

Mais le moyen de s'affurer, dira-t'on, qu'un Mouvement foit parfaitement uniforme ? Je réponds d'abord,
qu'il n'y a non plus aucun Mouvement non uniforme dont
nous fachions exactement la Loi, & qu'ainfi cette difficulté prouve feulement que nous ne pouvons connoître
exactement & en toute rigueur le rapport des parties du
tems ; mais il s'enfuit pas delà, que le Mouvement uniforme n'en foit par fa nature feule, la premiere & la plus
fimple mefure. Auffi ne pouvant avoir de mefure du tems
précife & rigoureufe, c'eft dans les Mouvemens à peu
près uniformes que nous en cherchons la mefure au moins
approchée. Nous avons trois moyens de juger qu'un
Mouvement eft à peu près uniforme : 1°. Quand le corps

qui fe meut parcourt des efpaces égaux, dans des tems
que nous avons lieu de juger égaux; & nous avons lieu
de juger les tems égaux, quand nous avons obfervé par
une expérience réitérée, qu'il fe paffe durant ces tems
des effets femblables, que nous avons lieu de juger devoir durer également long-tems. Ainfi nous avons lieu
de juger que les tems qu'une même clepfydre met à
fe vuider font égaux ; fi donc pendant ces tems un corps
parcourt des efpaces égaux, nous avons lieu de juger
que fon mouvement eft uniforme. 2°. Quand nous avons
lieu de croire que l'effet de la caufe accélératrice ou retardatrice, s'il y en a une, ne peut être qu'infenfible.
C'eft par la réunion de ces deux moyens qu'on a jugé
que le mouvement de la terre autour de fon axe eft uniforme, & cette fuppofition non-feulement n'eft point
contredite par les autres phénomenes céleftes, mais elle
paroît même s'y accorder parfaitement. 3°. Quand nous
comparons le Mouvement dont il s'agit à d'autres Mouvemens, & que nous obfervons la même Loi dans les
uns & les autres. Ainfi, fi plufieurs Corps fe meuvent,
de maniere que les efpaces qu'ils parcourent durant un
même tems foient toujours entr'eux, ou exactement, ou
à peu près dans le même rapport, on juge que le Mouvement de ces Corps eft ou exactement, ou au moins à
très-peu près uniforme. Car fi un corps A qui fe meut
uniformément parcourt l'efpace E durant le tems T pris
à volonté, & qu'un autre corps B, fe mouvant auffi uniformément, parcoure l'efpace e pendant le même tems

T, le rapport des efpaces *E*, *e*, fera toujours le même foit que les deux corps ayent commencé à fe mouvoir dans le même inftant ou dans des inftans différens; & le mouvement uniforme eft le feul qui ait cette propriété. C'eft pourquoi fi on divife le tems en parties quelconques égales ou inégales à volonté, & fi on trouve que les efpaces parcourus par deux corps durant une même partie de ce tems, font toujours dans le même rapport, plus le nombre des parties du tems fera grand, plus on fera en droit de conclure que le mouvement de chaque corps eft uniforme.

Aucun de ces trois moyens n'eft exact dans la rigueur géométrique; mais ils fuffifent, furtout quand ils font répétés & réunis, pour tirer une conclufion valable, finon fur l'uniformité abfolue, au moins fur l'uniformité très-approchée.

13. Un Corps qui fe meut uniformément eft dit fe mouvoir d'autant plus *vite*, que l'efpace BD qu'il parcourt dans un même tems AB, eft plus grand; de forte que fi BD, Bd font les efpaces parcourus uniformément par deux Corps dans le même tems AB, on dit que les *viteffes* de ces deux Corps font entr'elles comme BD à Bd.

C O R O L L A I R E.

14. BD eft à $Bd :: \dfrac{BD}{AB} : \dfrac{Bd}{AB} :: \dfrac{BD}{AB} : \dfrac{Ce}{AC}$.

donc en général les viteffes de deux Corps font entr'elles

comme les espaces BD, Ce qu'ils parcourent dans des tems quelconques, ces espaces étant divisés par les tems employés à les parcourir (1).

La vitesse d'un Corps mû uniformément, est donc en général comme l'espace divisé par le tems. La *vitesse* ne renfermant qu'une idée relative, n'a point de mesure absolue, on ne juge point de la vitesse d'un Corps en elle-même, mais en la comparant à la vitesse d'un autre Corps. Ainsi cette maniere de parler si commune chez les Mécaniciens, que la *vitesse est égale à l'espace divisé par le tems*, n'est qu'une expression abrégée pour dire que les vitesses de deux Corps qui se meuvent uniformément, font entr'elles comme les espaces que ces Corps parcourent, divisés par les tems qu'ils employent à les parcourir; expression qu'il faut entendre elle-même dans le sens expliqué par la note.

Du Mouvement accéléré ou retardé.

15. Si les lignes BD, CE, (Fig. 3 & 4.) représen-

---

(1) L'espace & le tems étant des quantités de nature différente, ainsi qu'on l'a remarqué dans le Discours préliminaire, on sent bien qu'on ne peut diviser l'espace par le tems; ainsi quand on dit que *les vitesses font comme les espaces divisés par les tems*, c'est une expression abrégée qui signifie que les vitesses font comme les rapports des espaces à une même commune mesure, divisés par les rapports des tems à une même commune mesure; c'est-à-dire que si on prend, par exemple, le pied pour la mesure des espaces, & la minute pour la mesure des tems, les vitesses de deux corps qui se meuvent uniformément font entr'elles comme les nombres de pieds parcourus divisés par les nombres de minutes employées à les parcourir, & non pas comme les pieds divisés par les minutes. *Voyez* l'Encyclopédie à la fin du mot Equation.

tant

tant les efpaces parcourus pendant les tems AB, AC, ne font pas à une ligne droite, mais à une courbe ADE, alors le Mouvement n'eft plus uniforme, mais il eft accéléré ou retardé, felon que la courbe ADE eft convexe ou concave vers AC; car fi le mouvement eft accéléré, par exemple, les efpaces DX, PE (Pl. V. fig. 1.) parcourus dans des tems égaux BQ, BC, font croiffans; enforte que PE eft $> DX$; ce qui ne fauroit être à moins que la courbe ADE ne foit convexe vers AC. Cette variation continuelle ne peut provenir (*art. 6.*) que de quelque caufe étrangere qui agit fans ceffe, pour accélérer ou retarder le Mouvement.

La viteffe du Corps mû change alors à chaque inftant, & ne peut avoir, comme dans le Mouvement uniforme, une quantité conftante pour mefure. On conçoit feulement que fon expreffion pour un inftant donné, doit être la même qu'elle feroit, fi dans cet inftant le Mouvement ceffoit d'être accéléré ou retardé. Suppofons donc, par exemple, que le Mouvement du corps foit accéléré; & qu'à l'inftant même où le corps finit de parcourir la ligne BD, il vienne à fe mouvoir uniformément avec la viteffe qu'il a en D; il eft clair, 1°. que les lignes TZ, PN (Pl. V. fig. 1.) repréfentant les efpaces qu'il décriroit alors dans des tems finis quelconques BM, BC, feroient terminés par une ligne droite DN; 2°. que ces lignes PN, TZ, doivent être plus grandes que les efpaces DX, Dx, qu'il a parcourus précédemment dans des tems $Bm = BM$, & $BQ = BC$; 3°. que ces mêmes efpaces PN, TZ doivent être plus petits que les efpaces PE, TG, qu'il auroit parcourus dans les tems BC, BM, fi fon mouvement avoit continué à être accéléré. Or pour cela il faut que DN foit tangente (2). On démontrera la même chofe dans le cas du mouvement retardé ; d'où il s'enfuit, en général, en tirant la tangente DN, que PN feroit l'efpace que le corps parcourroit dans le tems BC au lieu de $PE.$

Dans ce cas (*art.* 14) $\frac{PN}{DP}$ exprimeroit fa viteffe ; or le rapport de PN à DP, eft le même que celui de l'Elément de BD à l'Elément de AB, parce que DN eft tangente. Donc fi on nomme en général t le tems, e l'efpace correfpondant parcouru par le corps, u la viteffe à la fin du tems t, on aura $u = \dfrac{de}{dt}$.

Si on prolonge la tangente DN (Pl. I. fig. 3. & 4.) jufqu'à ce qu'elle rencontre AB en F ; BF exprimera le tems que le corps employeroit à parcourir uniformément BD avec la viteffe qu'il a au point D. Donc fi par le point A on tire Ad parallèle à FD ; Bd fera l'efpace

---

(2) Il eft vifible qu'on ne peut fuppofer que le corps décrive par fon mouvement uniforme un efpace PO plus petit que l'efpace PN terminé par la tangente DN ; car PO feroit alors plus petit que DX, puifque $PO = Dy$. On ne peut fuppofer non plus qu'il décrive un efpace PR plus grand que PN, car alors on pourroit toujours fuppofer le point T tellement placé, que l'efpace TG' parcouru uniformément pendant le tems DT fût plus grand que l'efpace TG terminé à la courbe, ce qui ne fe peut.

que ce même corps parcourroit uniformément avec cette même viteſſe dans le tems AB.

On voit par-là (Fig. 3) que ſi ADE, par exemple, eſt une parabole, c'eſt-à-dire, ſi les eſpaces BD,
CE ſont entr'eux comme les quarrés des tems, on aura
$AB = 2BF$; & $Bd = 2BD$.

C O R O L L A I R E   I.

16. Les eſpaces NE, ne, ſont les eſpaces que le
Corps parcourt pendant les tems BC, Bc, de plus ou
de moins que les eſpaces PN, pn qu'il eût parcourus
uniformément avec la viteſſe qu'il a en D. Or ſi on ſuppoſe les tems BC, Bc, infiniment petits, les lignes
NE, ne, ſont entr'elles comme le quarré de BC au
quarré de Bc. Car l'arc DE à cauſe de ſa petiteſſe infinie, peut être regardé comme un arc de cercle ; or ſoit
DN (Fig. 5) la partie infiniment petite de la tangente d'un arc de cercle ; & par le point N, & un autre
point n quelconque de cette partie, ſoient tirées à volonté les parallèles NQ, nq ; on aura par la propriété
du cercle $NE \times NQ = DN^2$; $ne \times nq = Dn^2$; &
à cauſe que les lignes nq, NQ doivent être regardées
comme égales, on aura $NE : ne :: DN^2 : Dn^2$. Or
(Fig. 3 & 4) $DN : Dn :: BC : Bc$, & par conſéquent en général $NE : ne :: BC^2 : Bc^2$.

C O R O L L A I R E   II.

17. Il eſt clair que les eſpaces NE, ne, ſeroient ceux
C ij

que la *caufe accélératrice* feroit parcourir au corps, dans les inftans BC, Bc, fi au commencement de ces inftans il n'avoit aucune viteffe. Donc les efpaces parcourus par un corps en vertu d'une puiffance accélératrice quelconque, font au commencement du Mouvement comme les quarrés des tems.

COROLLAIRE III.

18. Donc en regardant BC ou dt comme conftant, on pourra fuppofer $\dfrac{NE}{BC^2} = F$, F étant une quantité quelconque (3) qui variera fi l'on veut pour chaque abfciffe AB, mais qui pourra être cenfée conftante, tant que AB ne variera qu'infiniment peu.

COROLLAIRE IV.

19. Si dans un cercle quelconque RDQ (Fig. 5) on tire les cordes infiniment petites RD, DE, lefquelles foient égales, ou différent l'une de l'autre d'une quantité infiniment petite par rapport à elles, & qu'on prolonge RD en O enforte que $DO = RD$, qu'enfin on mene par les points O, E la ligne OQ & par le point D la tangente DN qui rencontre OQ en N; on

---

(3) La proportion $NE : ne :: BC^2 : Bc^2$ donne $\dfrac{NE}{BC^2} = \dfrac{ne}{Bc^2}$; donc fi $\dfrac{NE}{BC^2}$ eft exprimé par F, $\dfrac{ne}{Bc^2}$ fera auffi exprimé par F, F gardant la même valeur, & par conféquent F refte la même lorfque AB varie infiniment peu.

aura par la propriété du cercle $DN^2 = NE \times NQ$; $OD \times OR$ ou $2\,DO^2 = OE \times OQ$; donc à cause que les lignes DN & DO, NQ & OQ doivent être regardées comme égales, on aura $OE = 2\,NE$ (4).

Donc si on considere l'Elément DE d'une courbe quelconque ADE (Fig. 3 & 4) comme un petit arc de cercle, ce qu'on peut supposer sans erreur, il s'ensuit que la différence seconde OE de l'espace parcouru, est double de l'espace réel NE, que la puissance accélératrice ou retardatrice feroit parcourir au corps dans l'instant BC; quoique ces deux lignes OE, NE paroissent être égales dans la courbe considérée comme polygone, parce qu'alors la tangente DN se confond avec le prolongement DO du petit côté RD de la courbe.

COROLLAIRE V.

20. Donc si on appelle e l'espace parcouru BD pendant le tems t, on aura $dde = 2\,NE$, & puisque $\dfrac{NE}{BC^2} = F$, on aura $\dfrac{dde}{dt^2} = 2\,F$; donc en général l'on peut sup-

---

(4) Lorsque les lignes OD, DE, sont égales, on peut démontrer rigoureusement que $OE = 2\,NE$. Car le triangle DOE est isoscele, l'angle ODE a pour mesure la moitié de l'arc RDE, & l'angle NDE la moitié de l'arc DE. D'où il s'ensuit que DN divise l'angle ODE en deux également, & qu'ainsi à cause de $DO = DE$, on a $OE = 2\,NE$: mais la démonstration que nous avons donnée dans le texte, s'étend encore au cas où OD, DE différeroient d'une quantité infiniment petite par rapport à elles, & par conséquent ne seroient pas rigoureusement égales.

poser que l'équation différentio-différentielle de la Courbe ADE est $\varphi\, dt^2 = \pm\, dde$, φ exprimant une fonction quelconque de e & de t, ou même de ces grandeurs & de leurs différences; le signe $+$ étant pour le cas où le Mouvement est accéléré, c'est-à-dire, ou la courbe ADE est convexe vers AC, & le signe $-$ pour le cas où le Mouvement est retardé, c'est-à-dire, ou la courbe ADE est concave vers AC.

Corollaire VI.

21. Puisque (*art.* 15) $u = \dfrac{de}{dt}$, on aura à cause de dt constant, $dde = du\,dt$; donc l'équation précédente $\varphi\, dt^2 = \pm\, dde$ se changera en celle-ci $\varphi\, dt = \pm\, du$, ou $\varphi\, de = \pm\, u\,du$.

Remarques sur les forces accélératrices, & sur la comparaison de ces forces entr'elles.

Remarque I.

22. Le Mouvement uniforme d'un Corps ne peut être altéré que par quelque cause étrangere. Or de toutes les causes, soit occasionnelles, soit immédiates, qui influent dans le Mouvement des corps, il n'y a tout au plus que l'impulsion seule dont nous soyons en état de déterminer l'effet par la seule connoissance de la cause, comme on le verra dans la seconde Partie de cet Ouvrage. Toutes les autres causes nous font entiérement inconnues; elles ne peuvent par conséquent se manifester à nous, que par

l'effet qu'elles produifent en accélérant ou retardant le Mouvement des corps, & nous ne pouvons les diftinguer les unes des autres que par la loi & la grandeur connue de leurs effets, c'eft-à-dire, par la loi & la quantité de la variation qu'elles produifent dans le Mouvement. Donc, lorfque la caufe eft inconnue, ce qui eft le feul cas dont il foit queftion ici, l'équation de la courbe ADE doit être donnée immédiatement, ou en termes finis, ou en quantités différentielles. L'équation eft donnée ordinairement en différences, lorfque le Mouvement eft accéléré ou retardé fuivant une loi arbitraire & de pure hypothefe. Elle eft au contraire donnée ordinairement en termes finis, quand la loi du rapport des efpaces aux tems eft découverte par l'expérience. Ainfi fuppofons que la puiffance qui accélere, foit telle que le corps reçoive continuellement dans des inftans égaux des degrés égaux de viteffe; alors dt étant conftant, du le fera auffi, & par conféquent φ fera une quantité conftante. L'équation $\varphi\, dt = du$ fera en ce cas donnée immédiatement par hypothefe. Suppofons, au contraire, que dans un cas particulier on découvre par l'expérience que les efpaces finis parcourus depuis le commencement du Mouvement, font comme les quarrés des tems employés à les

parcourir, l'équation de la courbe ADE fera $e = \dfrac{a\, t^2}{T^2}$,

a étant l'efpace parcouru pendant un tems conftant quelconque T; d'où l'on tire $dde = \dfrac{2\, a\, d\, t^2}{T^2}$ & $du = \dfrac{2\, a\, d\, t}{T^2}$.

On voit par-là que dans cette fuppofition les accroiffe-
mens de viteffe à chaque inftant font égaux, ce qu'on
exprime autrement en difant que la force accélératrice
φ eft conftante; ainfi dans ce cas & dans d'autres femblables, les équations différentielles $\varphi\, d\, t^2 = \pm\, d\, d\, e$,
$\varphi\, d\, t = \pm\, d\, u$, fe tirent de l'équation donnée de la
courbe $A\, D\, E$ en termes finis.

Il eft donc évident que quand la caufe eft inconnue,
l'équation $\varphi\, d\, t = \pm\, d\, u$ eft toujours donnée (5).

La plûpart des Géometres préfentent fous un autre
point de vûe l'équation $\varphi\, d\, t = d\, u$ entre les tems & les
viteffes. Ce qui n'eft, felon nous, qu'une hypothefe, eft
érigé par eux en principe. Comme l'accroiffement de la

---

(5) On vient de voir que de quelque maniere que le mouvement foit
accéléré ou retardé, l'équation différentio - différentielle de la courbe fera
toujours de cette forme $\pm\, d\, d\, e = \varphi\, d\, t^2$. Or fi on veut faire ufage de
cette équation, ainfi que des équations $\varphi\, d\, t = \pm\, d\, u$ & $\varphi\, d\, e = \pm\, u\, d\, u$
pour déterminer dans un mouvement quelconque la relation entre u, t, e,
il faut connoître φ, & l'on pourroit penfer que pour cet effet la connoiffance de la caufe qui accélere ou retarde le mouvement feroit néceffaire;
l'objet de la Remarque eft de faire voir que non, mais que φ eft toujours
donné par la définition même de l'efpece de mouvement dont il eft queftion;
ainfi, conformément à cette même Remarque, quand on voudra faire ufage
des équations $\varphi\, d\, t^2 = \pm\, d\, d\, e$, $\varphi\, d\, t = \pm\, d\, u$ & $\varphi\, d\, e = \pm\, u\, d\, u$
pour déterminer la relation des efpaces, des viteffes & des tems dans un
mouvement dont la loi fera donnée, il fuffira de fubftituer dans ces équations à la place de φ une quantité propre à exprimer la loi fuivant laquelle
on fuppofera que fe font les augmentations ou diminutions de viteffe : quand
on fuppofera, par exemple, que les diminutions inftantanées de viteffe font
comme les quarrés de la viteffe, on écrira $g\, u^2\, d\, t = -\, d\, u$, $g\, u^2\, d\, e = -\, u\, d\, u$
(g étant un coëfficient conftant), & ainfi du refte.

viteffe

viteffe eft l'effet de la caufe accélératrice, & qu'un effet, felon eux, doit être toujours proportionnel à fa caufe, ces Géometres ne regardent pas feulement la quantité φ comme la fimple expreffion du rapport de $d u$ à $d t$; c'eft de plus, felon eux, l'expreffion de la force accélératrice, à laquelle ils prétendent que $d u$ doit être proportionnel, $d t$ étant conftant ; de là ils tirent cet axiome général, que le produit de la force accélératrice par l'élément du tems eft égal à l'élément de la viteffe. M. *Daniel Bernoulli* (*Mém. de Peterfb. To. I.*) prétend que ce principe eft feulement de vérité contingente, attendu qu'ignorant la nature de la caufe & la maniere dont elle agit, nous ne pouvons favoir fi fon effet lui eft réellement proportionnel, ou s'il n'eft pas comme quelque puiffance ou quelque fonction de cette même caufe. M. *Euler*, au contraire, s'eft efforcé de prouver fort au long dans fa Mécanique, que ce principe eft de vérité néceffaire. Pour nous, fans vouloir difcuter ici fi ce principe eft de vérité néceffaire ou contingente, nous nous contenterons de le prendre pour une définition, & d'entendre feulement par le mot de force accélératrice, la quantité à laquelle l'accroiffement de la viteffe eft proportionnel. Ainfi au lieu de dire que l'accroiffement de viteffe à chaque inftant eft conftant, ou que cet accroiffement eft comme le quarré de la diftance du corps à un point fixe, ou &c. nous dirons fimplement pour abréger & pour nous conformer d'ailleurs au langage ordinaire, que la force accélératrice eft conftante, ou qu'elle eft comme le quarré

D

de la diftance, ou &c. & en général, nous ne prendrons jamais le rapport de deux forces que pour celui de leurs effets, fans examiner fi l'effet eft réellement comme fa caufe, ou comme une fonction de cette caufe : examen entierement inutile, puifque l'effet eft toujours donné indépendamment de la caufe, ou par expérience, ou par hypothefe.

Ainfi nous entendrons en général par la force motrice le produit de la maffe qui fe meut par l'élément de fa viteffe, ou, ce qui eft la même chofe, par le petit efpace qu'elle parcourroit dans un inftant donné en vertu de la caufe qui accélere ou retarde fon Mouvement; par force accélératrice, nous entendrons fimplement l'élément de la viteffe. Après de pareilles définitions, il eft aifé de voir que tous les Problêmes qu'on peut propofer fur le Mouvement des Corps mûs en ligne droite, & animés par des forces qui tendent vers un centre, ou exerçant les uns fur les autres une attraction mutuelle fuivant une loi quelconque, font des problêmes qui appartiennent pour le moins autant à la Géométrie qu'à la Mécanique, & dans lefquels la difficulté n'eft que de calcul, pourvû que le mobile foit regardé comme un point.

On imagineroit peut-être que l'équation $\varphi\, d t = \pm\, d u$ regardée, non comme hypothefe, mais comme principe, feroit au moins néceffaire pour calculer les effets dont les caufes font connues, comme l'impulfion, furtout quand cette impulfion confifte en de petits coups réïtérés. J'efpere qu'on verra dans la feconde Partie de cet Ouvrage, que non - feulement ce prétendu principe eſt encore inutile dans ce cas, mais que l'application en eſt inſuffiſante & pourroit même être fautive.

REMARQUE II.

23. Il n'eſt pas inutile de remarquer que quand on a d'abord l'équation entre e & t en termes finis, & qu'on en tire par la différentiation à l'ordinaire l'équation $dde = \varphi \, dt^2$, la valeur de dde qu'on trouve par ce calcul eſt préciſément celle de OE, véritable différence feconde de BD; on pourroit d'abord douter (6),

---

(6) Il ſuffit pour former ce doute de ſe rappeller le principe d'après lequel on trouve les différences fecondes. Suppoſant $AM = t$ (Pl. V. fig. 2.) & $MP =$ une fonction de t que je repréſente par $\varphi(t)$; pour avoir ID on ſuppoſe que t devienne $t + dt$, & alors BD étant $= \varphi(t+dt)$, on a $ID = \varphi(t+dt) - \varphi(t)$ en négligeant les quantités infiniment petites du ſecond ordre & des ordres ultérieurs. Enſuite pour avoir EO on ſuppoſe dans la valeur de ID que t devienne $t + dt$, & on néglige dans ce calcul les quantités infiniment petites du troiſieme ordre & des ordres ultérieurs pour avoir la valeur de RE, enſorte qu'on prend pour dde la différence entre cette valeur de RE, & celle qu'on a trouvé pour ID. Mais il faut remarquer que puiſque dans la valeur de ID on a négligé les quantités du ſecond ordre, cette omiſſion peut influer ſur la différence cherchée des lignes ID, RE, laquelle différence eſt infiniment petite du ſecond ordre, par conſéquent on n'eſt en droit de conclure que OE eſt égal à la valeur de dde, qu'autant qu'on aura fait voir que l'omiſſion dont il s'agit, ne produit dans le calcul qu'une erreur infiniment petite au-deſſous du ſecond ordre.

Pour y parvenir nous allons d'abord démontrer une propoſition que notre Auteur a donnée dans ſes *recherches ſur le ſyſtême du monde*. Soit $\varphi(\zeta + \xi)$ une fonction de $\zeta + \xi$, ξ étant une quantité très-petite dont on ſuppoſe que ζ augmente, on aura $\varphi(\zeta + \xi) = \varphi(\zeta) + \xi \Delta(\zeta) + \dfrac{\xi^2 \Gamma(\zeta)}{2} + \&c.$

D ij

vû la nature même du calcul différentiel, fi la valeur de dde trouvée par cette différentiation repréfente véritablement OE, ou quelque autre ligne, par exemple NE. Mais on peut fe convaincre par le calcul même que la quantité trouvée $\varphi\, d\, t^2$ eft égale à OE.

REMARQUE III.

24. Nous avons vû ci-deffus (*art.* 15) que quand les

$\Delta(\zeta)$ étant le coëfficient de $d\zeta$ dans la différentiation de $\varphi(\zeta)$, & $\Gamma(\zeta)$ celui de $d\zeta$ dans la différentiation de $\Delta(\zeta)$. Car fi on fuppofe $\varphi(\zeta+\xi)=\varphi(\zeta)+u$ & qu'on différentie en fuppofant ζ conftant (ce qui eft permis ici, puifqu'on fuppofe que ζ ne croît actuellement que de la quantité ξ) on aura $d\,\xi\,\Delta(\zeta+\xi)=du$; foit $\Delta(\zeta+\xi)=\Delta(\zeta)+r$, on aura $d\,\xi\,\Gamma(\zeta+\xi)=dr$; foit $\Gamma(\zeta+\xi)=\Gamma(\zeta)+s$, on aura $d\,\xi\,\Pi(\zeta+\xi)=ds$, donc en continuant de la même maniere, on aura $\varphi(\zeta+\xi)=\varphi(\zeta)+\int d\,\xi\,\Delta(\zeta)+\int d\,\xi\int d\,\xi\,\Gamma(\zeta)+\int d\,\xi\int d\,\xi\int d\,\xi\,\Pi(\zeta)$ &c.

$$=\varphi(\zeta)+\xi\,\Delta(\zeta)\;\frac{\xi^2\,\Gamma(\zeta)}{2}+\frac{\xi^3\,\Pi(\zeta)}{2\cdot 3}+\&c.$$

Cela pofé, MP étant $=\varphi(t)$ on a

$$BD=\varphi(t+dt)=\varphi(t)+dt\,\Delta(t)+\frac{dt^2\,\Gamma(t)}{2}+\&c.$$

$$CE=\varphi(t+2dt)=\varphi(t)+2dt\,\Delta(t)+2dt^2\,\Gamma(t)+\&c.$$

Donc $ID=dt\,\Delta(t)+\dfrac{dt^2\,\Gamma(t)}{2}$

$RE=dt\,\Delta(t)+\frac{1}{2}dt^2\,\Gamma(t)$

$RE-ID$ ou $-OE$ ou $-dde=dt^2\,\Gamma(t)$.

Mais par les méthodes ordinaires du calcul différentiel, on auroit

$ID=dt\,\Delta(t)$

$RE=dt\,\Delta(t+dt)=dt\,\Delta(t)+dt^2\,\Gamma(t)$

donc $RE-ID$ ou $-OE$ ou $-dde=dt^2\,\Gamma(t)$.

Donc le dde que donne le calcul différentiel eft en effet la vraie valeur de QE.

eſpaces parcourus ſont comme les quarrés des tems cor-
reſpondans, un Corps qui parcourt un eſpace E dans le
tems T, parcourroit uniformément dans le même tems
l'eſpace $2E$ avec la viteſſe qu'il a à l'extrémité de l'eſpace E. Or quelle que ſoit la puiſſance accélératrice ou
retardatrice, les eſpaces ne, NE parcourus en vertu
de cette puiſſance, durant les inſtans Bc, BC, ſont entr'eux comme les quarrés de ces inſtans. D'où il s'enſuit que dans la courbe polygone, OE ou $dde = 2NE$
conſidérée comme l'effet de la puiſſance accélératrice
ou retardatrice, doit être regardée comme parcourue
d'un mouvement uniforme avec la viteſſe infiniment
petite que le corps a acquis à la fin de l'inſtant BC. On
voit par-là de quelle maniere on peut réduire à un mouvement uniforme l'effet inſtantané de la puiſſance qui
accélere ou qui retarde le mouvement.

R E M A R Q U E   I V.

25. Dans la courbe polygone les effets de la force accélératrice pendant les inſtans Bc, BC (Pl. V. fig. 3.)
ſont repréſentés par les lignes $O'E'$, OE ; ces eſpaces $O'E'$, OE ſont évidemment entr'eux comme
les tems Bc, BC, à cauſe des triangles ſemblables
$DE'O'$, DEO ; & cette propoſition ſert à confirmer ce
que nous venons de remarquer, que l'eſpace OE eſt cenſé
parcouru uniformément pendant le tems BC ; car quand
les eſpaces $O'E'$, OE ſont entr'eux comme les tems Bc,
BC employés à les parcourir, le mouvement eſt uniforme.

De là il s'enfuit, que puifque dans la courbe polygone l'effet de la puiffance accélératrice eft repréfenté par un mouvement uniforme, on ne doit point fuppofer dans cette hypothefe que la viteffe du corps s'accélere par degrés pendant l'inftant BC, mais qu'au commencement de cet inftant BC, lorfque le corps a parcouru l'efpace BD, fa viteffe reçoive brufquement & comme d'un feul coup toute l'augmentation ou la diminution qu'elle ne doit réellement avoir qu'à la fin de l'inftant BC.

Pour confirmer cette remarque, on peut obferver que TE', RE (Pl. V. fig. 2.) font les efpaces que le corps parcourt réellement durant les inftans Bc, BC, dans l'hypothefe de la courbe polygone ; que ces efpaces font parcourus uniformément, puifqu'ils font entr'eux comme les tems Bc, BC; qu'ainfi la viteffe pendant l'inftant BC eft cenfée uniforme, & qu'elle eft à la viteffe dans l'inftant précédent BM comme RE eft à ID. D'où il s'enfuit qu'au commencement de l'inftant BC, la viteffe change brufquement, fuivant le rapport de RE à ID.

Au contraire dans la courbe rigoureufe, les effets de la puiffance accélératrice ou retardatrice pendant les inftans Bc, BC, font repréfentés par ne, NE (Pl. V. fig. 3.) & font entr'eux, comme les quarrés de ces inftans ; dans ce cas la viteffe eft cenfée s'accélérer ou fe retarder uniformément pendant tout le cours de l'inftant BC, en vertu de la puiffance accélératrice, qui eft cenfée donner au mobile pendant cet inftant une fuite de petits coups égaux & réitérés ; & la fomme de ces petits coups eft égale au coup unique, que la même puiffance eft cenfée donner au corps dès le commencement de l'inftant BC dans l'hypothefe de la courbe polygone.

On pourroit faire ici une difficulté qu'il eft bon de prévenir. L'équation trouvée $dde = \varphi \, dt^2$ à la courbe rigoureufe & appartient à la courbe polygone ; donc puifque φ eft regardée comme conftante pendant l'inftant BC, dde ou OE eft proportionnelle à dt^2, c'eft-à-dire au quarré de BC, même dans la courbe polygone ; cependant nous venons de voir que les lignes $E'O'$, EO font proportionnelles aux lignes Bc, BC. Comment accorder ces deux propofitions ? La réponfe eft très-fimple ; c'eft que $E'O'$ n'eft pas le dde qui répond à l'inftant Bc ; comme il eft facile de s'en affurer (7) par la feule infpection de la figure 3. Planche V.

____

(7) Il faut remarquer que ce qui détermine EO pour la différence feconde de la ligne MP, c'eft la fuppofition que les trois points P, D, E foient à la courbe rigoureufe ; or PD, DE étant confidérées comme foutendantes de cette courbe, il eft impoffible que le point E' lui appartienne, ainfi $E'O'$ n'eft point le dde qui répond à Bc. EO étant fuppofé le dde qui répond à BC, pour déterminer celui qui répond à Bc, il faut prendre $Bm = Bc$, & ayant tiré mp parallèle à BD, qui rencontre la courbe en p, on tirera pDo, qui rencontre en o la ligne ceo parallèle à BD, & alors eo fera le dde qui répond à Bc ; il y aura feulement cette différence, que la courbe polygone, au lieu d'être confidérée comme ayant DP & DE pour côtés contigus, fera confidérée comme ayant Dp & De pour côtés ; par conféquent (DN étant la tangente de la courbe rigoureufe au point D, & oe double de ne) puifqu'on a $NE : ne :: BC^2 : Bc^2$, on a auffi $OE : oe :: BC^2 : Bc^2$; ainfi les dde font toujours comme les dt^2, & les lignes OE, $O'E'$ terminées à la courbe polygone & à fa tangente reftent comme les dt.

REMARQUE V.

26. Les Géometres doivent prendre garde à cette diſtinction des courbes polygones & des courbes rigoureuſes, dans l'eſtimation des effets des forces accélératrices & dans la comparaiſon de ces effets entr'eux. Si un des effets eſt calculé dans l'hypotheſe de la courbe rigoureuſe, il faut calculer l'autre dans la même hypotheſe; autrement on courroit riſque de faire le rapport des forces, c'eſt-à-dire de leurs effets, double de ce qu'il eſt réellement (8).

REMARQUE VI.

27. Si on ſuppoſe une puiſſance accélératrice conſtante p telle que la peſanteur, en vertu de laquelle un

---

(8) On peut eſtimer l'effet d'une cauſe accélératrice de deux manieres; ou par l'eſpace qu'elle fait naturellement parcourir dans un inſtant, ou par celui que le corps pourroit parcourir pendant un inſtant égal avec la viteſſe acquiſe pendant ce premier inſtant, continuée uniformément. Dans le premier cas, NE (fig. 3. & 4.) marque cet effet, DN étant tangente de la courbe rigoureuſe; dans le ſecond cas, l'effet eſt marqué par OE double de NE, DO étant tangente de la courbe polygone. On eſt maître d'eſtimer l'effet de la cauſe accélératrice de l'une ou de l'autre de ces deux manieres; mais lorſqu'on aura deux cauſes accélératrices à comparer, il faudra obſerver que ſi on a exprimé un des effets par NE dans la courbe qui repréſente les eſpaces que l'une fait décrire, l'autre effet ſoit de même exprimé dans ſa courbe correſpondante par la ligne correſpondante; & c'eſt là ce qu'on entend lorſqu'on dit que ſi un des effets a été calculé dans l'hypotheſe de la courbe rigoureuſe, l'autre doit être calculé dans la même hypotheſe &c.

corps

corps parcourre l'efpace fini ζ pendant le tems fini θ,

on aura $\varphi : p :: \dfrac{dde}{dt^2} : \dfrac{2\zeta}{\theta^2}$ (9), ou $\varphi : p :: \dfrac{NE}{dt^2} : \dfrac{\zeta}{\theta^2}$.

Donc $\varphi \, dt^2 = \dfrac{p\,dde.\theta^2}{2\zeta}$ ou $dde = \dfrac{2\varphi\zeta dt^2}{p\theta^2}$, &

$NE = \dfrac{\varphi\zeta dt^2}{\theta^2}$.

Il faut fe donner de garde d'écrire $dde = \dfrac{\varphi\zeta dt^2}{p\theta^2}$,

comme on pourroit y être porté en prenant dde pour NE ; car il eft évident que par cette opération on

---

(9) On fe propofe dans cette Remarque de comparer toute force accélératrice à la péfanteur ; & voici le fondement de cette comparaifon : l'équation $\varphi \, dt^2 = dde$ donne $\varphi = \dfrac{dde}{dt^2}$; par la même raifon $p = \dfrac{dd\zeta}{d\theta^2}$; mais au lieu du rapport $\dfrac{dd\zeta}{d\theta^2}$ on peut fubftituer un rapport de quantités finies, en obfervant que les efpaces parcourus naturellement en vertu d'une puiffance accélératrice conftante, font comme les quarrés des tems ; ainfi on a $d\theta^2 : \theta^2 :: \dfrac{dd\zeta}{2} : \zeta$; (on obfervera que nous avons mis $\dfrac{dd\zeta}{2}$ dans la proportion, & non pas $dd\zeta$, parce que $dd\zeta$, comme on l'a déja dit, eft double de l'efpace réel, que la puiffance feroit naturellement parcourir pendant l'inftant $d\theta$.) On aura donc $\dfrac{dd\zeta}{d\theta^2} = \dfrac{2\zeta}{\theta^2}$, & par conféquent $\varphi : p :: \dfrac{dde}{dt^2} : \dfrac{2\zeta}{\theta^2}$, ce qu'on peut encore démontrer d'une autre maniere ; car en intégrant l'équation $p\,d\theta^2 = dd\zeta$ on a l'équation $p\theta^2 = 2\zeta$, qui étant comparée à l'équation $dde = \theta dt^2$ donne la même proportion.

E

n'auroit que la moitié de la valeur de dde qui eſt égal à $2NE$; ainſi en intégrant on n'auroit que la moitié de la valeur de e. Veut-on s'en aſſurer par un exemple ſimple ? Qu'on ſuppoſe $\varphi = p$, c'eſt-à-dire la puiſſance conſtante & égale à la peſanteur; on ſait que les eſpaces e, z, ſont alors entr'eux comme les quarrés des tems t^2, θ^2; donc on a $e = \dfrac{z\,t^2}{\theta^2}$, & c'eſt ce que donne en effet (quand on l'integre) l'équation $dde = \dfrac{2\,\varphi\,z\,d\,t^2}{p\,\theta^2}$ ou $dde = \dfrac{2\,z\,d\,t^2}{\theta^2}$: au lieu que l'équation $dde = \dfrac{z\,d\,t^2}{\theta^2}$ ne donneroit que $e = \dfrac{z\,t^2}{2\,\theta^2}$, c'eſt-à-dire la moitié de la valeur de e.

CHAPITRE II.

Du Mouvement composé.

THÉOREME.

28. *SI deux puissances quelconques agissent à la fois sur un corps ou point* A (Fig. 6.) *pour le mouvoir, l'une de* A *en* B *uniformément pendant un certain tems, l'autre de* A *en* C *uniformément pendant le même tems, & qu'on acheve le parallélogramme* A B D C; *je dis que le corps* A *parcourra la diagonale* A D *uniformément, dans le même tems qu'il eût parcouru* A B *ou* A C.

Soit Ag la ligne inconnue parcourue par le corps A; il est certain (*art.* 6) que cette ligne sera une ligne droite, & que le corps A la parcourra uniformément. Il n'est pas moins évident qu'elle sera dans le plan des lignes AB, AC, puisqu'il n'y a pas de raison pourquoi elle s'écarte de ce plan plutôt d'un côté que de l'autre. De plus, si lorsque le corps est arrivé à un point quelconque g de cette ligne, on supposoit que deux puissances vinssent à agir sur lui, dont l'une tendît à le mouvoir suivant gc parallèle à AC avec la même vitesse qu'il a en A suivant AC, & en sens contraire, & l'autre tendît à lui faire parcourir la ligne go égale

& parallèle à *A B*, & en sens contraire, dans le même
tems qu'il auroit parcouru *A B*, il est clair que le corps
resteroit en repos au point *g*. Car sa vitesse & sa direction
au point *g* est précisément la même, que s'il étoit animé
en ce point par deux puissances égales & parallèles aux
puissances suivant *A B* & *A C*, & par conséquent égales
& contraires aux puissances suivant *g o*, *g c*.

Cela posé, imaginons que le corps *A* qui décrit la
ligne *A g*, soit sur un plan *K L M H* qui puisse glisser
librement entre les deux coulisses *K L*, *I M*, parallèles
à *A C*. Qu'on fasse mouvoir ce plan entre les deux coulisses, de maniere que tous ses points *g* décrivent des
lignes *g c* égales & parallèles à *A C*, dans le même tems
que le corps *A* eût décrit la ligne *A C*; & qu'en même
tems les deux coulisses se meuvent en emportant le plan
parallèlement à *A B*, & en sens contraire, avec une vitesse égale à celle que le corps *A* auroit eûe suivant *A B*;
il est évident que tous les points *g* du plan décriront uniformément des lignes *g a*, égales & parallèles à la diagonale *A D* du parallélogramme *B C*. Il est de plus évident que le corps ou point mobile *A*, est tiré continuellement en cet état par quatre puissances contraires &
égales deux à deux, & que par conséquent il doit rester
en repos dans l'espace absolu. D'où il s'ensuit, que quand
le corps ou point mobile *A* est arrivé à un point *g* du
plan, ce point *g* doit se trouver à la place que le corps
occupoit quand il a commencé de se mouvoir. Ce qui
ne sauroit être, à moins que la ligne *A g* ne tombe

fur la diagonale *A D*, & le point *g* fur le point *D* (10).
Donc &c.

R E M A R Q U E.

29. La démonftration qu'on apporte d'ordinaire du
Théorême précédent, confifte à imaginer que le point
A fe meuve uniformément fur une regle *A B* avec la
viteffe qu'il a reçûe fuivant *A B*, & qu'en même tems la
ligne ou regle *A B* fe meuve fuivant *A C* avec la viteffe
que le corps *A* a reçûe fuivant *AC*. On prouve très-bien
dans cette fuppofition, que le point mobile *A* décrit la
diagonale *A D*. En général la plûpart des démonftrations communes de cette propofition font fondées fur
ce qu'on regarde les deux puiffances fuivant *A B* & *A C*,
comme agiffant fur le corps *A* pendant tout le tems de
fon mouvement, ce qui n'eft pas précifément l'etat de
la queftion. Car l'hypothefe eft, que le corps *A* tend à
fe mouvoir au premier inftant fuivant *A B* & *A C* à la
fois, & l'on demande la direction & la viteffe qu'il doit
avoir en vertu du concours d'action des deux puiffan-

---

(10) Puifque le point mobile *A* doit refter en repos dans l'efpace abfolu, il faut que le mouvement du plan fur lequel on le fuppofe, l'em-
porte en fens contraire précifément de la même quantité dont il fe feroit
avancé fans le mouvement du plan ; donc quand il a décrit une ligne $=$ *A g* ,
le point du plan qui étoit en *g*, au commencement du mouvement, doit
avoir décrit *g A* & être par conféquent en *A* ; d'un autre côté ce point a
dû décrire une ligne parallèle à la diagonale *A D* ; donc la ligne *A g* ne
peut être que la diagonale même.

ces. Dès qu'il a pris une direction moyenne AD, les deux tendances suivant AB & AC n'exiſtent plus; il n'y a plus de réel que ſa tendance ſuivant AD.

J'ai donc crû devoir prévenir cette difficulté, & faire voir que le chemin du corps A eſt le même, ſoit que les deux puiſſances n'agiſſent ſur lui que dans le premier inſtant, ſoit qu'elles agiſſent continuellement toutes deux à la fois ſur le corps. C'eſt à quoi je crois être parvenu dans la démonſtration que j'ai donnée ci-deſſus.

COROLLAIRE I.

30. Si un corps parcourt ou tend à parcourir une ligne droite AC (Fig. 7) avec une viteſſe quelconque, & qu'on prenne un point B partout où l'on voudra ſur cette ligne AC prolongée ou non, la viteſſe AC pourra être regardée comme compoſée de la viteſſe AB & de la viteſſe BC. Car AC peut être regardée comme la diagonale d'un parallélogramme, dont AB, BC font les côtés. Donc &c.

REMARQUE.

31. Quelques Lecteurs pourront être ſurpris de ce que je tire la démonſtration d'une propoſition ſi ſimple en apparence, d'un cas général beaucoup plus compoſé; mais on ne peut, ce me ſemble, démontrer autrement la propoſition dont il s'agit ici, qu'en regardant comme un axiome inconteſtable, que l'effet de deux cauſes conjointes eſt égal à la ſomme de leurs effets pris ſéparé-

ment, ou que deux caufes agiffent conjointement comme elles agiroient féparément; principe qui ne me paroît pas affez évident, ni affez fimple, qui tient d'ailleurs de trop près à la queftion des forces vives, & au principe des forces accélératrices dont nous avons parlé ci-deffus *art.* 22. C'eft la raifon qui m'a obligé à éviter d'en faire ufage, ayant d'ailleurs pour but dans ce Traité de réduire la Mécanique au plus petit nombre de principes poffible, & de tirer tous ces principes de la feule idée du mouvement, c'eft-à-dire de l'efpace parcouru & du tems employé à le parcourir, fans y faire entrer en aucune façon les puiffances & les caufes motrices.

COROLLAIRE II.

32. Si un corps eft pouffé fuivant AB & AC (Fig. 8) par deux puiffances accélératrices quelconques, fa direction fera la diagonale d'un parallélogramme fait fur des côtés AB, AC, proportionnels aux forces accélératrices fuivant AB & AC; & fa force accélératrice fuivant AD fera à chacune des deux fuivant AB & AC, comme AD eft à AB & AC. Car foient Ab & Ac les efpaces que le corps A eût parcourus dans le commencement de fon mouvement en vertu de chacune des puiffances, on aura (*art.* 22) $Ab : Ac :: AB : AC$. Donc les lignes bd, cd, parallèles à AC, AB concourront au point d de la diagonale AD. De même fi $A\beta$, Ax, font les efpaces parcourus en tems égaux en vertu de ces mêmes puiffances, on aura $Ab . A\beta ::$

le quarré du tems par *A b* ou par *A c* au quarré du tems
par *A β* ou par *A x*, c’eſt-à-dire comme *A c* eſt à *A x*;
donc le point de concours *δ* des lignes *β δ*, *x δ*, ſera
encore ſur la diagonale *A D*. Donc ſi on ſuppoſe que
le corps *A* ſe meuve ſur la regle *A B* au premier inſtant, avec la force accélératrice qu’il a ſuivant *A B*,
& que la puiſſance accélératrice ſuivant *A C*, agiſſe en
même-tems ſur la regle pour la porter de *A* vers *C*,
le point *A* décrira la diagonale *A d*, dans le même
tems qu’il auroit décrit *A b* ou *A c*, & ſa force accélératrice ſuivant *A D*, ſera à chacune des forces ſuivant les côtés, comme la diagonale à chacun de ces
mêmes côtés.

De là on voit, comment à une force accélératrice
quelconque, on peut en ſubſtituer d’autres, en tel nombre qu’on voudra.

Au reſte, comme nous avons vû ci-deſſus (*art.* 24)
de quelle maniere on peut réduire à un mouvement
uniforme l’effet inſtantané d’une puiſſance quelconque;
il eſt clair que la combinaiſon des effets de tant de puiſſances qu’on voudra, & la recherche de l’effet unique
qui en réſulte, ſe réduit par là fort aiſément aux loix
du mouvement compoſé uniforme.

Du Mouvement en ligne courbe, & des forces centrales.

33. Comme un corps tend de lui-même à ſe mouvoir en ligne droite, il ne peut décrire une ligne courbe, qu’en vertu de l’action d’une puiſſance qui le détourne

ne continuellement de fa direction naturelle. On peut
déduire de l'article précédent, les principes du mouvement d'un corps fur une courbe.

Il eft démontré qu'un arc infiniment petit d'une courbe quelconque, peut être pris pour un arc de cercle,
dont le rayon feroit égal au rayon de la développée de
cet arc de la courbe. On réduit par ce moyen le mouvement d'un corps fur une courbe quelconque, au mouvement de ce même corps fur un cercle dont le rayon
change à chaque inftant.

La puiffance qui retient un corps fur une courbe, eft
appellée particuliérement *force centrale*, quand elle eft
toujours dirigée vers un point fixe ; mais nous la nom-
merons ici *force centrale* en général, foit qu'elle tende
vers un point fixe ou non. Cette puiffance n'eft par fa nature qu'une puiffance accélératrice ou retardatrice, dont
la direction eft différente de celle du corps. On peut,
par tout ce qui a été dit ci-deffus, (*art.* 24 & 32) réduire à un mouvement uniforme l'effet inftantané de cette puiffance, en regardant comme un polygone d'une
infinité de côtés la courbe qu'elle fait décrire au corps ;
& cet effet eft double de celui que la force centrale pro-
duiroit dans la courbe confidérée exactement comme
courbe. Ainfi, fuppofons qu'un corps décrive un arc
de cercle infiniment petit RDE, (Fig. 5) en vertu d'une
puiffance, qui au point D le détourne de la ligne droite
fuivant une direction donnée : fi on regarde le cercle comme un polygone, la corde RD fera la ligne que le corps

aura décrite dans l'inftant précédent, & DO égale & en ligne droite avec RD, celle qu'il tend à décrire l'inftant fuivant. Donc tirant OE parallèle à la direction de la force centrale en D, OE fera l'effet inftantané de cette puiffance; au contraire, fi on confideroit le cercle comme cercle rigoureux, la tangente DN feroit la ligne que le corps tendroit à décrire, & NE l'effet de la puiffance qui le retiendroit fur la courbe.

La ligne NE divifée par le quarré du tems employé à la parcourir, eft (*art.* 18. 22 & 26) l'expreffion de la force accélératrice en vertu de laquelle le corps décrit la courbe; or cette ligne NE eft égale au quarré de la ligne DN ou de l'arc DE ou RD, divifé par NQ, & NQ eft au diametre du cercle, comme le finus de l'angle que fait la force centrale avec la courbe, eft au finus total (11); de plus, la ligne DE divifée par le tems employé à la parcourir, eft (*art.* 15) l'expreffion de la viteffe du corps. Donc dans une courbe quelconque, l'effet de la force centrale eft comme le quarré de la viteffe divifé par le rayon de la développée, & multiplié par le rapport du finus total au finus de l'angle que fait cette force avec la courbe.

En général, l'élément du tems étant fuppofé conftant, la force centrale eft repréfentée par la ligne OE dans la courbe polygone, & par NE dans la courbe rigoureufe. Il faut par conféquent avoir égard à cette différence

---

(11) Car NQ ou EQ eft le double du finus de l'angle NED.

d'expreſſion dans la comparaiſon des effets de deux forces centrales ; & pour ne pas faire l'un des effets double
de ce qu'il eſt par rapport à l'autre, il faut conſidérer les
deux courbes, ou toutes deux comme polygones, ou
toutes deux comme rigoureuſes.

Les forces centrales, & en général toutes les forces
accélératrices (ſi par le mot de *force* nous n'entendons
que les effets) ſont entr'elles comme les petits eſpaces
qu'un corps parcourt dans un même inſtant en vertu de
ces forces. On a coutume de comparer toutes ces forces à la force accélératrice conſtante que nous connoiſ-
ſons le mieux, je veux dire à la peſanteur. Si E eſt l'eſpace qu'un corps peſant parcourt dans un tems fini T,
$\frac{E\,d\,t^2}{T^2}$ ſera l'eſpace qu'il parcourra dans le tems $d\,t$,
& ſi l'arc $D\,E$ eſt ſuppoſé parcouru dans le même tems
$d\,t$, la force centrale ſera à la peſanteur, comme la ligne
$N\,E$ à $\frac{E\,d\,t^2}{T^2}$, ou comme $O\,E = 2\,N\,E$ à $\frac{2\,E\,d\,t^2}{T^2}$.

Or ſoit r le rayon de la développée de la courbe en
N, S le ſinus de l'angle que fait la direction de la force
centrale avec la courbe, A le ſinus total, e l'eſpace
que le corps parcourroit uniformément dans le tems T
avec la viteſſe qu'il a en D, on aura $D\,E = \frac{e\,d\,t}{T}$;

$O\,E = \frac{D\,E^2}{r} \times \frac{A}{S} = \frac{e^2\,d\,t^2 \cdot A}{T^2\,S\,r}$. Donc l'effet
inſtantané de la peſanteur eſt à celui de la force centrale,

comme $2E$ à $\dfrac{e^2 A}{S r}$ ou comme E à $\dfrac{e^2 A}{2 r S}$; & ainſi le rapport de ces deux effets, que la plûpart des Géometres prennent pour celui des cauſes mêmes, eſt exprimé en termes finis (*).

CHAPITRE III.

Du Mouvement détruit ou changé par des obſtacles.

34. UN corps qui ſe meut, peut rencontrer des obſtacles qui alterent, ou même qui anéantiſſent tout-à-fait ſon mouvement ; ces derniers, ou ſont invincibles par eux-mêmes, ou n'ont préciſément de réſiſtance que ce qu'il en faut pour détruire le mouvement imprimé au corps.

Un obſtacle invincible peut être tel, qu'il ne permette au corps aucun mouvement, comme quand un corps tire une verge droite attachée à un point fixe ; ou l'obſtacle pourroit être de telle nature, qu'il n'empêchât pas le corps de ſe mouvoir dans une autre direction que celle qu'il a ; comme quand un corps rencontre un plan inébranlable.

35. Si l'obſtacle, invincible ou non, que le corps

(*) On trouvera dans l'*Encyclopédie* au mot F o r c e, pluſieurs autres Théorêmes & Remarques ſur la meſure de la force centrifuge. Ce que nous en diſons ici, ſuffit pour l'objet que nous nous propoſons.

rencontre, ne fait qu'altérer & changer fon mouvement fans le détruire, enforte que le corps ayant, par exemple, la viteffe a avant que de rencontrer l'obftacle, il foit obligé de prendre une viteffe b dont la quantité & la direction foit différente de la premiere ; il eft évident qu'on peut regarder la viteffe a que le corps a lorfqu'il rencontre l'obftacle, comme compofée de la viteffe b & d'une autre viteffe c, & qu'il n'y a que la viteffe c qui ait été détruite par l'obftacle.

36. De là il s'enfuit, qu'un corps fans reffort qui vient choquer perpendiculairement un plan immobile & impénétrable, doit s'arrêter après ce choc, & refter en repos. Car il eft vifible que fi ce corps a du mouvement après la rencontre du plan, ce ne peut être qu'en arriere, & dans la direction de la perpendiculaire ; foit u fa viteffe avant le choc, v fa viteffe en arriere, que je fuppofe $= m\,u$, m exprimant un nombre inconnu quelconque, on aura (*art.* 30 & 35) $u = -\,m\,u + u + m\,u$. Donc $u + m\,u$ eft la viteffe perdue par le corps à la rencontre du plan. Mais il n'y a point de raifon pourquoi m foit plutôt tel nombre que tel autre. Car la feule condition par laquelle on puiffe déterminer la viteffe $u + m\,u$, eft qu'elle doit être détruite par le plan : or puifque (*hyp.*) le plan eft inébranlable, il n'y a point de raifon pourquoi il anéantiroit plutôt la viteffe $u + m\,u$, qu'une autre viteffe $u + n\,u$. Donc le nombre m ne peut être plutôt tel nombre que tel autre. Donc il fera zéro. En effet, fi la viteffe $u + m\,u$ peut être anéantie par la rencontre

du plan, comme on le fuppofe, à plus forte raifon la viteffe *u* pourra être détruite par la rencontre de ce même plan. Donc elle fera détruite réellement : donc *m u*, & par conféquent *v* fera $= o$. Donc &c.

COROLLAIRE I.

37. Si on fuppofe qu'un corps *A* (Fig. 9) mû fuivant *A B*, rencontre le plan immobile & impénétrable *B D* fur lequel il foit forcé de fe mouvoir, fa viteffe fuivant *B D* fera à fa viteffe fuivant *A B* ou *B C*, comme le finus du complément de l'angle *C B D* au finus total. Car il faudra regarder la viteffe *B C*, comme compofée de deux autres, dont l'une *B E* foit perpendiculaire au plan *B D*, & l'autre *B D* foit dans ce même plan : or la viteffe *B E* étant détruite par le plan, le corps *A* n'aura plus que la viteffe *B D* qui fera à *B C* :: le finus de l'angle *B C D*, complément de *C B D*, au finus total.

COROLLAIRE II.

38. Si un corps fe meut le long de plufieurs plans *A B*, *B C*, *C D*, &c. (Fig. 10 & 11) qu'on prolonge *A B*, & *B C* indéfiniment en *F* & en *E* ; qu'enfuite d'un rayon arbitraire *G L* on décrive l'arc *L M*, & qu'on faffe *L G M = C B F* ; qu'ayant après cela abaiffé la perpendiculaire *M K*, on décrive du rayon *G K* l'arc *N K*, tel que l'angle *K G N = D C E*, & qu'on mene la perpendiculaire *N I*, & ainfi de fuite ; je dis que fi on prend *G L* pour repréfenter la viteffe fuivant

AB, *GI* exprimera la viteffe fuivant *CD*. Cela fuit évidemment du Corollaire précédent.

Corollaire III.

39. Donc la fomme des viteffes perdues de *A* en *D* eft égale à *LI*, c'eft-à-dire à la fomme des finus verfes des angles *CBF*, *DCE*, &ç. en prenant fucceffivement *GL*, *GK* &c. pour finus totaux.

Corollaire IV.

40. Donc en prenant *G L* pour finus total commun à tous les finus verfes, la viteffe perdue fera moindre que la fomme de ces mêmes finus verfes.

Du Mouvement d'un Corps le long d'une furface courbe.

Lemme.

41. *Si dans un courbe* ABCDR (Fig. 12) *après avoir tiré les tangentes* AY , RY , *on infcrit un polygone* ABCDR *dont les angles extérieurs* BAY, CBF, DCE, &c. *foient égaux entr'eux ; je dis qu'on peut imaginer ce polygone d'un fi grand nombre de côtés, que la fomme des finus verfes des angles* BAY, CBF, DCE, RDS, &c. *foit moindre qu'une grandeur donnée.*
Car la fomme des angles *BAY*, *CBF*, *DCE*, &c. eft égale à l'angle *RYZ* fait par les tangentes *RY*, *AY* de la courbe. Donc fi on fait l'angle *ryz* (Fig.13) = *RYZ*, l'angle *ryn* = à un des angles *BAY* ou

CBF, & qu'on nomme n le nombre des angles ; on aura,

arc. $rn \times n =$ arc. $r\zeta$, & $\dfrac{\text{cord.} \, rn^2}{rh} \times n =$ à la somme des

sinus verses. Mais $\dfrac{\text{cord.} \, rn^2}{rh} \times n < \dfrac{\text{arc.} \, rn^2 . n}{rh} = \dfrac{\text{arc.} \, r\zeta^2}{n . rh}$:

soit l'arc $\dfrac{r\zeta^2}{rh} = \pi . rl$ (π étant un nombre donné,

puisque les lignes rh, rl, & l'arc $r\zeta$ sont donnés) ; la

somme des sinus verses sera donc $< \dfrac{\pi . rl}{n}$. Or

puisque π & rl sont des quantités constantes, on peut

rendre n si grand, que $\dfrac{\pi \times rl}{n}$ soit moindre qu'une

grandeur donnée ; donc à plus forte raison, la somme
des sinus verses sera moindre que cette même grandeur
donnée.

THÉOREME.

42. *Si un corps mû suivant une droite* XA *(Fig. 12)*
rencontre la surface courbe AR, *touchée en* A *par* XA,
& sur laquelle il soit obligé de se mouvoir ; je dis qu'il
ne perdra de A *en* R *aucune partie de sa vitesse.*

Car on peut inscrire dans la courbe un polygone
$ABCDR$ d'un si grand nombre de côtés, que la
somme des sinus verses de ses angles extérieurs, soit
toujours (*art.* 41) moindre qu'une grandeur donnée,
& qu'ainsi à plus forte raison (*art.* 40) la vitesse perdue
de A en R soit toujours aussi petite qu'on voudra. Donc

ſi ce polygone ſe confond avec la courbe, la viteſſe perdue de *A* en *R* ſera zéro.

COROLLAIRE.

43. Il réſulte de là, que quand un corps ſe meut ſur une courbe, ſa viteſſe à chaque point de la courbe eſt préciſément altérée de la même maniere, toutes choſes d'ailleurs égales, que s'il ſe mouvoit ſur la tangente de la courbe en ce point.

REMARQUE.

44. On démontre d'ordinaire ce dernier Théorême, en regardant la courbe comme un polygone *A B C D R* d'une infinité de côtés, dont les angles extérieurs *C B F* ſont infiniment aigus; les ſinus verſes de ces angles étant infiniment petits du ſecond ordre, on en conclut qu'un corps ne perd à chaque inſtant qu'une partie de viteſſe infiniment petite du ſecond genre, de ſorte que la perte totale de *A* en *R* n'eſt qu'infiniment petite du premier.

La démonſtration que j'ai donnée, quoique peut-être un peu longue, me paroît auſſi plus lumineuſe, d'autant que la viteſſe perdue de *A* en *R* eſt réellement & exactement nulle ou zéro, & non pas infiniment petite. Quand on veut démontrer en toute rigueur les propriétés des courbes, on tombe néceſſairement dans des démonſtrations un peu longues; la méthode des infiniment petits abrege beaucoup ces démonſtrations, mais elle n'eſt pas ſi rigoureuſe. Elle a de plus un autre inconvénient, c'eſt

G

que les Commençans qui n'en pénétrent pas toujours l'efprit, pourroient s'accoutumer à regarder ces infiniment pe its comme des réalités ; c'eft une erreur contre laquelle on doit être d'autant plus en garde, que de grands hommes y font tombés, & qu'elle-même a donné occafion à quelques mauvais Livres contre la certitude de la Géométrie (*). La méthode des infiniment petits, n'eft autre chofe que la méthode des raifons premieres & dernieres, c'eft-à-dire des rapports des limites des quantités finies. (**) Quand on a bien conçû l'efprit & les principes de cette Méthode, alors il eft utile de la mettre en ufage pour parvenir à des folutions élégantes.

De l'Equilibre.

45. Si les obftacles que le corps rencontre dans fon mouvement, n'ont précifément que la réfiftance néceffaire pour empêcher le corps de fe mouvoir ; on dit alors qu'il y a équilibre entre le corps & ces obftacles.

THÉOREME.

46. *Si deux corps dont les viteffes font en raifon in-*

(*) L'Ouvrage de M. *Mac-Laurin*, qui a pour titre, *A Treatife of fluxions*, a été publié à l'occafion d'un Livre Anglois intitulé, *The Analyft* &c. contre la certitude des Mathématiques, & dont la plûpart des argumens font contre la Méthode des infiniment petits.

(**) Voyez l'*Encyclopédie*, aux mots DIFFÉRENTIEL & FLUXION. La Métaphyfique du calcul différentiel eft expliquée dans le premier de ces articles, d'une maniere qui ne doit laiffer aucune difficulté.

verſe *de leurs maſſes, ont des directions oppoſées, de telle maniere que l'un ne puiſſe ſe mouvoir ſans dépla-cer l'autre, il y aura équilibre entre ces deux corps.*

PREMIER CAS.

1°. Si les deux corps font égaux & leurs viteſſes éga-les, il eſt évident qu'ils reſteront tous deux en repos. Car il n'y a point de raiſon pourquoi l'un ſe meuve plutôt que l'autre dans la direction qu'il a ; d'ailleurs il eſt clair par l'article 36, qu'ils ne peuvent ſe mouvoir dans une direction contraire. Donc &c.

Je ſuppoſe ici, afin que la démonſtration ne ſouffre aucune difficulté, que les deux corps ſoient non-ſeule-ment égaux, mais encore parfaitement ſemblables, que ce ſoient par exemple deux globes, deux parallélépipédes rectangles &c. Nous verrons plus bas (*art.* 57) la de-monſtration du même Théorême dans le cas où les corps ne font pas ſemblables.

SECOND CAS.

Si l'un de ces corps reſtant dans le même état, on augmente du double la maſſe de l'autre, & qu'on di-minue la viteſſe de la moitié, il y aura encore équilibre. Car on peut regarder (*art.* 30) la viteſſe du petit corps comme compoſée de deux viteſſes, égales chacune à la viteſſe du grand ; & la maſſe du grand, comme compo-ſée de deux maſſes égales, animées chacune de la même viteſſe. Donc à la place de chacune des maſſes propo-

fées, on peut imaginer de chaque côté deux maffes égales animées de viteffes égales. Or dans cette derniere hypothefe il y auroit équilibre (*Cas* 1.). Donc &c.

On peut encore démontrer cette propofition de la maniere fuivante. Soit m la maffe du petit corps, $2\,m$ celle
du grand, u la viteffe du grand corps & par conféquent
$2\,u$ celle du petit. Je regarde la maffe $2\,m$ du grand
corps comme compofée de deux maffes m, m', égales
chacune à la maffe du petit ; & au lieu de fuppofer chacune de ces deux maffes m, m', animées de la viteffe
u, je fuppofe, ce qui revient au même, que la maffe an-
térieure m', celle qui touche le petit corps, foit animée de la viteffe $2\,u$ en avant, & de la viteffe $-\,u$ en
arriere, tandis que la maffe poftérieure m conferve fa
viteffe u. Il eft évident que la maffe m' animée de la
viteffe $-\,u$ doit faire équilibre à la maffe égale m animée de la viteffe u. Donc il ne reftera que la maffe m'
animée de la viteffe $2\,u$, laquelle fera équilibre (*Cas* 1.)
à la maffe du petit corps m animée de la viteffe $2\,u$.

Dans ce fecond Cas & dans les deux fuivans, ainfi
que dans les Corollaires qui en feront tirés, je fuppofe,
afin que la démonftration ne fouffre aucune difficulté,
que les corps foient deux parallélépipedes rectangles de
bafes égales & femblables, & de différente longueur, qui
fe choquent par leurs bafes. On verra plus bas (*art.* 57)
la démonftration du Théorême pour des corps de figure
quelconque.

TROISIEME CAS.

Si les deux maſſes ſont entr'elles comme deux nom-bres rationnels quelconques ; ſoient M, m, ces deux maſſes, V, u, leurs viteſſes ; μ la maſſe qui eſt la me-ſure commune des deux maſſes M, m, v la viteſſe qui eſt la meſure commune des deux viteſſes V, u ; on aura $m = \mu p$, $M = \mu P$; $u = v P$, $V = v p$, P, & p exprimant deux nombres entiers. Cela poſé, on prou-vera, comme on a fait dans le Cas précédent, qu'à chacune des maſſes animée de ſa viteſſe, on peut ſub-ſtituer un nombre $P \times p$ de maſſes μ animées de la vi-teſſe v, & qui par conſéquent ſe feront équilibre de part & d'autre. Donc &c.

Avant que de paſſer au quatriéme Cas, nous obſer-verons que dans les trois Cas précédens ſi $M V >$ ou $< m u$, il ne peut y avoir d'équilibre. Car ſuppoſons pour un moment que les corps M, m, ſe faſſent équi-libre en cet état ; ſoient imaginés ces deux corps M, m, ſur un plan, & ſoit ſuppoſé que ce plan ſoit mû en emportant les deux corps avec une viteſſe x qui ſoit dans le ſens de V ou dans un ſens contraire, & qui ſoit telle que $M V \pm M x = m u \mp m x$; il eſt viſible que les corps M, m, ainſi emportés, ſe choqueront dans l'eſpace abſolu avec des viteſſes $V \pm x$, $u \mp x$ qui fe-ront en raiſon inverſe de leurs maſſes, & que par con-ſéquent, ſuivant ce qui a été démontré ci-deſſus, ils doivent reſter en repos dans cet eſpace abſolu. Cependant ils n'y refteroient pas, fi comme on le fuppofe, ils fe faifoient équilibre avec les feules vitefles V & u. Car ces vitefles V & u étant détruites, par l'hypothefe, à la rencontre des deux corps, il leur refteroit la vitefle commune x avec laquelle rien ne les empêcheroit de fe mouvoir.

Donc fi deux mafles commenfurables quelconques font en équilibre, & qu'on augmente ou qu'on diminue la vitefle de l'une d'elles, l'équilibre fera rompu. A plus forte raifon le fera-t-il fi on augmente ou qu'on diminue à la fois la vitefle & la mafle d'un des corps.

Quatrieme Cas.

Suppofons enfin que les mafles M, m, foient incommenfurables, de maniere que $m = \mu p$ & $M = \mu P + \zeta$, P & p étant deux nombres entiers, & $\zeta < \mu$; je dis que fi $m \times u = M \times V$, il y aura encore équilibre.

Car fuppofons qu'il n'y eût point équilibre, & qu'il fallût pour cela ajoûter ou retrancher de la mafle M une quantité t; la mafle $\mu P + \zeta \pm t$ animée de la vitefle V, feroit donc en équilibre avec la mafle m ou μp animée de la vitefle u. Or la quantité t doit être néceffairement plus petite que μ. Car fi elle étoit plus grande, on auroit $\mu P + \zeta + t > \mu P + \mu$. De plus, cette derniere mafle $\mu P + \mu$, animée de la vitefle $\dfrac{m\,u}{\mu P + \mu}$, fera équilibre à la mafle m animée de la vitefle u. Or puifque $\zeta < \mu$, on a $\dfrac{m\,u}{\mu\,P + \mu} < \dfrac{m\,u}{\mu\,P + \zeta}$, c'eft-à-dire $< V$. Donc par la Remarque qui eft à la fin du Cas précédent, la maffe $\mu\,P + \zeta + t$ qu'on fuppofe plus grande que $\mu\,P + \mu$, étant animée de la viteffe V plus grande que $\dfrac{m\,u}{\mu\,P + \mu}$ ne fauroit être en équilibre avec la maffe m animée de la viteffe u. Donc t doit néceffairement être $< \mu$, & comme μ peut être auffi petit qu'on voudra, il s'enfuit que $t = o$. Donc &c.

Si la quantité t étoit une quantité qu'il fallût retrancher, on auroit en fuppofant $t > \mu$, $\mu\,P + \zeta - t < \mu\,P$ & $V < \dfrac{m\,u}{\mu\,P}$. Donc &c. *Ce qu'il falloit démontrer.*

Le produit de la maffe d'un corps par fa viteffe eft appellé *quantité de Mouvement*. De là naît cet axiome, que les corps qui ont des quantités de mouvement égales & directement oppofées, fe font équilibre.

R E M A R Q U E.

47. On a démontré à la fin du troifieme cas de l'article précédent, que quand les maffes M, m font commenfurables, non-feulement il y a équilibre fi $M\,V = m\,u$, mais qu'il n'y a point équilibre fi $M\,V$ n'eft pas égal à $m\,u$. Il eft aifé d'appliquer la démonftration qu'on en a donnée au cas des maffes incommenfurables. D'où il réfulte que la *loi de l'équilibre eft unique*, c'eft-à-dire qu'il n'y a point d'équilibre &

qu'il ne fauroit y en avoir dans un autre cas que dans celui des maffes en raifon inverfe des viteffes, lorfque les
corps tendent à fe mouvoir dans des directions oppofées.

COROLLAIRE I.

48. Si trois corps A, B, C, (Fig. 14) font attachés à
une verge indéfinie $M N$, ou à un fil, & qu'ils reçoivent fuivant $A M$, $B M$, $C N$ des viteffes telles que
la fomme des quantités de mouvement du corps A &
du corps B, foit égale à celle du corps C feul, il y aura
équilibre. Car on peut (*art.* 30) regarder la viteffe du
corps C comme compofée de deux viteffes quelconques,
dont la fomme foit égale à la viteffe totale ; & par conféquent on peut confidérer dans le corps C deux quantités de mouvement, dont l'une foit égale & contraire
à celle de B, l'autre égale & contraire à celle de A.
Donc &c.

Donc en général quel que foit le nombre des corps,
il y aura équilibre, quand la fomme des quantités de mou-
vement de ceux qui tirent en un fens, fera égale à la fom-
me des quantités de mouvement de ceux qui tirent en fens
contraire.

COROLLAIRE II.

49. Suppofons que trois corps B, C, F, (Fig. 15)
attachés aux fils ou verges $A B$, $A C$, $A F$, foient en
équilibre, & qu'on cherche le rapport des quantités de
mouvement de ces trois corps entr'elles. On remarquera
d'abord

d'abord que l'action des corps B & C fur le point A eſt la même, que ſi ces corps B & C étoient en A; on ſuppoſera que AH & AP ſoient entr'elles comme les viteſſes des corps B & C; on décompoſera chacune de ces viteſſes AH, AP en deux autres AG, AN; & AQ, AL; dont les deux AG, AQ aient des directions contraires, & les deux autres AN, AL ſoient dirigées ſuivant FA prolongée.

Maintenant, puiſqu'il y a équilibre, il s'enſuit que $B \times AG = C \times AQ$; de plus, la quantité de mouvement du corps F doit être égale à $B \times AN + C \times AL$. Or ſi par un point quelconque E de la ligne FA prolongée, on tire EK parallèle à AC, & ED parallèle à AB; je dis que les lignes AE, AD, AK feront entr'elles comme les quantités de mouvement des corps F, C, B; c'eſt-à-dire que $AE : \binom{AK}{AD} :: C \times AL + B \times AN : \binom{B \times AH}{C \times AP}$. Car

$$AE : \binom{AK}{AD} :: AO + AM : \binom{AK}{AD} :: \frac{AL \times OD}{PL} + \frac{AN \times KM}{AG} :$$

$$\left\{ \begin{array}{c} \dfrac{AH \times KM}{AG} \\ \dfrac{AP \times OD}{PL} \end{array} \right\} \text{(à cauſe de } OD = KM) :: \frac{AL}{PL} + \frac{AN}{AG} :$$

$$\left\{ \begin{array}{c} \dfrac{AH}{AG} \\ \dfrac{AP}{PL} \end{array} \right\} \text{(mettant pour } AG \text{ & } PL \text{ leurs proportionnelles}$$

C & B) $:: AL \times C + AN \times B : \left(\begin{array}{c} AH \times B \\ AP \times C \end{array} \right)$. *Ce qu'il falloit démontrer.*

H

Corollaire III.

50. Tout ce que nous venons de dire fur l'équilibre dans les propofitions précédentes, fera vrai encore, fi au lieu des viteffes finies imprimées aux corps qui font en équilibre, on leur fuppofe des forces accélératrices qui foient entr'elles comme étoient ces viteffes finies, ou, fuivant les définitions données *art.* 22, des forces motrices qui foient entr'elles comme étoient leurs quantités de mouvement. L'équilibre fubfiftera encore, il ne faudra que fe fervir pour la démonftration, du Corollaire II. Chapitre II. au lieu du Corollaire I. du même Chapitre.

Remarque.

Sur l'ufage du mot de Puiffances *dans la Statique.*

51. Les puiffances ou caufes qui meuvent les corps, ne peuvent agir les unes fur les autres que par l'entremife des corps mêmes qu'elles tendent à mouvoir. D'où il s'enfuit que l'action mutuelle de ces puiffances, n'eft autre chofe que l'action même des corps animés par les viteffes qu'elles leur donnent. On ne doit donc entendre par l'action des puiffances, & par le terme même de *puiffances* dont on fe fert communément dans la Statique, que le produit d'un corps par fa viteffe ou par fa force accélératrice. De cette définition, & des articles précédens, on conclut aifément que deux puiffances égales & directement oppofées fe font équilibre; que deux puif-

fances qui agiffent en même fens produifent le même
effet que leur fomme ; que fi trois puiffances agiffant
fur un point commun font en équilibre, & qu'on faffe fur
les directions de deux de ces puiffances un parallélogramme, la diagonale de ce parallélogramme fera dans la
direction prolongée de la troifiéme puiffance, & que les
rapports des trois puiffances feront ceux de la diagonale
aux côtés &c, & plufieurs autres Théorêmes femblables
que l'on démontre dans la Statique, peut-être avec moins
de précifion que nous le faifons ici, parce qu'on n'y donne pas communément une notion du mot de *puiffance*
auffi nette que celle que nous venons de donner.

COROLLAIRE IV.

52. Suppofons que deux puiffances égales appliquées
aux extrémités *A*, *B* (Fig. 16) d'une verge droite & inflexible *A B*, agiffent en fens contraires dans la direction
de cette même verge, & fe faffent par conféquent équilibre. Si on imagine une autre verge quelconque *A C B*,
fixe même, fi l'on veut, en un point quelconque *C*, il
eft évident que l'équilibre fubfiftera. De plus, fi les puiffances au lieu de demeurer appliquées en *A* & en *B*,
étoient appliquées par tout où l'on voudroit dans *A B*
prolongée vers *A* & vers *B*, il eft clair que l'équilibre
fubfifteroit encore. Donc fi on fuppofe la verge *A B*
anéantie, & que la feule verge *A C B* fubfifte, les puiffances appliquées en *A* & en *B* étant égales & de directions contraires, fe feront équilibre.

H ij

COROLLAIRE V.

Qui contient le principe du Levier.

53. Soient AH & BE les directions de deux puissances en équilibre fur le levier ACB, & que AH & BE foient entr'elles comme ces puiffances ; je décompofe la puiffance AH en deux autres, dont les directions AK & AG prolongées, paffent, l'une par B, l'autre par C, & de même la puiffance BE en deux autres, dont les directions BP & BF paffent par A & par C. En menant les perpendiculaires CM, CV, CL, fur AH, BE, AB, j'ai (12) $AK = \dfrac{AH \times CM}{CL}$, &

$BP = \dfrac{BE \times CV}{CL}$. Mais à caufe de l'équilibre $AK = PB$. Donc $CM \times AH = BE \times CV$. Donc les puiffances AH, BE font entr'elles en raifon inverfe des diftances de leurs directions au point fixe (13).

---

(12) $AK = \dfrac{AH \times CM}{CL}$; en effet les côtés AH, AK du triangle AKH doivent être entr'eux comme les finus des angles AKH, AHK, ou de leurs égaux CAL, CAM, c'eft-à-dire en prenant CA pour rayon, que $AH : AK :: CL : CM$.

(13) L'équation $CM \times AH = BE \times CV$ ou $CM \times AH — BE \times CV = 0$ fait voir que quand deux puiffances font en équilibre fur un levier, fi on multiplie chaque puiffance par fa diftance à l'appui, la différence des produits doit être zéro. En général, pour que tant de puiffances qu'on voudra dirigées dans un même plan fe faffent équilibre, il faut que la fomme des produits de chaque puiffance par fa diftance à l'appui, foit zéro, en prenant

COROLLAIRE VI.

54. Si le point C n'étoit pas fixe, alors il faudroit se servir du Corollaire II. ci-dessus, pour savoir quelle puissance il faudroit appliquer en C pour résister aux

avec des signes contraires celles qui agissent dans des sens différens. Quoique cette proposition soit démontrée dans tous les Livres de Statique, cependant comme nous en ferons usage par la suite, & que nous voulons épargner au Lecteur la peine de recourir ailleurs, nous allons la démontrer ici pour trois puissances seulement, mais de maniere à faire voir que la démonstration réussiroit de même pour un plus grand nombre.

Soit le levier $APLE$ (Pl. V. fig. 4.) dont l'appui est en L, & aux trois points A, P, E soient appliquées trois puissances représentées par AC, PQ, EH. La force PQ peut se décomposer en deux PV, PR, dont la premiere passe par l'appui, la seconde par le point E; cette seconde peut se décomposer de nouveau en deux autres EF, EI, la premiere couchée sur AE, la seconde dirigée à l'appui.

Les deux forces AC & EH peuvent chacune se décomposer en deux, l'une dirigée à l'appui, l'autre couchée sur la ligne AE. Cela posé, les forces dirigées aux appuis y sont détruites, il faut donc que les forces AD, EF, EK se détruisent entr'elles, c'est-à-dire que $AD = KE - EF$.

Or 1°. $PQ:PR$ ou $EG::LS:LM$, & $EG:EF::LT:LS$; donc $PQ:EF::LT:LM$, & par conséquent $EF = \dfrac{PQ \times LM}{LT}$;

2°. $AC:AD::LT:LN$, & $EH:EK::LT:LO$; donc $AD = \dfrac{AC \times LN}{LT}$, & $EK = \dfrac{EH \times LO}{LT}$; donc l'équation $AD = KE - EF$ sera $\dfrac{AC \times LN}{LT} = \dfrac{EH \times LO}{LT} - \dfrac{PQ \times LM}{LT}$,

ou $AC \times LN + PQ \times LM - EH \times LO = 0$. *Ce qu'il falloit démontrer.*

En suivant la même méthode que dans les Corollaires V. & VI. on démontre de même, que les puissances appliquées en A, P, E agissent sur l'appui L, comme si elles étoient immédiatement appliquées à ce point.

puissances AG, BF. Or comme les puissances AG, BF peuvent être regardées comme compofées des puif-fances AH & Ak, BE & Bp, & que les puissances Ak, Bp font égales & fe détruifent, il s'enfuit que la puissance capable de faire équilibre aux puissances AG, BF, fera la même que celle qu'on trouveroit, fi au lieu de ces puissances AG, BF, on imaginoit les puissances AH, BE, appliquées en C avec leurs directions propres.

REMARQUE fur le cas où le Levier eft droit.

55. La démonfiration précédente du principe du le-vier, fuppofe que les lignes AC & CB faffent un an-gle, & il femble par conféquent qu'elle ne puiffe s'ap-pliquer au cas où le levier eft droit, & les directions des puissances parallèles. Cependant comme la propofition eft vraye, quelque obtus que foit l'angle ACB; il eft clair qu'elle doit être vraye encore, lorfque l'angle ACB eft de 180 degrés. Voici, au refte, une démonf-tration plus rigoureufe du cas dont il s'agit.

Soient AP, AR (Fig. 17) les bras de levier; PD, RS les directions des deux puissances, que je fuppofe en équilibre; il eft évident en premier lieu, que fi les bras de levier font égaux, les puissances P, R doivent être égales. Mais fi les bras AP, AR font inégaux, alors ayant tiré à volonté la ligne AS, imaginons que cette ligne foit une verge inflexible, à l'extrémité S de laquelle foient appliquées deux puissances S, S', égales & oppofées, dans la même ligne que la puiffance *R :* fuppofons de plus, que la feule puiffance *S '* qui tire en embas, foit capable de faire équilibre avec la puiffance *P* fur le levier *P A S.* Il eft conftant que la puiffance *S* oppofée à celle-ci, doit faire équilibre à la puiffance *R ;* c'eft-à-dire (*art.* 52) qu'elle doit lui être égale. Donc

$$R = S = (art. \; 53) \; \frac{P \times PA}{AR} . \text{Donc} \, R:P::AP:AR.$$

Ce qu'il falloit démontrer.

Je ne fuis pas le feul qui aye déduit les propriétés du levier droit de celles du levier courbe. M. *Newton* en a ufé de la même maniere dans fes *Principes,* quoiqu'il ait fuivi une route différente de la nôtre, & il y a lieu de croire que ce grand Géometre fentoit la difficulté qu'il y auroit eu à s'y prendre autrement. J'ai tiré les propriétés du levier courbe, de l'équilibre entre deux puiffances égales & oppofées en ligne droite ; mais comme ces deux puiffances difparoiffent dans le cas du levier droit, la démonftration pour ce cas n'a pu être tirée qu'indirectement du cas général.

On peut démontrer les propriétés du levier droit, dont les puiffances font parallèles, en imaginant toutes ces puiffances réduites à une feule, dont la direction paffe par le point d'appui : c'eft ainfi que M. *Varignon* en a ufé dans fa Mécanique. Cette Méthode entre plufieurs avantages, a celui de l'élégance & de l'uniformité ; mais n'a-t-elle point auffi, comme les autres, le défaut d'être indirecte, & de n'être pas tirée des vrais principes

de l'équilibre ? Il faut imaginer que les directions des puiſſances prolongées concourent à l'infini, les réduire enſuite à une ſeule par la décompoſition, & démontrer que
la direction de cette derniere paſſe par le point d'appui.
Doit-on s'y prendre de cette maniere pour prouver l'équilibre de deux puiſſances égales, appliquées ſuivant des
directions parallèles à des bras égaux de levier ? Il me
ſemble que cet équilibre eſt auſſi ſimple & auſſi facile à
concevoir, que celui de deux puiſſances oppoſées en ligne
droite, ou d'une puiſſance retenue par un point fixe, &
que nous n'avons aucun moyen direct de réduire l'un à
l'autre : or ſi la Méthode de M. *Varignon* pour démontrer l'équilibre du levier eſt indirecte dans un cas, elle
doit l'être auſſi néceſſairement dans l'application au cas
général.

Corollaire VII.

56. Toutes choſes demeurant les mêmes que dans la
Remarque précédente ; ſi on ſuppoſe au lieu du point fixe
A une puiſſance qui faſſe équilibre aux puiſſances P & R,
il eſt évident que ſa direction ſera parallèle & contraire
à celle de ces puiſſances, & qu'elle ſera égale à leur ſomme. Car en ſuppoſant qu'elle faſſe équilibre aux puiſſances P, S', elle ſera $= P + S'$ (14). Donc puiſque
$S' = R$, elle ſera auſſi $= P + R$ (15).

---

(14) Car par le Corollaire VI. les puiſſances appliquées en P & en S' agiſſent
ſur le point *A* comme ſi elles étoient appliquées en ce point ; or dans ce dernier cas, le point *A* ſeroit ſollicité avec une force $= P + S'$.

(15) De toute cette Théorie du levier, il eſt facile de conclure, que pour

REMARQUE I.

57. Lorfqu'un corps fe meut ou tend à fe mouvoir fuivant une direction quelconque, on peut imaginer ce corps comme compofé d'une infinité de petits parallélépipedes rectangles d'une égale épaiffeur, dont les côtés foient parallèles à la direction du corps; ces parallélépipedes fe mouvront ou tendront à fe mouvoir fuivant leur longueur avec une viteffe égale; & par le principe du levier, on pourra toujours réduire le mouvement de ce corps à celui d'un de ces parallélépipedes, qui auroit une viteffe égale à la fomme des viteffes de chaque parallélépipede, c'eft-à-dire égale à la viteffe du corps multipliée par le nombre des parallélépipedes. Par là on voit aifément comment l'équilibre de deux corps fe réduit à celui de deux parallélépipedes à bafes égales; &

---

réduire à une feule force tant de puiffances que l'on voudra, qui agiffent fuivant des directions parallèles & dans un même plan fur un levier, il fuffit de chercher fur ce levier un point tel, qu'en y appliquant parallèlement à toutes ces puiffances une force égale à leur fomme (fi elles tirent toutes dans le même fens) ou égale à l'excès de la fomme de celles qui tirent dans un fens fur la fomme de celles qui tirent dans l'autre, la fomme des produits de chaque puiffance par fa diftance à un point pris à volonté dans le levier, foit égal au produit de cette puiffance totale par fa diftance à ce même point.

En général, fi tant de puiffances parallèles qu'on voudra & perpendiculaires à un même plan font en équilibre, la fomme des produits de ces puiffances par leurs diftances à un plan quelconque, fitué comme on voudra, fera toujours nulle. Ces deux propofitions font aifées à démontrer par le principe du levier, & fe trouvent dans beaucoup d'ouvrages.

I

par conféquent comment le Théorême de l'article 46
s'applique à des corps de figure quelconque.

REMARQUE II.

58. Soient deux lignes $E e$, $Z z$, (Pl. V. fig. 5.) perpendiculaires l'une à l'autre, & $C E'$ perpendiculaire
au plan de ces deux là ; imaginons une puiffance G parallèle à $C e$, dont la diftance au plan $E Z z e$ foit ξ,
& la diftance au plan $E' C e$, χ ; une puiffance F parallèle à $C z$, dont la diftance au plan $E Z z e$ foit ζ,
& la diftance au plan $E' C \chi$, θ ; enfin une puiffance Π
parallèle à $C E'$ dont la diftance au plan $E' C e$ foit μ, &
la diftance au plan $E' C z$, v : on peut reduire l'action
de ces puiffances à celle de trois autres ; la premiere
fera égale & parallèle à la puiffance G, & agira (Pl. V.
fig. 6.) fur un point Z' du plan $E' C z$, tel que menant

$$Z' L \text{ parallèle à } C E', \text{ on ait } Z' L = \xi - \frac{\Pi v}{G},$$

$$\text{& que } Z' L' \text{ parallèle à } C Z \text{ foit égale à } \frac{F \theta}{G} - \chi;$$

la feconde puiffance fera dirigée fuivant $L Z'$ parallèlement à $C E'$ dans le plan $E' C Z$, & fera $= \Pi$; la
troifieme fera dirigée parallèlement à $Z z$ dans le même plan $E' C Z$, fera égale à F, & agira à une diftance
de $Z z$ qu'on trouvera facilement. Ces propofitions peuvent fe démontrer aifément par les articles 20, 21, 22
de mes *Recherches fur la préceffion des Equinoxes* (16).

---

(16) Que la puiffance G (Pl. V. fig. 5.) rencontre le plan $E' C z$ au

Ce principe fert à trouver la loi d'équilibre de tant
de puiffances qu'on voudra, qui agiffent dans des plans
& dans des directions quelconques. On décompofera,

---

point Q, la puiffance F le plan $E'Ce$ au point G, & foient tirées QP',
QD parallèles à CE', $C\zeta$; GE', GR' parallèles à Ce, CE' ; & enfin CQ qui rencontre en F la ligne $E'F$ parallèle à $C\zeta$. Au lieu de la
puiffance G, qui agit au point Q, on peut prendre deux puiffances qui
agiffent l'une en C, l'autre en F, parallèlement à la puiffance G, dont
la fomme foit $= G$, & qui foient entr'elles en raifon de FQ à CQ,
ou, ce qui revient au même, qui foient à la puiffance G, comme FQ &
CQ font à CF, ou comme DE' & CD font à CE' ; ainfi la puiffance qui agit en C fera $G - \dfrac{G\,\xi}{\zeta}$, & celle qui agit en F fera

$\dfrac{G\,\xi}{\zeta}$; mais cette derniere rencontrant néceffairement en quelque point
K la puiffance F dirigée fuivant GK, il naît du concours de ces deux
forces une force dirigée fuivant Kn, qui prolongée rencontre en N le
plan $E'CZ$, & peut être cenfée agir au point N : or il eft vifible en tirant
NO', parallèle à FK, que le point N eft follicité de la même maniere
que fi on lui appliquoit, fuivant NF & NO', les forces qui agiffoient
tout-à-l'heure fuivant GK & FK : nos deux forces font donc réduites à
trois, dont l'une $= F$ agit fuivant NF, la feconde $= G - \dfrac{G\,\xi}{\zeta}$

agit fuivant Ce, la troifieme $= \dfrac{G\,\xi}{\zeta}$ agit fuivant NO' parallèle
à Ce ; mais ces deux dernieres peuvent, comme on l'a vû, fe réduire à
une feule égale à leur fomme, & par conféquent $= G$, qui paffera par
B, où QD rencontre CN : car $CB : CN :: CQ : QF :: \dfrac{G\,\xi}{\zeta}$:

$G - \dfrac{G\,\xi}{\zeta}$, c'eft-à-dire en raifon inverfe des puiffances appliquées en
C & N. De plus, les deux forces fuivant FK & GK, ayant produit
une force dirigée fuivant NKn, il eft vifible que fi on repréfente la pre-

I ij

ce qui est toujours possible, chacune de ces puissances en trois autres, parallèles aux lignes Ce, $C\zeta$, CE' ; on nommera ces puissances G, F, Π, & il faudra pour

---

miere par FK, la seconde doit être représentée par FN, & qu'ainsi on a $F : \dfrac{G\,\xi}{\zeta} :: FN : FK$ ou GE' ou θ ; donc $FN = \dfrac{F\,\theta\,\zeta}{G\,\xi}$;

d'ailleurs les triangles CDQ, $CE'F$ donnent $E'F = \dfrac{\chi\,\zeta}{\xi}$, & par conséquent $NE' = \dfrac{F\,\theta\,\zeta}{G\,\xi} - \dfrac{\chi\,\zeta}{\xi}$; donc $BD = \dfrac{F\,\theta}{G} - \chi$; donc les deux forces G & F sont réduites à deux autres, qui sont aussi G & F, dont la premiere agit en B parallèlement à Ce à une distance de $CE' = \dfrac{F\,\theta}{G} - \chi$, & l'autre agit suivant NF dans le plan $E'C\zeta$ à la distance CE'.

Maintenant (Pl. V. fig. 6.) que V soit le point ou la puissance Π rencontre le plan $eC\zeta$. Soit tirée par le point B, où est actuellement appliquée la puissance G, la ligne BL parallèle à CE', on aura $BL = \xi$; soit tirée ensuite LV ; la puissance appliquée en B peut se décomposer en deux, l'une suivant BT prolongement de BD, l'autre suivant BK parallèle à LV, & qui rencontrera par conséquent la direction VO de la puissance Π. Ayant tiré VR parallèle à Ce, les triangles semblables LRV, SBK donneront SK ou la force suivant $BT = \dfrac{G \times LR}{RV}$, & la force suivant $BK = \dfrac{G \times LV}{RV}$; mais cette derniere par son concours avec la force Π dirigée suivant VO produit une force, dont la direction prolongée OZ' rencontre BL en quelque point Z', & qu'on peut par conséquent imaginer appliquée à ce point Z' : or si on représente la force suivant BK par BO, la force suivant VO doit être représentée par $Z'B$, ensorte que $BZ' : BO :: \Pi : \dfrac{G \times LV}{RV}$; donc (à cause de $BO = LV$) on a $BZ' = \dfrac{\Pi \times RV}{G}$.

l'équilibre ; 1°. s'il n'y a pas de point fixe, que $\int G = 0$, $\int F = 0$, $\int \Pi = 0$; & que de plus $\int F \zeta - \Pi \mu = 0$, $\int G \xi - \Pi \nu = 0$, $\int F \theta - G \chi = 0$. 2°. S'il y a un point fixe, & que ce point fixe soit C (ce qu'on peut toujours supposer) il faudra seulement que les trois

---

Mais au lieu de la force suivant $Z'O$, on peut imaginer au point Z' les forces BO & $Z'B$ appliquées suivant des directions parallèles à BK & VO, ensorte que la force $Z'B$, ou Π agira suivant $Z'B$, & la force BO suivant $Z'Q$ parallèle à LV; or cette derniere peut se décomposer en deux autres, l'une suivant $Z'M$ parallèle à Ce, & l'autre suivant $Z'N$ parallèle à $C\zeta$; & par la comparaison des triangles semblables $Z'NQ$, LRV on trouvera la force suivant $Z'M = G$, & la force suivant $Z'N = \dfrac{G \times LR}{RV}$. Voilà donc nos trois forces réduites à cinq, la première $= G$ qui agit en Z' perpendiculairement au plan $E'CZ$ à une distance $Z'L$ de $CZ = BL - BZ' = \xi - \dfrac{\Pi \nu}{G}$; la seconde $= \dfrac{G \times LR}{RV}$, qu'on peut considérer comme appliquée en Z' & agissant suivant $Z'L'$; la troisieme $= \dfrac{G \times LR}{RV}$ qu'on peut considérer comme appliquée en D & agissant suivant DB; la quatrieme $= F$, qui agit suivant $E'F$; la cinquieme enfin $= \Pi$, qui agit suivant $Z'B$ ou LB, à la distance $CL = BD = \dfrac{F\theta}{G} - \chi$; mais les forces appliquées en L', D, E' étant parallèles se reduisent à une seule $= \dfrac{G \times LR}{RV} - \dfrac{G \times LR}{RV} + F$, c'est-à-dire $= F$, & dont la distance CX à C doit être telle que $\dfrac{G \times LR}{RV} \times CL' - \dfrac{G \times LR}{RV} \times CD + F \times CE' = F \times CX$; d'où l'on tire $CX = \zeta - \dfrac{\Pi}{F} \left(\mu + \dfrac{F\theta}{G} - \chi \right)$.

dernieres équations ayent lieu chacune en particulier.

Pour démontrer ces trois dernieres équations, les feules qui en ayent befoin, on confidérera que les puiffances G étant perpendiculaires au plan $E'Z\zeta$, & les autres puiffances étant dans ce même plan, les puiffances G doivent feules & indépendamment des autres être en équilibre; donc non-feulement la fomme de ces puiffances doit-être $= 0$, mais encore la fomme de leurs momens par rapport aux lignes CL, CL'.

Donc $\int G \times \left(\xi - \dfrac{\Pi \nu}{G} \right) = 0$, & $\int G \left(\dfrac{F\theta}{G} - \chi \right) = 0$. Donc $\int G \xi - \Pi \nu = 0$, & $\int F\theta - G\chi = 0$. De même, en rapportant la puiffance F perpendiculairement au plan $E'C e$, comme on a rapporté la puiffance G perpendiculairement au plan $E'Z\zeta$, on trouvera $\int F\zeta - \Pi \mu = 0$, $\int G\chi - F\theta = 0$; & pour la puiffance Π, rapportée perpendiculairement au plan $Z e \zeta$, on aura $\int \Pi \nu - G\xi = 0$, $\int F\zeta - \Pi \mu = 0$. Or ces fix équations fe réduifent aux trois que nous avons données.

Il eft bon de remarquer que les équations $\int G = 0$, $\int G \left(\xi - \dfrac{\Pi \nu}{G} \right) = 0$, & $\int G \left(\dfrac{F\theta}{G} - \chi \right) = 0$, font chacune néceffaires pour qu'il y ait équilibre. Car foient par exemple trois puiffances A, B, G, (Pl. V. fig. 7.) en équilibre & perpendiculaires au plan LCL'; il faut pour l'équilibre 1°. Que $A + B + G = 0$. 2°. Que les points A, B, G, foient en ligne droite, ce qui donne les deux équations $A \times AD + B \times BE + G \times GF = 0$, & $A \times AK + B \times BM + G \times GO = 0$. Si les points A, B, G n'étoient pas en ligne droite, que le point B, par exemple, fût en Q dans le prolongement de BE, la seconde équation auroit lieu, mais non la premiere; & il n'y auroit point équilibre.

R E M A R Q U E *I I I.*

59. Je ne m'étendrai pas davantage fur les loix de l'équilibre dans cette premiere Partie. J'aurai occasion d'en parler encore dans la seconde Partie de cet Ouvrage. La loi générale de l'équilibre, est que les puissances soient entr'elles réciproquement comme les vitesses, estimées suivant la direction de ces puissances. C'est de cette loi générale, dont M. *Newton* fait mention en peu de mots au commencement de ses *Principes*, que dépend la démonstration de la conservation des forces vives, comme on le verra dans la seconde Partie de cet Ouvrage.

Pour ce qui concerne le détail des différentes Machines dont on fait mention d'ordinaire dans la Statique, comme la Poulie, le Treuil &c, je me contente, n'ayant là-dessus rien de nouveau à dire, de renvoyer mes Lecteurs aux Livres qui en traitent, & particuliérement à la Méchanique de M. *Camus*, de l'Académie Royale des Sciences, publiée il y a quelques années, & à l'Ouvrage de M. *Trabaud*, qui a pour titre : *Principes fur le Moument & l'Equilibre ;* Ouvrages où cette matière est traitée avec exactitude & avec clarté.

SECONDE PARTIE.

Principe général pour trouver le Mouvement de plusieurs Corps qui agiffent les uns fur les autres d'une maniere quelconque; avec plusieurs applications de ce Principe (*).

CHAPITRE PREMIER.

Expofition du Principe.

LEs Corps n'agiffent les uns fur les autres que de trois manieres différentes qui nous foient connues : ou par impulfion immédiate, comme dans le choc ordinaire ; ou par le moyen de quelque corps interpofé entr'eux, & auquel ils font attachés ; ou enfin par une vertu d'attraction réciproque, comme font dans le fyftê-

---

(*) Ce principe & la plûpart des Problêmes fuivans, étoient contenus dans un Mémoire que j'ai lû à l'Académie fur la fin de 1742 , quoique la premiere Edition de ce Traité n'ait parû qu'en 1743. Le même jour où je commençai la lecture de mon Mémoire, M. Clairaut en préfenta un, qui avoit pour titre, *Sur quelques Principes qui facilitent la folution d'un grand nombre de Problêmes de Dynamique;* ce Mémoire imprimé dans le Volume de 1742, a été lû après le mien, avec lequel il n'a d'ailleurs rien de commun.

me

me Newtonien le Soleil & les Planetes. Les effets de cette derniere espece d'action ayant été suffisamment examinés, je me bornerai à traiter ici du mouvement des corps qui se choquent d'une maniere quelconque, ou de ceux qui se tirent par des fils ou des verges inflexibles. Je m'arrêterai d'autant plus volontiers sur ce sujet, que les plus grands Géometres n'ont résolu jusqu'à présent (en 1742) qu'un très-petit nombre de Problêmes de ce genre, & que j'espere, par la Méthode générale que je vais donner, mettre tous ceux qui sont au fait du calcul & des principes de la Mécanique, en état de résoudre les plus difficiles Problêmes de cette espece.

DÉFINITION.

J'appellerai dans la suite *Mouvement* d'un corps, la vitesse de ce même corps considérée en ayant égard à sa direction ; & par *quantité de Mouvement*, j'entendrai à l'ordinaire le produit de la masse par la vitesse.

PROBLÊME GÉNÉRAL.

60. *Soit donné un systême de corps disposés les uns par rapport aux autres d'une maniere quelconque ; & supposons qu'on imprime à chacun de ces Corps un Mouvement particulier, qu'il ne puisse suivre à cause de l'action des autres Corps ; trouver le Mouvement que chaque Corps doit prendre.*

SOLUTION.

Soient A, B, C, &c. les corps qui composent le systê-

me , & fuppofons qu'on leur ait imprimé les mouvemens *a*, *b*, *c*, &c. qu'ils foient forcés, à caufe de leur
action mutuelle, de changer dans les mouvemens a, b,
c, &c. Il eft clair qu'on peut regarder le mouvement *a*
imprimé au corps *A* comme compofé du mouvement
a, qu'il a pris, & d'un autre mouvement *α*; qu'on peut
de même regarder les mouvemens *b*, *c*, &c. comme
compofés des mouvemens b, ϐ; c, ϰ; &c. d'où il s'enfuit que le mouvement des corps *A*, *B*, *C*, &c. entr'eux
auroit été le même, fi au lieu de leur donner les impulfions *a*, *b*, *c*, on leur eût donné à la fois les doubles impulfions a, *α*; b, ϐ; c, ϰ, &c. Or par la fuppofition,
les corps *A*, *B*, *C*, &c. ont pris d'eux-mêmes les mouvemens a, b, c; &c. Donc les mouvemens *α*, ϐ, ϰ &c.
doivent être tels qu'ils ne dérangent rien dans les mouvemens a, b, c, &c. c'eft-à-dire que fi les corps n'a-
voient reçû que les mouvemens *α*, ϐ, ϰ &c. ces mouvemens auroient dû fe détruire mutuellement, & le fyftême demeurer en repos.

De là réfulte le principe fuivant, pour trouver le mouvement de plufieurs corps qui agiffent les uns fur les autres. *Décompofés les mouvemens a*, *b*, *c*, &c. *imprimés à*
chaque corps, chacun en deux autres a, *α*; b, ϐ; c, ϰ; &c.
qui foient tels, que fi l'on n'eût imprimé aux corps que
les mouvemens a, b, c &c. *ils euffent pû conferver ces*
mouvemens fans fe nuire réciproquement; & que fi on ne
leur eût imprimé que les mouvemens α, ϐ, ϰ, &c. *le fyf-*
tême fût demeuré en repos; il eft clair que a, b, c feront

les mouvemens que ces corps prendront en vertu de leur action. *Ce qu'il falloit trouver.*

COROLLAIRE.

61. Lorsqu'un des mouvemens imprimés est $= 0$, il est visible que les mouvemens dans lesquels on le décompose sont des mouvemens égaux & contraires. Par exemple si a est $= 0$, on aura le mouvement $\alpha ==$ & de direction contraire au mouvement a : en effet a est dans tous les cas la diagonale d'un parallélogramme dont a & α sont les côtés; or quand la diagonale est $= 0$, les côtés sont égaux & directement opposés. Donc &c.

CHAPITRE II.

Propriétés du centre de gravité commun de plusieurs Corps, déduites du Principe précédent.

DÉFINITION I.

J'APPELLERAI dans la suite *centre de gravité* de deux corps, un point pris dans la ligne droite qui joint ces corps, & dont les distances à chacun de ces corps, soient en raison inverse de leurs masses; & en général, j'entendrai toujours par le mot de *centre de gravité de plusieurs corps*, ce qu'on entend d'ordinaire par ce mot en Mécanique, c'est-à-dire un point tel, que si on fait paſſer par ce point un plan de poſition quelconque, la ſomme des produits des maſſes qui ſe trouveront d'un côté de ce plan, multipliées chacune par ſa diſtance à ce même plan, ſoit égale à la ſomme des produits des maſſes qui ſe trouveront de l'autre côté, multipliées de même chacune par ſa diſtance au plan.

S C O L I E.

62. Lorſque les peſanteurs des corps ſont comme leurs maſſes, le centre de gravité, tel que nous venons de le définir, eſt auſſi le point par lequel le ſyſtême devroit être ſuſpendu pour reſter en équilibre, ſi tous les corps étoient unis l'un à l'autre par des leviers inflexibles. Il n'en eſt pas de même, lorſque les forces motrices ou peſanteurs des corps ne ſont pas comme leurs maſſes. Ce que nous appellons ici *centre de gravité*, devroit plutôt s'appeller alors *centre de maſſes* (*). Nous nous ſervirons cependant du terme de *centre de gravité*, pour nous conformer à l'uſage reçû.

D É F I N I T I O N I I.

Lorſque pluſieurs puiſſances agiſſent enſemble, j'appellerai *force réſultante du concours d'action de ces puiſſances*, ou ſimplement *force réſultante de ces puiſſances*, une puiſſance égale & directement oppoſée à celle qui feroit capable de leur faire équilibre.

(*) Ce terme de *centre de maſſes* a été employé par M. *Daniel Bernoulli*; Traité du flux & reflux, Chap. III. §. LII.

Ainſi, par exemple, ſi *A M* (Fig. 17) eſt la direction de la puiſſance qui fait équilibre aux puiſſances *P , R* ſur le levier *P A R* , *A N* ſera la direction de la force réſultante des puiſſances *P , R* , & cette force réſultante ſera égale à la force ſuivant *A M.*

COROLLAIRE.

63. Si pluſieurs puiſſances ſe font équilibre d'une maniere quelconque, la force réſultante ſera nulle, s'il n'y a pas de point fixe ; & s'il y en a un, la direction de la force réſultante paſſera par le point fixe.

Car *dans le premier Cas* , puiſque toutes les puiſſances ſe font équilibre par elles-mêmes les unes aux autres, la puiſſance capable de faire ſeule équilibre à toutes ces puiſſances eſt donc zéro , & par conſéquent auſſi (*déf. précéd.*) la force réſultante.

Dans le ſecond Cas , il eſt viſible que le point fixe fait l'effet d'une puiſſance qui ſoutient l'effort de toutes les autres ; donc ſi on détruit le point fixe, & qu'on cherche une puiſſance capable de faire équilibre à toutes les puiſſances données, la direction de cette puiſſance paſſera néceſſairement par le point fixe. Donc la direction de la force réſultante y paſſera auſſi.

J'entends au reſte ici, & j'entendrai dans les Lemmes ſuivans par le mot de point fixe , *non-ſeulement un point Mathématique (comme l'appui d'un levier, le point de ſuſpenſion d'une verge ou d'un fil) ; mais en général tous obstacle insurmontable, qui par sa résistance soit capable de détruire l'effet commun des puissances, & de produire l'équilibre entr'elles.*

Lemme I.

64. *Si tant de corps qu'on voudra se meuvent uniformément suivant des directions parallèles, dans le même plan ou dans des plans différens, la direction de leur centre de gravité commun sera parallèle aux directions de ces corps, & sa vitesse sera égale à la somme des quantités de mouvement de chaque corps, divisée par la somme des masses.* Cette proposition est démontrée dans plusieurs Ouvrages, & elle se déduit fort aisément du principe du levier.

Lemme II.

65. *Soient sur un même plan trois corps* A, a, α, *(Fig. 18) ou en général tant de corps qu'on voudra, &* G *leur centre de gravité. Soit* G M *la ligne droite parcourue par le centre de gravité de ces corps, dans le tems qu'ils parcourent uniformément les lignes quelconques* A C, a c, α x. *Je dis, que si on décompose les vitesses* A C, a c, α x, *chacune en deux autres* A B, A D; a b, a d; α ɓ, α δ; *telles que les lignes* A B, a b, α ɓ *soient parallèles entr'elles aussi-bien que les lignes* B C, b c, ɓ x; *& qu'on cherche la ligne* G N *que parcourroit le centre de gravité* G, *si les corps* A, a, α, *avoient les vitesses & les directions* A B, a b, α ɓ, *& de même la ligne* G O *que parcourroit ce même centre, si les corps* A, a, α, *avoient les*

viteſſes & les directions A D, *a* d, α δ : *la diagonale du parallélogramme fait ſur les lignes* G N, G O, *ſera la ligne même* G M *que parcourt le centre, lorſque les corps* A, *a*, α, *ont les viteſſes & les directions* A C, *a c*, α ϰ.

Car ſuppoſons que lorſque les corps *A*, *a*, α, ſont parvenus en *B*, *b*, Ϭ, & que par conſéquent (*hyp.*) le centre *G* eſt en *N*, on leur donne ſuivant *B C*, *b c*, Ϭ ϰ, des viteſſes égales & parallèles aux viteſſes ſuivant *A D*, *a d*, α δ ; il eſt clair qu'ils arriveront aux points *C*, *c*, ϰ des lignes *A C*, *a c*, α ϰ. Or, par la ſuppoſition, lorſque les corps *A*, *a*, α ſont en *C*, *c*, ϰ, le centre *G* eſt en *M* ; donc tandis que les corps *A*, *a*, α, parcourent les lignes *B C*, *b c*, Ϭ ϰ, le centre de gravité parcourra la ligne *N M*. Cette ligne *N M* ſera (*Lem. I.*) parallèle aux lignes *B C*, *b c*, Ϭ ϰ, & $= \dfrac{A \cdot BC + a \cdot bc + \alpha \cdot Ϭ \varkappa}{A + a + \alpha}$. Mais la ligne *G O* que parcourroit le centre de gravité *G*, tandis que les corps *A*, *a*, α, décriroient les lignes *A D*, *a d*, α δ, parallèles & égales à *B C*, *b c*, Ϭ ϰ, cette ligne *G O*, dis-je, ſeroit parallèle aux lignes *A D*, *a d*, α δ, & ſeroit

$$= \frac{A \cdot AD + a \cdot ad + \alpha \cdot \alpha \delta}{A + a + \alpha} = \frac{A \cdot BC + a \cdot bc + \alpha \cdot Ϭ \varkappa}{A + a + \alpha} = NM.$$

Donc la ligne *G O* eſt égale & parallèle à *N M* : donc *M G* eſt la diagonale du parallélogramme fait ſur les côtés *N G*, *G O*. *Ce qu'il falloit démontrer.*

S C O L I E.

66. Il eſt viſible que cette démonſtration peut s'éten-

dre à tel nombre de corps qu'on voudra, & qu'ainſi la propoſition eſt générale.

LEMME III.

67. *Si* G M *(Fig. 18 & 19) eſt la ligne parcourue par le centre de gravité* G *des corps* A, *a*, α, *tandis que ces corps décrivent uniformément les lignes quelconques* A C, *a* c, α κ; *& qu'ayant tranſporté ces corps en d'autres en- droits* F, f, φ *du même plan, de maniere qu'ils ſoient diſpoſés l'un par rapport à l'autre comme on voudra, & que* γ *ſoit leur centre de gravité, on ſuppoſe qu'ils dé- crivent les lignes* F H, f h, φ κ, *égales & parallèles à* A C, a c, α κ, *chacune à ſa correſpondante : je dis que la ligne* γ μ *décrite par le centre de gravité, ſera égale & parallèle à* G M.

Car ſoient FL, fl, φ λ égales & parallèles à AB, ab, α G; FP, fp, φ π, égales & parallèles à AD, ad, α δ, chacune à ſa correſpondante ; γ ν le che- min du centre γ, lorſque les corps décrivent les lignes FL, fl, φ λ; γ ω le chemin du même centre, lorſqu'ils décrivent FP, fp, φ π. Il eſt clair que γ ν ſera égale & parallèle à GN, & γ ω égale & parallèle à GO. Donc γ μ ſera auſſi égale & parallèle à GM : mais (*Lem. vréced.*) ces deux lignes ſont celles que décrivent les centres de gravité G, γ, quand les corps A, a, α & F, f, φ parcourent les lignes AC, ac, α κ, & FH, fh, φ κ. Donc &c. *Ce qu'il falloit démontrer.*

LEMME

LEMME IV.

68. *Les mêmes choses étant supposées que dans le* Lem. *II. ci-dessus, avec cette différence que* A B, *a* b, α $\mathfrak{C}$, & AD, *a* d, α δ, (Fig. 20) *ne soient point parallèles : si* GM *est le chemin du centre de gravité, lorsque les corps* A, *a*, α, *décrivent uniformément les lignes* AC, *a* c, α ϰ; GN *le chemin de ce même centre, lorsque ces corps décrivent les lignes* A B, *a* b, α $\mathfrak{C}$; & GO *le chemin du centre, lorsque les corps* A, *a*, α, *décrivent les lignes* AD, *a* d, α δ; *je dis que* G M *sera la diagonale du parallélogramme fait sur les côtés* GN, GO.

Car l'on prouvera comme dans le *Lem. II.* que NM est le chemin du centre, lorsque les corps A, a, α, décrivent les lignes BC, $b\,c$, $\mathfrak{C}$ ϰ. Mais à cause que AD $a\,d$, α δ sont égales & parallèles à BC, $b\,c$, $\mathfrak{C}$ ϰ, chacune à chacune; il s'enfuit (*Lem. III.*) que GO est égale & parallèle à NM. Donc &c.

COROLLAIRE I.

69. Si on avoit décomposé les mouvemens AC, $a\,c$, α ϰ chacun en trois autres quelconques, ou en général en tant d'autres qu'on eût voulu, le chemin GM du centre de gravité auroit toujours été la derniere diagonale des parallélogrammes, qui auroient eu pour côtés les lignes particulieres que le centre de gravité auroit parcourues, si les corps A, a, α, avoient eu séparément

L

& fucceffivement chacun des mouvemens compofans. Cela eft clair par le Lemme précédent.

Corollaire II.

70. La même propofition feroit encore vraie, fi les mouvemens compofans n'étoient pas en nombre égal dans tous les corps; par exemple, fi le mouvement de l'un étoit décompofé en trois, le mouvement d'un autre en deux, &c. Car le Lemme précédent n'en feroit pas moins véritable, quand on fuppoferoit par exemple $AD = 0$, c'eft-à-dire que le mouvement AC n'eût point été décompofé.

Lemme V.

71. *Si tant de corps* A, B, C, &c. *qu'on voudra font liés ou joints enfemble d'une maniere quelconque, fans néanmoins qu'il y ait dans le fyftême aucun point fixe; & qu'on leur imprime les mouvemens* M, N, P, &c. *tels qu'en vertu de ces mouvemens ils foient en équilibre; je dis que fi les corps* A, B, C, &c. *pouvoient fuivre librement les mouvemens* M, N, P, &c. *le centre de gravité demeureroit en repos.*

Car fi on décompofe les mouvemens M, N, P, &c. chacun en deux autres m, μ; n, ν; p, π; &c. parallèles à deux lignes données de pofition quelconque, que j'appelle K & Q; il faudra pour trouver le chemin du centre de gravité en vertu des mouvemens M, N, P, &c. chercher le chemin de ce même centre en vertu des mouvemens m, n, p &c. qui fera (*Lem. I.*) parallèle à K, & $= \dfrac{A.m + B.n + C.p + \&c.}{A + B + C.\&c.}$; & le chemin de ce même centre en vertu des mouvemens μ, ν, π &c. qui fera parallèle à Q, & $= \dfrac{A.\mu + B.\nu + C.\pi + \&c.}{A + B + C \&c.}$. La diagonale du parallélogramme fait fur ces deux lignes, fera (*Lem. II.*) le chemin du centre de gravité. Il faut donc prouver que chacune de ces deux lignes fera zéro, pour faire voir que le chemin du centre de gravité eſt $= 0$, ou, ce qui eſt la même choſe, il faut démontrer que $A.m + B.n + C.p + \&c. = 0$, & $A.\mu + B.\nu + C.\pi + \&c. = 0$.

Or puiſque (*hyp.*) les corps A, B, C, &c. animés des mouvemens M, N, P, &c. font en équilibre, & qu'il n'y a dans le ſyſtême aucun point fixe, la force réſultante des puiſſances $A.M$, $B.N$, $C.P$ &c. fera $= 0$ (*art.* 63). Or comme les puiſſances $A.M$, $B.N$, $C.P$ &c. fe décompoſent dans les puiſſances $A.m$, $A.\mu$; $B.n$, $B.\nu$; $C.p$, $C.\pi$; &c. la force réſultante de ces puiſſances eſt celle qui provient de la force réſultante des puiſſances $A.m$, $B.n$, $C.p$ &c. & de la force réſultante des puiſſances $A.\mu$, $B.\nu$, $C.\pi$ &c. Mais ces deux dernieres forces réſultantes font parallèles à deux lignes différentes K & Q. Donc pour que la force qui en provient foit zéro, chacune en particulier doit être $= 0$. Or la premiere eſt $A.m + B.n + C.p + \&c.$ la ſeconde $A.\mu + B.\nu + C.\pi + \&c.$ Donc chacune de ces deux quantités eſt $= 0$. *Ce qu'il falloit démontrer.*

LEMME VI.

72. *Les mêmes choſes étant ſuppoſées que dans le Corollaire précédent, ſi ce n'eſt que les mouvemens* M, N, P, &c. *ſoient quelconques, c'eſt-à-dire tels que les corps* A, B, C, &c. *animés de ces mouvemens, ſe faſſent équilibre ou non, & qu'il y ait de plus, ſi l'on veut, un point fixe dans le ſyſtême : je dis que ſi l'on ſuppoſoit que les corps* A, B, C, &c. *ſuiviſſent les mouvemens* M, N, P &c, *abſtraction faite de leur action mutuelle, le chemin du centre de gravité ſeroit parallèle à la direction de la force réſultante des puiſſances* A.M, B.N, C.P; &c.

Car pour avoir la direction de cette force, il faut (les mêmes choſes étant poſées que dans la démonſtration du Lemme précédent) tirer la diagonale d'un parallélogramme dont les côtés, parallèles à K & à Q, ſoient entr'eux comme $A.m + B.n + C.p + \&c.$ à $A.\mu + B.\nu + C.\pi + \&c.$ Mais pour avoir le chemin du centre de gravité en vertu des mouvemens $M, N, P, \&c.$ il faut (*Lem. II.*) tirer la diagonale d'un parallélogramme dont les côtés, parallèles à K & à Q, ſoient entr'eux comme $\dfrac{A.m + B.n + C.p + \&c.}{A + B + C + \&c.}$ à $\dfrac{A.\mu + B.\nu + C.\pi + \&c.}{A + B + C + \&c.}$; donc les côtés de ces deux parallélogrammes ſeront parallèles chacun à ſon correſpondant, & feront l'un à l'autre dans le même rapport. Donc les diagonales feront parallèles. Donc &c. *Ce qu'il falloit démontrer.*

COROLLAIRE.

73. Si les corps A, B, C, &c. avoient les mouvemens — M, — N, — P, &c. le chemin du centre de gravité feroit parallèle à la direction de la force réfultante, mais en fens contraire.

SCOLIE I.

74. Tous les Lemmes démontrés ci-deffus font encore vrais, lorfque les corps font fuppofés dans des plans différens. Car 1°. le Lemme I. eft vrai dans ce cas comme dans les autres. 2°. La démonftration du Lemme II. ne fuppofe pas à la rigueur que les corps A, a, a, foient dans le même plan; elle fuppofe feulement que les mouvemens AC, ac, $a\varkappa$ puiffent fe décompofer chacun en deux autres parallèles à deux lignes données. D'où il s'enfuit que le Lemme III. fera vrai, lors même que les corps font dans des plans différens, au moins dans la fuppofition que les mouvemens imprimés à chaque corps puiffent fe décompofer chacun en deux autres parallèles à deux lignes données de pofition. Or lorfque les corps font dans des plans différens, on peut décompofer les mouvemens imprimés, chacun en deux autres, dont l'un foit parallèle à une ligne donnée de pofition, & dont le fecond puiffe auffi fe décompofer en deux autres paral-

lèles chacun à deux autres lignes données de pofition. D'où il s'enfuit que le Lemme I I I. eft vrai dans tous les cas, & qu'ainfi les Lemmes IV. V. & VI. qui ne font appuyés que fur les trois premiers, & qui ne demandent point que les corps foient dans un même plan, font auffi vrais dans tous les cas.

Au refte, nous avons fuppofé dans les Lemmes pré-cédens, la propofition démontrée par M. *Newton*, que le centre de gravité de plufieurs corps qui fe meuvent uniformément & en ligne droite, fans agir les uns fur les autres, fe meut auffi uniformément & en ligne droite. Cependant il eft facile de voir que par la Méthode de la décompofition des mouvemens en d'autres, parallèles à des lignes données, on pourroit auffi démontrer très-facilement cette propofition. Ainfi notre Méthode a cet avantage, qu'on peut s'en fervir pour démontrer que le centre de gravité de plufieurs corps, fe meut uniformé-ment & en ligne droite, foit que ces corps agiffent, foit qu'ils n'agiffent pas les uns fur les autres.

Scolie II.

75. Ajoûtons que fi plufieurs corps, confidérés com-me des points, fe meuvent en ligne droite, dans un milieu réfiftant en raifon de la viteffe, leur centre de gravité fe mouvra auffi en ligne droite, avec un mou-vement retardé en raifon de la viteffe. En effet quand la réfiftance eft comme la viteffe, les efpaces que les corps décriroient à chaque inftant, font diminués dans

la raiſon de ces mêmes eſpaces. Donc le chemin du centre de gravité continue d'être en ligne droite , & l'eſpace
qu'il parcourt eſt ſeulement diminué à chaque inſtant
d'une quantité qui lui eſt proportionnelle. Donc &c.

THÉORÊME I.

76. *L'état de Mouvement ou de repos du centre de gra-*
vité de pluſieurs Corps , ne change point par l'action mu-
tuelle de ces corps entr'eux , pourvû que le ſyſtême ſoit
entierement libre , c'eſt-à-dire qu'il ne ſoit point aſſujetti
à ſe mouvoir autour d'un point fixe.

Car (*art.* 60) les mouvemens a , b , c &c. étant compoſés des mouvemens a, α; b, ζ; c, $\varkappa$; &c. les mouvemens a , b , c , &c. peuvent être regardés comme compo-
ſés des mouvemens $a , — \alpha ; b , — \zeta ; c , — \varkappa$; &c; d'où
il s'enſuit que le chemin du centre de gravité quand les
corps ſont animés des mouvemens a , b , c , &c. eſt le
même (*Lem. IV.*) que ſi on les ſuppoſoit animés d'a-
bord des mouvemens a , b , c , &c. & enſuite des mouvemens $— \alpha , — \zeta , — \varkappa$ &c. Or puiſque par l'hypotheſe,
il n'y a dans le ſyſtême aucun point fixe, & que le ſyſtême demeureroit en repos , ſi les corps n'avoient reçû
que les mouvemens $\alpha , \zeta , \varkappa$, &c. Il s'enſuit (*Lem. V.* &
Coroll. Lem. VI.) qu'en vertu des mouvemens $— \alpha , — \zeta ,$
$— \varkappa$, &c. le chemin du centre de gravité eſt zéro. Donc
le chemin du centre de gravité eſt le même quand les
corps ont les mouvemens a , b , c , &c. que s'ils ſuivoient
les mouvemens a , b , c , &c. qu'on leur a imprimés.

Remarque.

77. S'il y a dans le fyftême quelque point fixe, alors les corps animés des mouvemens a, $\mathfrak{b}$, x, &c. peuvent fe faire équilibre, fans que la force réfultante de ces mouvemens foit zéro : il fuffit que la direction de la force réfultante de ces mouvemens paffe par le point fixe. Dans ce cas, le chemin du centre de gravité en vertu des mouvemens $- a$, $- \mathfrak{b}$, $- x$ &c. fera (*Coroll. Lem. VI.*) parallèle à la direction de cette force & en fens contraire, & par conféquent ne fera point $= 0$. Donc alors l'action mutuelle des corps changera l'état du centre de gravité.

THÉORÊME II.

78. *Les mêmes chofes étant fuppofées que dans le Théorême I. ; fi la pefanteur ou une force accélératrice, conftante pour chaque corps, & différente, fi l'on veut, pour chacun d'eux, agit fur ces corps fuivant des lignes parallèles, le centre de gravité ou plutôt le centre de maffes commun décrira la même courbe qu'il auroit décrite, fi ces corps euffent été libres.*

Pour le démontrer, ne prenons que deux corps A, B, (Fig. 21) & fuppofons que $A\,a$, $B\,\mathfrak{b}$, foient les petites lignes qu'ils parcourroient naturellement en vertu des viteffes primitivement imprimées $A\,a$, $B\,b$, & de la force accélératrice fuivant $a\,a$, $b\,\mathfrak{b}$; foit C le centre de maffes des corps A & B, c'eft-à-dire un point dont les
diftances

diftances aux points *A* & *B* foient en raifon inverfe des maffes *A* & *B*, (& non pas des poids *A* & *B* qui peuvent ici n'être pas comme les maffes); & que les corps *A* & *B*, au lieu de parcourir les lignes *A* α, *B* $\mathcal{G}$, parcourent les lignes A a, B b; il eft clair (*art.* 76) que le chemin *C x* du centre de gravité au premier inftant, fera le même que fi les corps *A* & *B* euffent décrit les lignes *A* α, *B* $\mathcal{G}$. Dans l'inftant fuivant, les corps tendent à décrire a ϵ = A a, & b ∂ = B b, & le centre *C* tend à parcourir la droite *x K* = *C x*, la même qu'il eût parcourue, fi les corps euffent continué à fe mouvoir fuivant *A* α, *B* $\mathcal{G}$; mais comme, en vertu de la force accélératrice, les corps *A* & *B*, décriroient les lignes parallèles *e f*, *d g* dans ce dernier cas, & dans l'autre cas les lignes ϵ φ, ∂ γ qui leur font égales & parallèles chacune à chacune, il s'enfuit que le chemin *x k* du centre de maffes fera le même, foit que les corps décrivent a*f*, $\mathcal{G}$*g*, foit qu'ils décrivent les lignes a φ, b γ. Mais quelque autre ligne que les corps *A*, *B* parcourent au lieu de a φ, b γ, à caufe de leur action mutuelle, le chemin du centre *C* fera toujours le même (*Théor. I.*) Donc &c. On voit aifément que la démonftration s'étend au cas où il y auroit un plus grand nombre de corps. *Ce Q. F. D.*

REMARQUE I.

79. Cette démonftration n'auroit pas lieu, fi la force accélératrice n'étoit pas conftante pour chaque corps, & n'agiffoit pas fuivant des lignes parallèles. Car alors on

M

ne pourroit pas fuppofer *e f* égale & parallèle à $\epsilon\varphi$; *d g* égale & parallèle à $\delta\gamma$; & par conféquent le chemin *x k* du centre ne feroit pas le même dans les deux cas.

R E M A R Q U E   I I.

80. Il y a cependant un cas à excepter, c'eft celui où la force accélératrice feroit dirigée vers un point fixe, & agiroit en raifon de la diftance. Car dans ce cas, comme il eft aifé de le prouver, & comme plufieurs Géometres l'ont fait voir, le centre de gravité feroit le même que le centre de maffes, & ce centre feroit attiré ou pouffé vers le point fixe avec une force proportionnelle à la diftance où il eft de ce point. D'où il eft aifé de démontrer que le Théorême précédent aura encore lieu dans le cas dont il s'agit.

En effet, puifque l'action mutuelle des corps ne change point l'état du centre de maffes, qui eft ici le même que le centre de gravité, le centre de gravité fe trouvera donc à chaque inftant à la même diftance du point fixe où il auroit été fans cette action. Donc il fera attiré avec la même force. Sa viteffe de projection eft d'ailleurs la même dans les deux cas. Donc &c.

Ainfi dans ce dernier cas, fuivant la Théorie connue des forces centrales, le centre de maffes ou de gravité décrira une ellipfe dont le point fixe fera le centre, foit que les corps agiffent ou n'agiffent pas les uns fur les autres ; & dans le cas du Théorême précédent, le centre de maffes décrira une parabole.

COROLLAIRE.

81. Les deux Théorêmes précédens fourniffent des moyens très-fimples de trouver le mouvement des corps inflexibles. Nous pourrons en donner quelques ufages dans la fuite.

SCOLIE.

82. Si on confidere chaque corps comme un point, & qu'ils fe meuvent dans un milieu réfiftant en raifon de la viteffe, 1°. Le centre de maffes fe mouvra en ligne droite fi les corps ne font animés par aucune force accélératrice ; & il fe mouvra d'un mouvement retardé en raifon de la viteffe, précifément comme fi les corps euffent été libres. 2°. Le centre de gravité décrira la même ligne & avec la même loi de viteffe, foit que les corps agiffent ou n'agiffent pas les uns fur les autres, pourvû que la pefanteur des corps foit conftante, ou dirigée vers un point fixe & proportionnelle à la diftance. C'eft une fuite évidente des propofitions démontrées ci-deffus articles 75, 79 & 80.

THÉORÊME III.

83. *Si tant de corps qu'on voudra font liés enfemble d'une maniere quelconque, & qu'un ou plufieurs de ces corps foient forcés de fe mouvoir fur un plan ou fur des plans parallèles ; je dis que le chemin du centre de gravité parallèlement à ces plans fera uniforme.*

M ij

[*Ainſi, par exemple, & pour fixer l'imagination, ſi un corps* P, (Fig. 29) *forcé de ſe mouvoir dans la rainure droite* P S *dont il ne puiſſe ſortir, traîne après lui un autre corps* M *par le moyen d'une verge* P M, *le centre de gravité* g *de ces deux corps décrira une courbe telle, que les parties de la ligne* K S *répondantes aux arcs parcourus par le centre* g *en tems égaux, ſeront égales.*]

Car en général, ſi on réduit en une ſeule force tous les mouvemens perdus par ces corps à chaque inſtant, il eſt clair qu'à cauſe de l'équilibre de ces mouvemens, la direction de la force réſultante ſera néceſſairement perpendiculaire aux plans. Donc le centre de gravité ſera continuellement écarté de la ligne droite par une force dont la direction ſera (*Lem. VI. & art.* 77) perpendiculaire à ces plans, & dont par conſéquent l'action ſera toujours parallèle à une ligne donnée. Donc &c.

COROLLAIRE.

84. La même propoſition ſeroit encore vraye, ſi les corps étoient animés de forces accélératrices quelconques, conſtantes ou non, mais de directions perpendiculaires à ces plans. D'où il s'enſuit, que ſi les corps ſe mouvoient par la ſeule action de ces forces ſans aucune impulſion primitive, le centre de maſſes décriroit une ligne droite perpendiculaire à ces plans. Car dans ce dernier cas, ſi les corps étoient libres, le centre de gravité décriroit une droite perpendiculaire à ces plans; or ſon mouvement ne ſera altéré que par une force dont la di-

rection fera perpendiculaire à ces plans : donc le centre de gravité ne fortira jamais de la perpendiculaire.

Si les corps pefent vers un point fixe en raifon de la diftance, & que la ligne tirée du centre de gravité au point fixe dans le premier inftant du mouvement, foit perpendiculaire au plan, on peut prouver de la même maniere que le centre de gravité ne fortira jamais de la perpendiculaire.

S C O L I E I.

85. Les propofitions qu'on a démontrées (*art.* 76 & 78) font également vrayes, quand les corps agiffent les uns fur les autres par une force d'attraction mutuelle. Car les chemins qu'ils feroient les uns vers les autres en vertu de cette attraction, étant réciproques à leurs maffes, la fomme des mouvemens de même part feroit zéro ; par conféquent le chemin du centre de gravité ne feroit point changé par l'action réciproque de ces corps les uns fur les autres. On peut d'ailleurs appliquer ici la démonftration donnée du Théorême I, en imaginant tous ces corps joints les uns aux autres par des verges inflexibles. Car alors en n'ayant égard qu'à leur attraction mutuelle, il eft clair qu'ils refteroient en équilibre. Donc &c.

S C O L I E I I.

86. Il me femble que par les principes établis jufqu'ici, on peut démontrer ou plutôt expliquer cette fameufe loi de Mécanique, que dans un fyftême de corps

pefans en équilibre, le centre de gravité eft le plus bas qu'il eft poffible. Car fuppofons le fyftême dans un état *B* infiniment proche de l'état d'équilibre ; il eft certain qu'il y aura dans chaque corps un petit mouvement pour fe remettre à l'état d'équilibre, & l'effort de la pefanteur de chaque corps doit être regardé comme compofé de ce petit mouvement, & d'un autre qui eft détruit. Or comme l'état *B* eft infiniment proche de l'état d'équilibre, les mouvemens détruits font infiniment peu différens de l'effort total de la péfanteur, qui eft détruit dans l'état d'équilibre ; ainfi les mouvemens réels de chaque corps font infiniment petits par rapport à ceux qu'ils auroient eus, s'ils avoient pû fe mouvoir librement par leur pefanteur ; & le mouvement du centre de gravité eft infiniment moindre, que fi les corps fe fuffent mûs librement. Cela ne feroit pas ainfi, fi des deux états infiniment proches que l'on confidere ici, l'un n'étoit pas l'état d'équilibre. D'où il s'enfuit, qu'on peut regarder le centre de gravité comme n'ayant point changé de place depuis l'état *B* jufqu'à l'état d'équilibre ; c'eft-à-dire qu'entre ces deux états la defcente du centre de gravité eft $= 0$. Donc dans l'état d'équilibre la defcente du centre de gravité eft un *maximum*, & dans certains cas un *minimum*. Elle eft par exemple un *maximum* dans le cas de la *chaînette*, & un *minimum* dans le cas de plufieurs globules égaux, qui fe foutiennent en formant une voûte ; ce qu' n'eft, comme l'on fait, que le cas de la *chaînette* rerverfé.

Peut-être s'exprimeroit-on avec plus d'exactitude, en difant fimplement que dans le cas d'équilibre la différentielle de la defcente du centre de gravité eft $= 0$; car on fait que l'égalité d'une différentielle à zéro, n'indique pas toujours néceffairement un *maximum* ou un *minimum*.

Au refte cette remarque fuffit pour montrer qu'on auroit tort de déduire avec quelques Auteurs les loix de l'équilibre des fluides, de cette loi prétendue, qué le centre de gravité d'une maffe fluide en équilibre doit defcendre le plus bas qu'il eft poffible. En effet fi le fluide $DOSPE$, (Pl. V. fig. 8) dont toutes les parties pefent vers Q en raifon de la diftance, eft en équilibre dans le vafe $MDEN$, le centre de gravité de ce fluide ne fera pas le plus près du centre Q qu'il fera poffible. Car foit $MNDE = DOSPE$; il eft certain 1°. que le centre de gravité de chacune de ces parties fera ici le même que leur centre de maffes. 2°. Que les parties KNP, MOL prifes enfemble font égales à LSK, & que KNP, MOL, qui font plus près du centre Q, doivent avoir leur centre de maffes au-deffus de MN, & par conféquent plus près de Q que celui de LSK, qui eft au-deffus de MN. Donc puifque la partie $DOLKPE$ eft d'ailleurs commune à $DOSPE$ & à $DMNE$, il s'enfuit qu'en fuppofant $QT =$ ou $> QG$, le centre de maffes du fluide $DMNE$ eft plus près de Q que celui du fluide $DOSPE$: cependant la premiere de ces maffes fluides eft en équilibre, & la feconde n'y eft pas. Donc &c.

J'avois déja fait cette remarque dans mon *Traité de l'équilibre & du mouvement des fluides*, article 13. Elle est présentée ici d'une maniere encore plus-frappante, afin de précautionner les Géometres contre ces sortes d'applications fautives de principes Mécaniques, auxquels on donne quelquefois trop de généralité.

CHAPITRE III.

Problêmes où l'on montre l'usage du Principe précédent.

§. I.

Des Corps qui se tirent par des fils ou par des verges.

PROBLÊME I.

87. TROUVER *la vitesse d'une verge* C R *fixe en* C (Fig. 22) & *chargée de tant de corps* A, B, R, *qu'on voudra, en supposant que ces corps, si la verge ne les en empêchoit, decrivissent dans des tems egaux les lignes infiniment petites* A O, B Q, R T, *perpendiculaires à la verge.*

Toute la difficulté se réduit à trouver la ligne RS parcourue par un des corps R, dans le même tems qu'il eût parcouru RT; car alors les vitesses BG, AM de tous les autres corps seront connues. Or regardons les vitesses imprimées RT, BQ, AO, comme composées
fées

tées (*art.* 30 & 60) des vitesses RS. ST; BG, — GQ; AM, — MO; par notre principe, le levier CAR seroit demeuré en repos, si les corps R, B, A n'avoient reçû que les mouvemens ST, — GQ, — MO. Donc (17) $A \cdot MO \cdot AC + B \cdot GQ \cdot BC = R \cdot ST \cdot CR$, c'est-à-dire qu'en nommant AO, a, BQ, b, RT, c, CA, r, CB, $\mathfrak{r}$, CR, ρ, & RS, z, on aura

$$R \cdot \overline{c - z} \cdot \rho = Ar\left(\frac{z\,r}{\rho} - a\right) + B\mathfrak{r}\left(\frac{z\,\mathfrak{r}}{\rho} - b\right);$$

par conséquent

$$z = \frac{Aar\rho + Bb\mathfrak{r}\rho + Rc\rho\rho}{Arr + B\mathfrak{r}\mathfrak{r} + R\rho\rho}.$$

COROLLAIRE I.

88. Soient F, f, φ, les forces motrices des corps A, B, R, & on trouvera pour la force accélératrice du corps R,

$$\frac{Fr + f\mathfrak{r} + \varphi\rho}{Arr + B\mathfrak{r}\mathfrak{r} + R\rho\rho} \times \rho,$$

en mettant pour a, b, c (*art.* 22) leurs valeurs $\frac{F}{A}$, $\frac{f}{B}$, $\frac{\varphi}{R}$. Donc si on prend ds pour l'élément de l'arc décrit du rayon CR, & u pour la vitesse du corps R, on aura en général (18)

---

(17) Voyez la note (13) pag. 60, & obfervez que $A \times MO$, $B \times GQ$ &c. font ici les *puiſſances*.

(18) Il faut confidérer que AO, BQ, RT font les impulfions momentanées que les forces accélératrices communiquent aux corps A, B, R; & puifque le corps R n'en conferve que RS ou z, il s'enfuit que pour avoir le mouvement de ce corps il faut mettre dans la formule $\varphi\,de = u\,du$ de l'article 21, à la place de φ la valeur de z, & ds à la place de de. Voyez la note (5) pag. 24.

N

$$\frac{Fr + fr + \varphi\rho}{Arr + Brr + R\rho\rho} \cdot \rho\, ds = u\, du,$$ quelles que foient les forces F, f, φ. Il eft aifé par ce moyen de réfoudre le Problême des centres d'ofcillation dans une hypothe-fe quelconque.

Suppofons par exemple que le pendule ofcille dans un milieu réfiftant comme une puiffance quelconque u^n de la viteffe, on aura au lieu de φ, $\varphi - ku^n$, (19) au lieu de F, $F - \dfrac{g\,u^n\,r^n}{\varrho^n}$, & au lieu de f,

$f - \dfrac{h\,u^n\,r^n}{\varrho^n}$; & on mettra ces valeurs dans l'équa-tion précédente; on confidérera enfuite qu'en fuppo-fant x la longueur du pendule ifochrone, & nommant M fa maffe, & Π fon poids, ou plutôt la partie de fon poids qui agit perpendiculairement à la verge, on au-ra pour l'équation du mouvement de ce pendule (20)

$$\frac{\Pi\,x\,ds}{\varrho} - \frac{l\,u^n\,x^n}{\varrho^n} \times \frac{x\,ds}{\varrho} = \frac{M\,x\,x\,u\,du}{\varrho\,\varrho};$$

---

(19) Soit m la réfiftance qu'éprouveroit de la part du milieu le corps R mû avec la viteffe p; celle qu'il éprouvera lorfqu'il fera mû avec la viteffe u fera $\dfrac{m\,u^n}{p^n}$, enforte que fa force motrice ne fera plus que $\varphi - \dfrac{m\,u^n}{p^n}$; & il eft vifible que la quantité k par laquelle on a repréfenté $\dfrac{m}{p^n}$ dépend du volume, de la denfité, & de la figure du corps R; il en eft de même des quantités g, h, l.

(20) L'équation qui naîtra de la fubftitution de $\varphi - ku^n$, $F - \dfrac{g\,u^n\,r^n}{p^n}$ &c. à la place de φ, F &c. fera de cette forme $(P + Qu^n)\,ds = u\,du$; celle

d'où l'on tire $\dfrac{\Pi \, \varrho \, d\,s}{M\,x} - \dfrac{l\,u^n\,x^{n-1}\,d\,s}{M\,\varrho^{n-1}} = u\,d\,u\,;$
comparant cette équation terme à terme avec celle du
mouvement du pendule compofé, on en tirera les valeurs de x & de l; & il eft à remarquer que la quantité l dépend du volume du corps M, de fa figure &
de fa denfité; & qu'ainfi on ne doit pas fuppofer toutes
ces chofes données (21).

Il eft à remarquer de plus qu'on ne s'exprimeroit pas
exactement, en difant avec quelques Auteurs que la
diftance x du centre d'ofcillation eft toujours la même,

---

du mouvement du pendule fimple fera $\left(\Pi - \dfrac{l\,u'^n\,x^n}{\varrho^n} \right) d\,s' = M\,u'\,d\,u'$
(en nommant $d\,s'$ le petit arc qu'il parcourt dans un inftant, & u' fa vitef-
fe); mais comme on fuppofe qu'il décrit des arcs femblables à ceux du pen-
dule compofé, on a $d\,s' = \dfrac{x\,d\,s}{\varrho}$, & $u' = \dfrac{x\,u}{\varrho}$; donc toute réduction
faite $\left(\dfrac{\Pi\,\rho}{M\,x} - \dfrac{l\,u^n\,x^{n-1}}{M\,\rho^{n-1}} \right) d\,s = u\,d\,u$; dans cette équation u & s fignifient les mêmes chofes que dans celle du pendule com-
pofé; donc les deux équations doivent être identiques, & chaque terme égal
à fon correfpondant; ainfi on a $\dfrac{\Pi\,\varrho}{M\,x} = P$; $- \dfrac{l\,x^{n-1}}{M\,\rho^{n-1}} = Q$.

(21) Il eft vifible que fi on fuppofoit M donné, l qui en dépend, comme on vient de le voir dans la note (19), feroit donné auffi; par conféquent ayant une feule indéterminée x, & deux équations $\dfrac{\Pi\,\varrho}{M\,x} = P$,
$- \dfrac{l\,x^{n-1}}{M\,\varrho^{n-1}} = Q$, il ne feroit pas toujours poffible de fatisfaire
à toutes les deux, Voyez *Mémoires de l'Acad.* 1738.

foit que le milieu réfifte, foit qu'il ne réfifte pas. Car les quantités F, φ, f, Π, &c. qui dépendent de la pefanteur, ne font pas les mêmes que dans le vuide, parce que la pefanteur de chaque corps eft diminuée par celle du fluide, & qu'elle l'eft différemmen· à raifon de la denfité, du volume & de la figure de chaque corps; ainfi la valeur de x qu'on déduira de la comparaifon des premiers termes des deux équations, ne fera pas la même que fi k, g, h, l étoient $= o$.

COROLLAIRE II.

89. De ce que $A.OM.AC + B.QG.CB = R.ST.CR$, il s'enfuit que $A.\overline{AM - AO}.CA + B.\overline{BG - BQ}.CB = R.\overline{RT - RS}.CR$, & qu'ainfi $A.AM.CA + B.BG.CB + R.RS.CR = A.AO.CA + B.BQ.CB + R.RT.CR$; c'eft-à-dire que les puiffances $A.AM$, $B.BG$, $R.RS$, doivent être équipollentes aux puiffances $A.AO$, $B.BQ$, $R.RT$. On pourroit donc encore réfoudre le Problême précédent, en cherchant la ligne RS, telle, que $R.RS.CR + B.\dfrac{RS.CB^2}{CR} + A.\dfrac{RS.CA^2}{CR}$ fût égale à $R.RT.CR + B.BQ.CB + A.AO.CA$.

Le principe de cette derniere folution revient au même que celui de M. *Bernoulli* pour les centres d'ofcillation, qui confifte à fubftituer en un point quelconque P de la verge un corps, dont la maffe foit

$$\frac{R.CR^2}{CP^2} + \frac{B.CB^2}{CP^2} + \frac{A.CA^2}{CP^2},$$ & qui foit animé d'une force accélératrice, en vertu de laquelle le *moment* de ce poids foit égal aux *momens* des poids A, B, R, animés de leurs pefanteurs naturelles AO, BQ, RT, & fa viteffe, celle du point P de la verge. D'où il s'enfuit, que cette force accélératrice fera $\frac{RS.CP}{CR}$, & qu'ainfi on aura

$$RS.\frac{CP}{CR}\left(\frac{R.CR^2}{CP^2} + \frac{B.CB^2}{CP^2} + \frac{A.CA^2}{CP^2}\right) \times CP = A.AO.CA + B.BQ.$$

$CB + R.RT.CR$. Il eft vifible que le premier membre de cette égalité, n'eft autre chofe que la fomme des *momens* $A.AM.CA + B.BG.CB + R.RS.CR$.

On voit par-là que fans avoir recours au point P, & fans faire aucune fubftitution de maffes, on peut par le principe fondamental de la folution de M. *Bernoulli*, réfoudre plus fimplement encore qu'il ne l'a fait, le Problême des centres d'ofcillation.

C'eft de cette derniere maniere que j'avois imaginé d'abord de réfoudre ce Problême, & c'eft auffi ce qu'a fait M. *Euler* dans un Mémoire imprimé au *Tome VII. de l'Acad. de Péterfbourg*, & où il fe fert de ce dernier principe, que les puiffances $R.RS$, $B.BG$, $A.AM$ doivent être équivalentes aux puiffances $R.RT$, $B.BQ$, $A.AO$. Mais M. *Euler* n'a point démontré ce principe, qui, ce me femble, ne peut l'être que par le moyen du nôtre. D'ailleurs l'Auteur n'a appliqué ce principe qu'à la folution d'un petit nombre de Problêmes touchant les ofcillations des corps, flexibles ou inflexibles ; & la folution qu'il a donnée d'un de ces Problêmes eft peu exacte, comme nous aurons occafion de le faire voir dans la fuite ; ce qui ne fervira pas peu à montrer combien notre principe eft préférable, pour réfoudre non-feulement les Problêmes de cette efpece, mais en général toutes les queftions de Dynamique.

Lemme VII.

90. Si deux lignes infiniment petites Pp, Mm; (Fig. 23) font jointes par les lignes finies PM, pm, & qu'on faffe $p\pi = Pp$, & $m\mu = Mm$; je dis 1°. que l'excès de PM fur $\pi\mu$ eft égal à deux fois la différence de PM à pm, moins le quarré de l'angle fait entre PM & pm, multiplié par PM.

2°. Que l'angle de $\pi\mu$ avec pm eft égal à l'angle de PM avec pm, multiplié par $1 + \dfrac{2 \cdot \overline{PM - pm}}{PM}$.

Car ayant mené les lignes Ma, πe, μf parallèles à pm, & Mb, aPd, $C\pi f$, μeg perpendiculaires à pm, on aura $Mb = \mu g$; $Pd = \pi C$. Donc μe ou $\pi f = Pa$. Or deux angles infiniment petits PMa, $\epsilon\pi\mu$, dont les rayons PM, $\pi\mu$, différent infiniment peu (les lignes infiniment petites Pa, $e\mu$ étant d'ailleurs égales) ne different que d'un infiniment petit du fecond ordre, puifque la différence des finus eft $\dfrac{\mu\,e}{\pi\,\mu}$

$- \dfrac{P\,a}{P\,M} = \dfrac{P\,a\,(P\,M - \pi\,\mu)}{P\,M\,.\,\pi\,\mu}$, c'eft-à-dire infiniment petite du fecond ordre. Donc cette derniere quan-
tité, multipliée par $P\,a$, fera du troifiéme ordre. Or
$P\,M - p\,m = P\,M - M\,a + M\,a - P\,m = \dfrac{P\,a^2}{2\,P\,M}$
$+ b\,m - d\,p$; & on trouvera de même $p\,m - \mu\,\pi =$
$- \dfrac{\pi\,f^2}{2\,\pi\,\mu} + m\,g - C\,p$. Donc en négligeant les
différences troifiémes, on a $\overline{P\,M - \pi\,\mu} = 2\,.\,\overline{b\,m - d\,p}$
$= 2\,.\,\overline{P\,M - p\,m} - \dfrac{P\,a^2}{P\,M} = 2\,.\,\overline{P\,M - p\,m} -$
angl. $\overline{a\,M\,P}^2 \times P\,M$.

3°. L'angle $e\,\pi\,\mu$ ou l'angle de $p\,m$ avec $\pi\,\mu = \dfrac{\mu\,e}{\pi\,e} =$

$\dfrac{P\,a}{p\,m - (b\,m - d\,p)} = \dfrac{P\,a}{M\,a - 2\,(b\,m - d\,p)} = \dfrac{P\,a}{M\,a}$

$+ \dfrac{2\,.\,\overline{b\,m - d\,p}}{M\,a} \times \dfrac{P\,a}{M\,a} = ($ en négligeant les différences troifiémes) à l'angle $a\,M\,P\left(1 + \dfrac{2\,.\,\overline{P\,M - p\,m}}{P\,M}\right)$.
Ce qu'il falloit démontrer.

C O R O L L A I R E   I.

91. Si les lignes $P\,M$, $p\,m$ font égales, alors
$P\,M - \pi\,\mu = - ($ angl. $a\,M\,P)^2\,.\,P\,M$; & l'angle
$e\,\pi\,\mu = a\,M\,P$.

COROLLAIRE II.

92. Si les lignes Mm, $m\mu$ (Fig. 24) font $= 0$, alors $M\pi - PM = + 2pO + \dfrac{PO^2}{PM}$, & l'angle $pM\pi - PMp = -\dfrac{2pO}{PM} \cdot PMp$.

PROBLÊME II.

93. *Suppofons qu'une verge* GA *fixe en* G (Fig. 25) *& fituée fur un plan horizontal, foit chargée de deux corps* A, D, *dont l'un* A *foit fixement attaché à la verge, l'autre* D *puiffe couler librement le long de la verge par le moyen d'un anneau; on demande la viteffe de chacun de ces corps à chaque inftant, & la courbe décrite par le corps* D.

Soient $A\,B$, $D\,E$ les petites lignes décrites par les corps A, D, durant un même inftant; fi l'on fait l'arc $B\,C = A\,B$, & la ligne $E\,i = E\,D$ & dans la même direction, il eft clair que ces lignes $B\,C$, $E\,i$ feroient parcourues par les deux corps dans l'inftant fuivant, fi la verge ne les en empêchoit. Le corps A qui décrit néceffairement l'arc $B\,C$, ne décrira donc plus cet arc dans un inftant égal au premier : or que la petite ligne $B\,Q$ infiniment peu différente de $B\,C$, foit celle que le corps A auroit parcourue uniformément avec la viteffe qu'il a en B, dans l'inftant qu'il parcourt $B\,C$ par fon mouvement contraint; & que $E\,o$ foit la ligne que le

corps

corps D eût auſſi décrit uniformément dans le même tems, & au lieu de laquelle il décrira la ligne $E\,p$ à cauſe de la réſiſtance de la verge ; il eſt clair qu'en regardant les mouvemens $B\,Q$ & $E\,o$, comme compoſés des mouvemens $B\,C$, $C\,Q$, & $E\,p$, $E\,l$, le levier $G\,B$ eût été en équilibre, ſi les corps A, D, n'avoient eu que les mouvemens $C\,Q$, $E\,l$. Or comme (*hyp.*) le corps D peut gliſſer le long de la verge, il eſt néceſſaire pour l'équilibre, que $E\,l$ ſoit perpendiculaire au levier $G\,B$; & de plus, il faut que $A\,.\,C\,Q\,.\,G\,A = D\,.\,E\,l\,.\,G\,E$. Cela poſé,

Soit $G\,A = a$, $A\,B = dx$, $G\,D = y$, $F\,D = \dfrac{y\,d\,x}{a}$, $F\,E = d\,y$, $C\,Q = \alpha$. On ſuppoſe que $B\,Q$ ſeroit décrite avec la même viteſſe que $A\,B$, & $E\,o$ avec la même viteſſe que $D\,E$; donc les lignes $B\,Q$ & $A\,B$, ainſi que les lignes $E\,o$, $D\,E$ ſont entr'elles comme les tems employés à les parcourir ; & comme $B\,Q$, $E\,o$ ſeroient parcourues (*hyp.*) dans un même tems, ainſi que $A\,B$ & $D\,E$, on aura $B\,Q : A\,B$ ou $B\,C :: E\,o : D\,E$ ou $E\,i$: donc $B\,C : C\,Q :: D\,E : i\,o$. Donc $i\,o = \dfrac{C\,Q\,.\,D\,E}{B\,C}$.

De plus $A\,.\,C\,Q\,.\,G\,A = D\,.\,E\,l\,.\,G\,E$ donne $E\,l$ ou $p\,o = \dfrac{A\,\alpha\,a}{D\,y}$. Or l'angle $i\,G\,E$ (*art.* 92) $=$

$$E\,G\,D \times 1 - \frac{2\,F\,E}{G\,D} = E\,G\,D - \frac{2\,d\,y\,d\,x}{a\,y} ;$$

& fi à l'angle $i\,G\,E$ on ajoûte (22) l'angle $i\,G\,o = \dfrac{i\,o}{G\,i} \times$

$\dfrac{D\,F}{D\,E} = \dfrac{C\,Q\,.\,D\,F}{G\,i\,.\,B\,C} = \dfrac{C\,Q}{G\,D} \times \dfrac{D\,F}{A\,B} = \dfrac{C\,Q}{G\,A} = \dfrac{\alpha}{a}$,

& l'angle $o\,G\,p$ ou $\dfrac{p\,o}{G\,D} = \dfrac{A\,\alpha\,a}{D\,y\,y}$, on aura l'angle

$p\,G\,E = E\,G\,D - \dfrac{2\,d\,y\,d\,x}{a\,y} + \dfrac{\alpha}{a} + \dfrac{A\,\alpha\,a}{D\,y\,y}$;

& comme cet angle $p\,G\,E$ eft égal à l'angle $E\,G\,D$

(*conftr.*) on a $- \dfrac{2\,d\,y\,d\,x}{a\,y} + \dfrac{\alpha}{a} + \dfrac{A\,\alpha\,a}{D\,y\,y} = 0.$

Donc $\alpha = \dfrac{2\,D\,y\,d\,y\,d\,x}{A\,a\,a + D\,y\,y}$.

Préfentement la différence de $G\,i$ à $G\,D$ eft (*art.* 92)

$2\,d\,y + \dfrac{y^2\,d\,x^2}{a^2\,y}$, & $\dfrac{\alpha\,d\,y}{d\,x}$ exprime la différen-

ce de $G\,p$ ou $G\,o$ à $G\,i$. Donc $G\,p - G\,E = d\,y +$

$\dfrac{y\,d\,x^2}{a^2} + \dfrac{\alpha\,d\,y}{d\,x}$. Donc $d\,d\,y = \dfrac{y\,d\,x^2}{a^2} + \dfrac{\alpha\,d\,y}{d\,x}$,

ou mettant pour α fa valeur déja trouvée, $d\,d\,y =$

$\dfrac{y\,d\,x^2}{a^2} + \dfrac{2\,D\,y\,d\,y^2}{A\,a\,a + D\,y\,y}$, équation de la courbe

$D\,E\,p$.

Pour en féparer les indéterminées, foit $d\,x = \dfrac{p\,d\,y}{a}$,

---

(22) Si on décrit du centre G l'arc $i\,s$, l'angle $i\,G\,o = \dfrac{i\,s}{i\,G}$, &

$i\,s = \dfrac{i\,o \times D\,F}{D\,E}$, à caufe des triangles femblables $D\,F\,E,\ s\,i\,o.$

on aura $d\,dy = -\dfrac{d\,p\,dy}{p}$, & $-\dfrac{a^4\,d\,p}{p^3} -$

$\dfrac{2\,y\,d\,y\,.\,a^4\,D}{p^2\,.\,(A\,aa + D\,yy)} = y\,dy$; cette équation étant

multipliée par $\dfrac{1}{(A\,aa + D\,yy)^2}$, & enfuite intégrée,

donne $\dfrac{a^4}{2\,p^2\,(A\,aa + D\,yy)^2} = G - \dfrac{1}{2\,D\,(A\,aa + D\,yy)}$,

G exprimant une conftante telle, que $\dfrac{p}{a}$ devienne à

l'origine de la courbe le rapport donné de dx à dy (23).

On a donc dx ou $\dfrac{p\,dy}{a} = \dfrac{a\,dy\,\sqrt{D}}{\sqrt{(A\,aa + D\,yy)\,[\,2\,G\,D\,(A\,aa + D\,yy) - 1\,]}}$

pour l'équation de la courbe $D\,E\,p$.

A l'égard des viteffes de chaque corps, on trouve
(24) qu'en nommant u la viteffe du corps A, on a

$-\dfrac{d\,u}{u} = \dfrac{C\,Q}{B\,C}$, puifque $\dfrac{B\,Q}{B\,C}$ eft le rapport du fecond

---

(23) Soit $P\,E$ (Pl. V. fig. 9) la direction de l'impulfion que reçoit le
corps D au commencement, & foient $A\,K$, $E\,i$ les lignes que les deux
corps A & D tendent à décrire dans un inftant en vertu des impulfions pri-
mitives; fuppofons qu'au lieu de ces lignes ils décrivent $A\,B$, $F\,p$; le rapport de $A\,B$ à $F\,p$ eft celui qu'on doit prendre pour le rapport de dx à
dy à l'origine, & le rapport de $A\,B$ à $E\,p$ pour celui de g à h, qu'on fuppofe être les viteffes initiales; on déterminera aifément toutes ces quantités,
en fuivant exactement les mêmes principes qui ont été donnés dans le Problême, ainfi que la figure l'indique.

(24) On a $A\,B = u\,dt$; donc puifque $A\,B$ eft conftant, $du\,dt + u\,ddt = 0$;
& par conféquent $-\dfrac{d\,u}{u} = \dfrac{d\,d\,t}{d\,t} = \dfrac{C\,Q}{A\,B} = \dfrac{C\,Q}{B\,C}$.

O ij

inftant au premier. Donc $-\dfrac{d\,u}{u} = \dfrac{2\,D\,y\,d\,y}{A\,a\,a + D\,y\,y}$, &

$\dfrac{u}{g} = \dfrac{A\,a\,a + D\,b\,b}{A\,a\,a + D\,y\,y}$, en prenant g pour la viteſſe initiale du corps A, & ſuppoſant $y = b$ à l'origine de la courbe $D\,E\,p$. De même ſi on nomme v la viteſſe du corps D, on a $\dfrac{d\,v}{v} = \dfrac{E\,p - E\,o}{E\,o} = \dfrac{p\,o\,.\,F\,D}{D\,E^2} =$

$\dfrac{A\,a\,a\,.\,y\,d\,x}{D\,y\,y\,.\,a\,\left(d\,y^2 + y^2 \,\dfrac{d\,x^2}{a^2}\right)}$; mais on peut avoir v plus élégamment par le principe de la conſervation des for-ces vives que nous démontrerons ci-après, & qui don-ne $D\,v\,v + A\,u\,u =$ à une conſtante. D'où il s'en-fuit, que ſi on appelle h la viteſſe initiale du corps D, on aura $v\,v = \dfrac{D\,h\,h + A\,g\,g - A\,u\,u}{D}$.

R E M A R Q U E I.

94. J'ai évité de faire dans la ſolution de ce Problê-me les $d\,t$ ou élémens du tems conſtans, afin de pou-voir parvenir à l'équation de la courbe, ſans avoir l'ex-preſſion de la viteſſe, ce qui ſeroit néceſſaire ſi on fai-foit les $d\,t$ conſtans, parce que $d\,t$ étant $\dfrac{d\,x}{u}$, on ne peut chaſſer $d\,t$ que quand on connoît la valeur de u. C'eſt ainſi que j'en uſerai toujours dans la ſuite. Ce n'eſt pas qu'on ne puiſſe avoir u par différens moyens. Mais j'ai cru qu'il étoit à propos de faire voir de quelle

maniere on peut s'en paſſer dans la ſolution de ces ſortes de Problêmes.

REMARQUE II.

95. Le Problême précédent ne ſeroit pas beaucoup plus difficile, ſi les corps A, D, étoient animés par des forces accélératrices p, f, de directions & de valeurs quelconques. Pour donner un eſſai du calcul qu'il faudroit faire en cette occaſion, je ſuppoſerai chaque force accélératrice conſtante, & dirigée parallèlement à la verticale VA, en imaginant le ſyſtême tranſporté ſur un plan vertical. La conſtruction demeurant la même que dans l'article 93, ſoit de plus QN l'eſpace que le corps A auroit parcouru par ſa peſanteur p, dans l'inſtant qu'il parcourt BC par ſon mouvement contraint ; comme cet inſtant differe infiniment peu du premier, on aura (25) $QN = p . \dfrac{GV}{GA} \times \dfrac{d\,x^2}{u^2}$; de même

$$o\,\zeta = \frac{f\,d\,x^2}{u^2}; (26)\ \zeta\,\pi = \frac{A.CN.GA}{D.DG} = \frac{A\,a}{D\,y} \times$$

---

(25) $QN = \phi\,d\,t^2$, en nommant ϕ la force accélératrice ſuivant QN. Mais ſi on décompoſe la peſanteur p en deux forces, l'une perpendiculaire à QN, & l'autre ſuivant QN, la derniere ſera $\dfrac{p \times GV}{GA}$; de plus $dx = u\,dt$; donc $QN = \dfrac{p \times GV}{GA} \times \dfrac{d\,x^2}{u^2}$.

(26) On ſuppoſe ici que π ſoit le point où le corps D arrive au ſecond inſtant ; & puiſqu'il parvient en π au lieu d'être en ζ, comme il y auroit été en vertu de ſon mouvement propre & de la peſanteur, il s'enſuit qu'en

$\left(a + \dfrac{p \, \zeta \, d \, x^2}{a \, u^2} \right)$ en nommant $G\,V$, ζ. On aura

enfuite, comme dans l'article 93, $\dfrac{2 \, y \, d \, x \, d \, y}{a \, y \, y} =$

$\left(a + \dfrac{p \zeta d x^2}{a u^2} \right) \times \dfrac{A \, a}{D \, y \, y} + \dfrac{\alpha}{a} + \dfrac{f \, d \, x^2}{u^2} \times \dfrac{\zeta}{a \, y}$; &

$d \, d \, y = \dfrac{y \, d \, x^2}{a^2} + \dfrac{\alpha \, d \, y}{d \, x} + \dfrac{f \, d \, x^2 . \sqrt{[\, a^2 - \zeta^2 \,]}}{a \, u^2}$:

on a de plus $- \dfrac{d \, u}{u} = \dfrac{\alpha}{d \, x}$. Si on met dans la pre-

miere équation à la place de α fa valeur $- \dfrac{d \, x \, d \, u}{u}$,

ou $- \dfrac{u \, d \, u \, d \, x}{u^2}$, on aura (en intégrant) la valeur

de $u \, u$, qui étant fubftituée, ainfi que la valeur de α,

dans la feconde équation $d \, d \, y = \dfrac{y \, d \, x^2}{a^2}$ &c. on

aura l'équation de la courbe $D\,E\,p$; dans laquelle on

remarquera que $\dfrac{\zeta}{a} = $ çof. $\left(\dfrac{x}{a} \right)$ (*), & $\dfrac{\sqrt{a\,a - \zeta\,\zeta}}{a} =$

fin. $\left(\dfrac{x}{a} \right)$, ce qui donne un moyen facile de chaffer ζ.

---

décompofant (comme on l'a enfeigné) le mouvement qu'il devoit avoir,
il faudra que $\pi \, \zeta$ foit perpendiculaire à $G\,C$, & que $\pi \, \zeta \times D \times G \, \pi$
ou $\pi \, \zeta \times D \times D\,G = A \times C\,N \times A\,G$. Donc &c.

(*) Ces expreffions cof. $\left(\dfrac{x}{a} \right)$, fin. $\left(\dfrac{x}{a} \right)$ indiquent le cofinus

& le finus de $- \dfrac{x}{a} -$; & en général dans toute la fuite de cet Ouvrage, je

défignerai le finus & le cofinus d'un angle quelconque $\mathcal{C}$, par fin. $\mathcal{C}$ & çof. $\mathcal{C}$

REMARQUE III.

96. Si une puissance appliquée au corps A l'oblige de se mouvoir sur la courbe AN, avec une vitesse dont la loi à chaque point soit donnée, & qu'on demande la courbe du corps D & sa vitesse ; ce Problême se réduit au précédent, en cherchant de quelle force accélératrice φ le corps A devroit être animé, pour qu'étant mû conjointement avec le corps D, il eût à chaque point B la vitesse donnée.

Dans la premiere des quatre équations de l'article précédent, on mettra φ pour $\dfrac{p\,\zeta}{a}$, & à cause que u est donnée en x, on supposera $u = X$, & $-\dfrac{du}{u} = -\dfrac{dX}{X} = \dfrac{\alpha}{dx}$. Donc $\alpha = -\dfrac{dX\,dx}{X}$: cette valeur de α étant comparée à celle qu'on tirera de la premiere équation, on aura la valeur de φ & l'équation de la courbe DEp. Soit par exemple $f = 0$, $u = $ à une constante g, on aura $\alpha = 0$, & $\dfrac{2\,dy\,dx}{a\,y} = \dfrac{\varphi\,dx^2}{g^2} \cdot \dfrac{A\,a}{D\,yy}$. Donc $\varphi = \dfrac{2\,D\,g^2\,y\,dy}{A\,a^2\,dx}$, & $ddy = \dfrac{y\,dx^2}{a^2}$. Donc $dx = \dfrac{a\,dy}{\sqrt{(G\,a^2 + yy)}}$, & $\varphi = \dfrac{2\,D\,g^2\,y}{A\,a^3}\sqrt{[(G\,a^2 + yy)]}$. Si $G = 0$, on a $y = c^{\frac{x}{a}}$, & $\varphi = \dfrac{2\,D\,g^2 \cdot c^{\frac{2x}{a}}}{A\,a^3}$. C'est pourquoi la courbe décrite par le corps D eſt en ce cas une *ſpirale logarithmique*, puiſque $\dfrac{d\,x}{a} = \dfrac{d\,y}{y}$.

S'il n'y avoit pas de corps au point A, mais qu'en vertu d'une puiſſance quelconque appliquée à la verge, la viteſſe du point A ſuivant $A\,B$ fût donnée, on pourroit réſoudre le Problême de la même maniere, en imaginant qu'il y eût au point A un corps de maſſe quelconque, & en cherchant de quelle force accélératrice ce corps devroit être animé, pour qu'étant mû conjointement avec le corps D, il eût à chaque point B la viteſſe dont la loi eſt donnée. En général, on peut toujours employer cette Méthode, lorſque des corps ſe tiennent par des fils ou par des verges d'une maniere quelconque, & qu'un ou pluſieurs points des fils ou des verges ſont ſuppoſés ſe mouvoir avec une viteſſe & une direction données. J'avoue qu'on peut réſoudre ces Problêmes d'une maniere plus ſimple, ſans chercher quelle doit être la force accélératrice du corps dont la viteſſe eſt donnée, pour qu'il ſe meuve avec cette viteſſe en vertu de l'action des autres corps ; mais la ſolution que nous propoſons ici, quoique plus longue, n'en eſt pas moins tirée des vrais principes de la choſe, puiſqu'il eſt certain que la puiſſance qui meut le corps avec une viteſſe donnée, eſt différente de ce qu'elle ſeroit, ſi tous les autres corps étoient anéantis, attendu qu'une partie de cette puiſſance eſt employée à vaincre l'action de ces mêmes corps. Notre ſolution détermine la différence de ces

ces deux puiſſances, & c'eſt en quoi conſiſte, ce me ſemble, la vraye Métaphyſique du Problême dont il s'agit.

REMARQUE IV.

97. Si la verge étoit chargée de deux corps qui puſ-
ſent couler librement le long de cette verge, on trouveroit de la maniere ſuivante les courbes décrites par
les deux corps.

Afin de conſerver l'analogie avec la ſolution précédente, on ſuppoſera que le corps A exiſte toujours,
mais qu'il ſoit infiniment petit par rapport aux deux corps
donnés, & l'on aura $-\dfrac{2\,dy\,dx}{ay} + \dfrac{\alpha}{a} + \dfrac{po}{y} = 0$;

& nommant ζ le rayon vecteur de l'autre corps que j'ap-
pelle E, $-\dfrac{2\,d\zeta\,dx}{a\zeta} + \dfrac{\alpha}{a} - \dfrac{po.Dy}{E\zeta\zeta} = 0$, d'où

l'on tire $\dfrac{\alpha}{dx} = \dfrac{2\,Dy\,dy + 2\,E\zeta\,d\zeta}{Dyy + E\zeta\zeta}$; or $\dfrac{\alpha}{dx} =$

$\dfrac{ddt}{dt}$; donc $\dfrac{ddt}{dt} = \dfrac{2\,Dy\,dy + 2\,E\zeta\,d\zeta}{Dyy + E\zeta\zeta}$, &

$bdt = (Dyy + E\zeta\zeta)\,dx$. De plus les équations

$ddy = y\,dx^2 + \dfrac{\alpha\,dy}{dx}$, & $dd\zeta = \zeta\,dx^2 + \dfrac{\alpha\,d\zeta}{dx}$,

donneront (en faiſant évanouir dx^2, & mettant $\dfrac{ddt}{dt}$

pour $\dfrac{\alpha}{dx}$) $\dfrac{y\,dd\zeta - \zeta\,ddy}{y\,d\zeta - \zeta\,dy} = \dfrac{ddt}{dt}$, & par

P

conféquent $y\,d\zeta - \zeta\,dy = f\,dt$; donc $y\,d\zeta - \zeta\,dy$

$$= \frac{f\,dx\,(D\,yy + E\,\zeta\zeta)}{b} \; ; \; \text{donc fuppofant } \zeta = y\,u \text{, on}$$

a $\dfrac{du}{D + E\,uu} = \dfrac{f\,dx}{b}$, & $y\,y = \dfrac{f\,dt}{du}$. Nous

aurons donc y fi nous pouvons trouver encore une équation féparée entre dt & dx. Or 1°. le principe de la confervation des forces vives donne $g\,dt^2 =$ $(D\,yy + E\,\zeta\zeta)\,dx^2 + D\,dy^2 + E\,d\zeta^2$, ou $g\,dt^2 = b\,dt\,dx + D\,dy^2 + E\,d\zeta^2$, équation qu'on pourroit auffi tirer directement de notre folution. 2°. L'équation $(E\,\zeta\zeta + D\,yy)\,dx = b\,dt$ étant différentiée deux fois de fuite, donne $(2\,E\,\zeta\,d\zeta + 2\,D\,y\,dy)$ $dx = b\,ddt$; & $(2\,E\,\zeta\,dd\zeta + 2\,D\,y\,ddy + 2\,E\,d\zeta^2$ $+ 2\,D\,dy^2)\,dx = b\,d^3\,t$; fi on fubftitue dans cette derniere équation à la place de $2\,D\,dy^2 + 2\,E\,d\zeta^2$ fa valeur $2\,g\,dt^2 - 2\,b\,dt\,dx$, à la place de ddy fa

valeur $y\,dx^2 + \dfrac{d\,dt\,dy}{dt}$, à la place de $dd\zeta$ fa

valeur $\zeta\,dx^2 + \dfrac{d\,dt\,d\zeta}{dt}$, & à la place de

$(D\,yy + E\,\zeta\zeta)\,dx$ & de $(2\,D\,y\,dy + 2\,E\,\zeta\,d\zeta)\,dx$, leurs valeurs $b\,dt$ & $b\,ddt$, on aura $2\,b\,dt\,dx +$

$$\frac{b\,dd\,t^2}{dx\,dt} + 2\,g\,dt^2 - 2\,b\,dt\,dx = \frac{b\,d^3\,t}{dx} \text{, ou}$$

$$\frac{b\,d^3\,t}{dx\,dt} - \frac{b\,dd\,t^2}{dx\,dt} = 2\,g\,d\,t \text{, dont l'intégrale}$$

eſt $\dfrac{b\,d^2\,t}{d\,x\,d\,t} = 2\,g\,d\,t + m$; donc $b\,d\,t = g\,t\,t\,d\,x +$ $m\,t\,d\,x + h\,d\,x$. Donc on aura la valeur de $d\,x$ en $d\,t$. Donc &c.

Il n'eſt point à craindre que les équations $\dfrac{f\,d\,x}{b} = \dfrac{d\,u}{D + E\,u\,u}$ & $d\,x = \dfrac{b\,d\,t}{g\,t\,t + m\,t + h}$ ſoient la mê-me équation; car il faudroit pour cela que $d\,u$ fût $= n\,d\,t$, n étant une quantité conſtante; donc puiſque $y\,y = \dfrac{f\,d\,t}{d\,u}$, on auroit $y = $ à une conſtante, ce qui ne ſe peut; car (*hyp.*) le corps D n'eſt pas fixe.

Dans les *Mémoires de l'Académie* de 1742. pag. 31, on s'eſt contenté de trouver l'équation entre $d\,x$ & $d\,t$, & par conſéquent la ſituation de la verge à chaque inſ-tant, mais on n'a point conſtruit les courbes décrites par les deux corps; ou plutôt on a conſtruit ces courbes, pag. 35, par une méthode qu'on avoüe n'être point Géométrique, parce qu'elle ne ſuppoſe point la ſépara-tion des indéterminées; on auroit pû remarquer cepen-dant que les équations $d\,d\,y = y\,d\,x^2$ & $d\,d\,z = z\,d\,x^2$, auxquelles on parvient en faiſant $d\,t$ conſtant, donnent $\dfrac{d\,d\,y}{y} = \dfrac{d\,d\,z}{z}$, & par conſéquent $y\,d\,d\,z - z\,d\,d\,y = 0$, ou $y\,d\,z - z\,d\,y = f\,d\,t$; d'où on auroit pû tirer la même conſtruction qui vient d'être donnée.

La courbe décrite par le corps D, donnera la courbe décrite par le corps E, puiſque $z = y\,u$.

REMARQUE V.

98. S'il y a trois corps D, E, H, qui puiſſent couler librement le long de la verge, on trouvera de la
même maniere que ci-deſſus, une équation ſéparée entre dx & dt; de plus on aura par une méthode ſemblable, $y\,dz - z\,dy = f\,dt$, & $y\,ds - s\,dy = k\,dt$,
en nommant s la diſtance variable du corps H au centre ou point fixe G, & ſuppoſant k une quantité conſtante différente de f. Donc $y\,dz - z\,dy = \dfrac{f}{k} \times$
$(y\,ds - s\,dy)$; donc diviſant par y^2 & intégrant,
on aura $\dfrac{z}{y} = \dfrac{f\,s}{k\,y} + A$; donc ſi on fait $z = y\,u$,
on aura $\dfrac{s}{y} = \mathfrak{6}\,u + \gamma$, $\mathfrak{6}$ & γ étant des conſtantes.

Maintenant on trouvera par la même méthode que
ci-deſſus, $b\,dt = (D\,y\,y + E\,z\,z + H\,s\,s)\,dx$;
donc $\dfrac{y\,dz - z\,dy}{D\,y\,y + E\,z\,z + H\,s\,s} = \dfrac{f\,dx}{b}$, c'eſt-

à-dire $\dfrac{d\left(\dfrac{z}{y}\right)}{D + \dfrac{E\,z\,z}{y\,y} + \dfrac{H\,s\,s}{y\,y}} = \dfrac{f\,dx}{b}$; ou

$\dfrac{d\,u}{D + E\,u\,u + (\mathfrak{6} + \gamma\,u)^2} = \dfrac{f\,dx}{b}$; d'où l'on voit
qu'on peut conſtruire encore dans ce cas-ci les courbes
décrites par chacun des corps D, E, H.

Il eſt viſible que le Problême ne ſera pas plus difficile,
quel que ſoit le nombre des corps D, E, H, &c.

REMARQUE VI.

99. S'il y a un corps A fixement attaché à la verge à une diftance a que je fuppofe $= 1$, & deux autres corps D, E, qui puiffent couler librement le long de la verge, on aura par une méthode femblable à celle de l'article 97 ci-deffus,

1°. $(Dyy + Ezz + A)\, dx = b\, dt.$

2°. $y\, dz - z\, dy = f\, dt.$

3°. $d\left(\dfrac{b\, dd\, t}{d\, x\, d\, t}\right) = 2\, g\, d\, t - \dfrac{2\, A\, d\, x^2}{d\, t}.$

Faifons dans cette derniere équation $dx = p\, dt$, ce qui donne $\dfrac{d\, d\, t}{d\, t} = \dfrac{-d\, p}{p}$, & nous aurons

$d\left(\dfrac{-b\, d\, p}{p\, p\, d\, t}\right) = 2\, g\, d\, t - 2\, A\, p\, p\, d\, t$; foit $dt = \dfrac{d\, p}{k}$;

il viendra $d\left(\dfrac{-b\, k}{p\, p}\right) = \dfrac{2\, g\, d\, p}{k} - \dfrac{2\, A\, p\, p\, d\, p}{k}$;

ou $\dfrac{2\, g\, d\, p}{k} - \dfrac{2\, A\, p\, p\, d\, p}{k} + \dfrac{b\, d\, k}{p\, p} - \dfrac{2\, b\, k\, d\, p}{p^3} = 0$,

ou multipliant par $\dfrac{k}{p\, p}$, & intégrant enfuite, $\dfrac{k\, k\, b}{2\, p^4} -$

$\dfrac{2\, g}{p} - 2\, A\, p + L = 0$, L étant une conftante; d'où l'on tire la valeur de $d\, t$ & de $d\, x$ en p & dp, de forte qu'on aura $dt = \Pi\, d\, p$, & $dx = \Psi\, d\, p$, Π & Ψ étant des fonctions connues de p, dont la feconde Ψ eft $= p\, \Pi$.

On aura donc $D y y + E z z = \dfrac{b\, d\, t}{d\, x} - A = \dfrac{b\, \Pi}{\Psi} - A$, & $\dfrac{y\, d z - z\, d y}{D y y + E z z} = \dfrac{f\, d\, t}{\dfrac{b\, \Pi}{\Upsilon} - A} = \dfrac{f\, \Pi\, d\, p}{\dfrac{b\, \Pi}{\Upsilon} - A}$; d'où l'on tire en faifant $\dfrac{z}{y} = u$, l'équation féparée $\dfrac{d\, u}{D + E u u} = \dfrac{f\, p\, \Pi\, d\, p}{b - A p}$. On peut donc en ce cas conftruire les courbes décrites par les deux corps, & trouver la fituation de la verge à chaque inftant.

R E M A R Q U E *VII.*

100. Si on fuppofoit deux corps A, B, fixement attachés à la verge, & deux autres qui puffent y couler librement, le Problême fe réfoudroit encore de la même maniere.

Donc en général on pourra réfoudre le Problême, quel que foit le nombre des corps attachés fixement à la verge, en fuppofant qu'il y ait outre cela deux corps qui puiffent y couler librement.

Donc le Problême pourra encore fe réfoudre également, fi le nombre des corps fixement attachés à la verge eft infini, c'eft-à-dire fi on a égard à la maffe de la verge. D'ailleurs il eft facile de voir que le calcul fera le même dans ce cas que dans celui de la Remarque précédente, en prenant la quantité A pour la fomme des produits de chaque particule de la verge par le quarré de leur diſtance au point fixe *G*.

Enfin quand il y auroit plus de deux corps pouvant couler librement le long de la verge, on voit par l'article 97, & par le précédent, que le Problême ſe réſoudroit encore par les mêmes méthodes.

Donc en général, une verge droite quelconque, placée ſur un plan horizontal, étant chargée de tant de corps qu'on voudra, dont les uns puiſſent couler librement le long de la verge, les autres y ſoient attachés, on pourra toujours trouver la ſituation de la verge à chaque inſtant, & les courbes décrites par chacun des corps libres, en ayant même égard, ſi l'on veut, à la maſſe de la verge ; Problême juſqu'ici non réſolu.

PROBLÊME III.

101. *Un corps* P *deſcendant le long d'une courbe* C B, (Fig. 26) *& tirant après lui un autre corps* F *par le moyen d'un fil* P C F *qui paſſe ſur une poulie* C, *trouver la viteſſe de chacun de ces corps.*

Soit *P p* l'élément parcouru dans un inſtant par le corps *P*, & $Ff = pV$ l'élément parcouru par l'autre corps durant le même inſtant. Dans l'inſtant ſuivant, ces corps, ſi rien ne les en empêchoit, parcourroient $p\pi = Pp$, & $f\varphi = Ff$. Mais à cauſe de la réſiſtance du fil & de ſon inextenſibilité, la ligne $p\pi$ ſera parcourue par le corps *P* dans un inſtant différent du premier, & dans ce même inſtant le corps F arrivera au point ϖ, tel que $\varpi C + C\pi = fC + Cp$.

Suppoſons préſentement, que durant le tems que le corps P parcourt $p\,\pi$, il eût parcouru naturellement $p\,i$, & que le corps F eût décrit naturellement $f\omega$; que de plus, la peſanteur du corps F lui eût fait parcourir pendant ce même inſtant la verticale $\omega\nu$, & que la partie de la peſanteur du corps P, qui agit ſuivant $p\,i$, lui eût fait parcourir la ligne $i\,l$. Si on prend $p\,o = \pi\,l$, il faut, par notre principe, que le corps F animé de la ſeule force accélératrice repréſentée par $\varpi\nu$ faſſe équilibre au corps P animé de la force $p\,o$, & de la partie de ſa peſanteur & de ſa force centrifuge qui eſt perpendiculaire à la courbe Cp ſuivant $p\,Z$. Or en menant du point o la ligne $o\,\alpha$ qui rencontre Cp prolongée en α, & tirant $\alpha\,u$, il eſt clair que le reſte de la force ſuivant $p\,Z$ étant anéanti par la réſiſtance de la ſurface courbe, il y aura équilibre, ſi $F \cdot \varpi\nu = P \cdot p\,\alpha$.

Soit donc u la viteſſe du corps P, p ſa peſanteur abſolue, g celle du corps F, $Ff = dx$, $NP = y$, $Pp = ds$, $\pi i = \alpha$; on aura $i\,l = \dfrac{p\,dy \cdot ds^2}{u^2\,ds}$, &

$$\varphi\omega : Ff :: i\pi : Pp,$$

c’eſt-à-dire $\varphi\omega = \dfrac{\alpha\,dx}{ds}$;

$$\omega\nu = \frac{g\,ds^2}{u^2} :$$

ſoit $\varpi\nu = n$, on trouve $\varphi\varpi$ ou

$$-\,ddx = \frac{\alpha\,dx}{ds} + \frac{g\,ds^2}{u^2} - n;$$

de plus,

plus, à caufe de $F . \varpi \nu = P . p \alpha$, on a $F . n = P . \dfrac{po.ds}{dx}$

$= \dfrac{Pds}{dx} . \left(\dfrac{pdy.ds^2}{u^2 ds} - \alpha \right)$. Donc $Fddx + \dfrac{Fgds^2}{u^2}$

$+ \dfrac{F\alpha dx}{ds} = - \dfrac{P\alpha ds}{dx} + \dfrac{Ppds^2 dy}{u^2 dx}$; par conféquent

$$\alpha = \dfrac{- Fddx - \dfrac{Fgds^2}{u^2} + \dfrac{Ppds^2 dy}{u^2 dx}}{Fdx^2 + Pds^2} \times ds\, dx; \text{ mais}$$

$\dfrac{\alpha}{ds} = \dfrac{du}{u}$; donc $\dfrac{- Fu^2 dx\, ddx - Fgds^2 dx + Ppds^2 dy}{Fdx^2 + Pds^2}$

$= u\, du$; ou $2\, u\, du . \dfrac{(Fdx^2 + Pds^2)}{Pds^2} + \dfrac{2 Fuu\, dx\, ddx}{Pds^2}$

$= 2\, p\, dy - \dfrac{2 Fg dx}{P}$; dont l'intégrale com-

plette (en fuppofant $u = o$ lorfque y & $x = o$) eft

$\dfrac{uu.(Pds^2 + Fdx^2)}{Pds^2} = 2py - \dfrac{2 Fg x}{P}$; & faifant

$uu = 2 p k$, on trouve $k = \dfrac{ds^2 . \left(Py - \dfrac{Fg x}{P} \right)}{Pds^2 + Fdx^2}$.

On peut remarquer que $\dfrac{u\, dx}{ds}$ eft la viteffe du corps

F; car le fil étant inextenfible, le chemin du corps F à chaque inftant eft au chemin du corps P, comme dx eft à ds.

Q

C O R O L L A I R E   I.

102. Si on fait $g = p$, on trouve $k = \dfrac{ds^2 \cdot (Py - Fx)}{P\,ds^2 + F\,dx^2}$,
ce qui s'accorde avec la formule donnée fans démonſtration par M. *Bernoulli, Tome II. des Mémoires de Peterſbourg*, & peut ſe tirer aiſément du principe de la conſervation des forces vives.

C O R O L L A I R E   II.

103. Si p & $g = o$, c'eſt-à-dire ſi les deux corps n'ont point de peſanteur, on a $\dfrac{uu \cdot (P\,ds^2 + F\,dx^2)}{P\,ds^2} = $ à une conſtante.

C O R O L L A I R E   III.

104. Le Problême précédent ſe réſoudroit avec la même facilité ſi les deux corps étoient peſans, & qu'ils fuſſent mûs dans un milieu réſiſtant comme une fonction de la viteſſe. Car alors mettant dans les calculs $\dfrac{p\,dy}{ds} - \varphi u$ (*) au lieu de $\dfrac{p\,dy}{ds}$, & dans l'équation du Problême, $g + \varphi\left(\dfrac{u\,dx}{ds}\right)$ au lieu de g, on auroit une équation dont les indéterminées pourroient même être ſéparées dans quelque cas, comme quand $\varphi u = a + buu$, a & b étant des conſtantes quel-

---

(*) Cette quantité φu exprime en général une fonction de u.

conques. En effet puifque connoiffant le lieu du corps F, on connoît auffi celui du corps P, on a pour une fituation quelconque des corps F, P, le rapport de dx à ds; de plus par la nature de la courbe CPp, on connoît le rapport de dy à ds; enfin fi on fait $dx = qds$, on aura $ddx = dqds$, & on connoîtra de même le rapport de dq à ds. Donc fuppofant $dy = rds$, & $dq = \zeta ds$, on aura dans le cas préfent

$$2\,u\,d\,u\left(\frac{F\,q\,q}{P} + 1\right) + \frac{2\,F\,u\,u\,q\,\zeta\,d\,s}{P} = 2\,d\,s$$

$$(p\,r - a - b\,u\,u) - \frac{2\,F\,q\,d\,s}{P} \times (g + a + b\,u\,u\,q\,q);$$

équation dont les indéterminées peuvent être féparées par les méthodes connues, en fuppofant la quadrature des courbes.

COROLLAIRE IV.

105. Si chacun des deux corps étoit mû fur une courbe, alors nommant (Fig. 27) Ff, dt; Fu, dx; FN, $d\zeta$, on trouveroit $\varphi\omega = \dfrac{a\,d\,t}{d\,s}$; $\omega v = \dfrac{g\,d\,\zeta}{d\,t} \cdot \dfrac{d\,s^2}{u^2}$;

au lieu de Fn il faudra mettre $\dfrac{F\,n\,d\,t}{d\,x}$ (27), & au lieu

de $-d\,d\,x = \dfrac{a\,d\,x}{d\,s} + \dfrac{g\,d\,s^2}{u^2} - n$, on écrira

---

(27) Parce que le corps P n'a plus à faire équilibre au corps F animé de la viteffe ϖv, mais de la viteffe qu'il perd fuivant la direction du fil, le refte étant anéanti par la réfiftançe de la courbe.

$$-ddt = \frac{\alpha\, dt}{ds} + \frac{g\, dz}{dt} \cdot \frac{ds^2}{u^2} - n\,;$$ le Problême sera résolu moyennant ces légers changemens, & l'on trouvera

$$d\left[\frac{uu.(P\, ds^2 + F\, dt^2)}{P\, ds^2}\right] = 2p\, dy - \frac{2\, Fg\, dz}{P}.$$

Equation qu'on pourroit trouver aussi en se servant du principe de la conservation des forces vives. Donc si la valeur primitive de u est zéro, & qu'alors y soit $= A$, & $z = 0$, on aura

$$\frac{uu.(P\, ds^2 + F\, dt^2)}{P\, ds^2} = 2p \times (y - A) - \frac{2\, Fg\, z}{P}.$$

C O R O L L A I R E   V.

106. Si dans l'article précédent on fait $uu = 2pk$ & $p = g$, on aura $k = \dfrac{[P(y - A) - Fz]\, ds^2}{P\, ds^2 + F\, dt^2}$. On peut, si l'on veut, faire $A = o$, en supposant que le corps P parte de C, & l'on aura $k = \dfrac{(Py - Fz)\, ds^2}{P\, ds^2 + F\, dt^2}$.

M. *Herman*, *Tome II. des Mémoires de Péterfbourg*, a donné une solution du Problême que nous avons résolu *art.* 105. Sa formule (en faifant $A = o$) revient à

$$k = \frac{\left[Py - \int\frac{F\, dx^2\, dz}{dt^2}\right]ds^2}{P\, ds^2 + F\, dx^2} = (\text{ en faifant }$$

$$dt^2 = dx^2 + dq^2) \frac{\left[Py - Fz + \int\frac{F\, dz\, dq^2}{dt^2}\right]ds^2}{P\, ds^2 + F\, dx^2}.$$

Or la valeur de k (en faifant $g = p$) fe trouve par notre folution $\dfrac{2p\,[\,(Py - F\zeta)\,.\,ds^2 - Fu^2\,dq^2\,]}{2p\,(P\,ds^2 + F\,dx^2)}$, expreffion qui ne fauroit revenir au même que celle de M. *Herman*, puifque la quantité négative $- Fu^2\,dq^2$ ne fauroit être égale à la pofitive $\int \left(\dfrac{F\,d\zeta\,dq^2}{dt^2} \right)\,ds^2$. Il y a donc lieu de croire qu'il s'eft gliffé quelque inadvertance dans la folution de M. *Herman*, parce que le réfultat de notre folution s'accorde avec celui qu'on trouveroit par le principe de la confervation des forces vives, & que d'ailleurs elle n'eft appuyée que fur des principes fort clairs (28).

S C O L I E.

107. La folution du Problême III. pourra paroître un peu longue : mais j'ai cru qu'il étoit à propos de faire

---

(28) Deux chofes rendent fautive la folution de M. Herman.

La premiere eft qu'il égale le produit de $\dfrac{ds}{u}$ par l'effet inftantané de la force motrice d'un des corps, à la fomme des quantités de mouvement que les deux corps reçoivent pendant un inftant , au lieu qu'on ne doit l'egaler qu'à la quantité de mouvement que reçoit celui dont on confidere la force motrice, comme on peut le voir par l'*art.* 107.

La feconde eft qu'après avoir nommé u la viteffe du corps P fuivant Pp, & v la viteffe du corps F fuivant FC, il fuppofe que l'on ait $du : dv :: ds : dx$. Il eft vrai que $u : v :: ds : dx$, puifque ces petites lignes font fuppofées parcourues dans un même inftant avec des viteffes uniformes; mais la conféquence qu'on en tire fuppofe que ds & dx foient conftans, ou au moins que $dds : ddx :: ds : dx$; ce qu'il n'eft point permis de fuppofer.

voir comment mon principe s'y applique. Car ſi on vou-loit réſoudre autrement ce Problême, on pourroit s'y prendre ainſi. Soit T la tenſion du fil, qui agit également ſuivant CP & CF, on aura $\dfrac{Pp\,dy}{ds} - \dfrac{T\,dx}{ds}$ pour la force qui accélere le corps P ſuivant Pp, & $\dfrac{T\,dx}{dt} - \dfrac{Fg\,dz}{dt}$ pour celle qui accélere le corps F ſuivant Ff; on aura donc $\left(\dfrac{Pp\,dy}{ds} - \dfrac{T\,dx}{ds}\right)ds = Pu\,du$, & $\left(\dfrac{T\,dx}{dt} - \dfrac{Fg\,dz}{dt}\right)dt = \dfrac{F}{2}\,d\left(\dfrac{u\,u\,dt^2}{ds^2}\right)$, d'où l'on tire en ajoûtant ces deux équations, & inté-grant, $u\,u + \dfrac{u\,u\,F\,dt^2}{P\,ds^2} = 2\,py - \dfrac{2\,F\,g\,z}{P}$.

Cette derniere ſolution eſt à la vérité plus ſimple que celle de l'article 105 ; mais je crois que d'un autre côté elle n'eſt pas tout-à-fait ſi lumineuſe ni ſi direĉte. Car, à parler exaĉtement, le fil n'agit point ſur les corps, il n'a qu'une force de réſiſtance, & nullement d'impulſion.

PROBLÊME IV.

108. (*) *Un corps P étant mû dans une rainure courbe $APp\pi$, (Fig. 28) où il eſt animé d'une force accélé-*

(*) Quoique ce Problême ſoit ici à ſa véritable place eu égard à l'ordre des matieres, on peut néanmoins, ſi on le trouve trop compliqué, en remet-tre la leĉture après celle du Problême V I I. & de ſes Corollaires.

ratrice quelconque φ *, & traînant après lui deux autres corps* M *, M, par le moyen d'une verge inflexible
MPM, on demande la vitesse du corps P & les courbes décrites par les deux corps M, M.*

Soient Pp, MR, MR les lignes décrites par les
corps P, M, M durant un inftant quelconque ; je fais
$p\pi = Pp = p\varpi$, & je fuppofe que dans l'inftant que
le corps P parcourt $p\pi$ par fon mouvement contraint,
il eût parcouru naturellement & uniformément pf,
& de plus fq en vertu de la force φ ; je fais de plus
$Ri = M$R ; Ri = MR ; & je fuppofe que dans le
même tems que le corps P parcourt $p\pi$, le corps M
eût parcouru RK, & le corps M, RK. Il faut par notre principe décompofer la force fuivant RK en deux
autres RZ, Re, & la force fuivant RK en deux autres RZ, Re, qui foient telles, que fi les corps P,
M, M, n'étoient animés que des feules forces πq,
RZ, RZ, ils fe fiffent équilibre & que le fyftême
demeurât en repos, & que s'ils n'avoient que les mouvemens $p\pi$, Re, Re, ils puffent conferver ces mouvemens fans fe nuire réciproquement, c'eft-à-dire que
l'on eût $\pi e = PM$, $\pi e = P$M, & $ee = M$M.

Je décompofe d'abord la force fuivant RZ en deux
autres, dont l'une RV foit dans le prolongement de
pR, & de même la force fuivant RZ en deux, dont
l'une RV foit dans le prolongement de pR ; & je fuppofe RV & RV telles, que les corps P, M, M animés des feules forces πq, RV, RV fe faffent équili

bre, ce qui arrivera, fi en imaginant ces forces réunies en p, la force unique qui en réfultera eft perpendiculaire à la rainure, c'eft-à-dire fi $P \times \pi q = \dfrac{M . R V . G P}{P M} + \dfrac{M . R V . g P}{P M}$. (A) (29).

Il ne reftera plus aux corps M, M que les forces $R X$, R X qui doivent encore fe détruire mutuellement, ce qui ne peut arriver que quand les lignes $R X$, R X font dans la même droite $R R$, & qu'on a $M . R X = M . R X$. (B) (30).

Soit à préfent $P M = a$, $G M = y$, $g M = y$, $P M = b$, la perpendiculaire conftante $P Q = c$, la ligne $M M$ ou $R R$, e, u la vitefle en P fuivant $P p$; $P p = d x$, $\pi f = a$, $R X = z$, R X $= z$, on aura $f q = \dfrac{\varphi d x^2}{u^2}$, & $\pi q = a + \dfrac{\varphi d x^2}{u^2}$.

---

(29) Les forces fuivant $R V$, R V font ici décompofées en forces perpendiculaires à $p \pi$, & en forces fuivant $\pi p \Gamma$: les premieres font détruites par la rainure, ainfi les fecondes doivent anéantir la force πq ; or elles font $\dfrac{R V \times G P}{P M}$, & $\dfrac{R V \times g P}{P M}$; en effet il eft vifible qu'on peut regarder $p R$ comme parallèle à $P M$. Donc $P \times \pi q =$ &c.

(30) On pourroit demander fi l'on n'eft pas en droit de fuppofer tout de fuite que $R Z$, R Z font couchées fur $R V$, R V, & font équilibre avec la force fuivant πq, puifque ces forces doivent être détruites ; pour répondre à cette queftion, il faut obferver qu'une telle fuppofition entraîneroit celle-ci, que les deux corps M, M n'agiffent point l'un fur l'autre, ce que la nature de la queftion ne permet pas de fuppofer ; car la verge étant inflexible, & l'angle $M P M$ conftant (*hyp.*), les corps M, M font dans le même cas, que s'ils étoient unis par une verge inflexible $M M$.

Si

Si du centre p on décrit l'arc $\pi\varpi$, & qu'on tire les lignes πi, πK; Ro parallèle à VK; oe sera égale & parallèle à RX (31), & nommant r le rayon ofculateur en p, 1°. l'angle de pR avec PM fera $\dfrac{dy}{\sqrt{aa-yy}}$

$+\dfrac{dx}{r}$; (32) or $\dfrac{\varpi i - pR}{a}$ eft égal (*art.* 91) au quarré de cet angle. Donc $\varpi i - pR = a \times$

$$\left(\frac{dy}{\sqrt{(aa-yy)}} + \frac{dx}{r} \right)^2 . \quad 2°. \text{ On aura auffi}$$

---

(31) Car fi on imagine ZK, cette ligne fera égale & parallèle à Re, à caufe de la décompofition qui a été faite : de plus la ligne Ro eft parallèle à VK par la fuppofition, & elle peut être cenfée lui être égale, parce que Ko & RV peuvent être cenfées parallèles, & que RV, Ko, font infiniment petites du fecond ordre; donc le triangle VZK peut être cenfé femblable & égal au triangle Reo; donc VZ ou RX peut être cenfée égale & parallèle à oe.

(32) $\dfrac{dy}{\sqrt{aa-yy}}$ eft la différentielle de l'angle GPM, & doit être égal à $\Gamma pR - GPM$; parce que l'angle GPM eft confidéré , non pas comme l'angle que PM fait dans toutes fes différentes pofitions avec la même ligne PC, mais comme l'angle que fait PM avec chaque côté Pp parcouru fucceffivement; enforte que l'angle GPM devient au fecond inftant ΓpR & par conféquent $\Gamma pR - GPM = \dfrac{dy}{\sqrt{aa-yy}}$.

Outre cela l'angle ΓpP eft $= \dfrac{dx}{r}$, parce que l'angle des deux côtés de la courbe eft égal à l'angle que font les rayons de la dévelopée. Or l'angle de pR avec PM eft $\Gamma pR - GPM + \Gamma pP$. Donc &c.

R

$$(33) \quad \pi i - \varpi i = \frac{\pi\varpi . MG}{MP} = \frac{y\,d\,x^2}{r\,a}$$

r étant toujours le rayon ofculateur de la courbe APp en p. 3°. Si on décrit du centre L les arcs MN, PT, & du centre π l'arc (*) iY, on aura

$$YK \text{ ou } \pi i - \pi K = \frac{iK . RN}{MR}, \text{ ou (à caufe que}$$

$$iK : MR :: \pi f : Pp) \quad YK = \frac{\pi f . RN}{Pp} = \frac{\pi f . pT}{Pp}$$

$$= \frac{\pi f . PG}{MP} = \frac{a \sqrt{[a^2 - y^2]}}{a}. \quad 4°. \ \pi K - \pi o = Ko = RV,$$

$$\& \ (34) \ \pi o - \pi e = \frac{oe . MQ}{MP} = \frac{z \sqrt{[a^2 - c^2]}}{a}.$$

$$\text{Donc } \pi e - pR \text{ ou } \pi e - PM = - \frac{z \sqrt{[a^2 - c^2]}}{a}$$

$(33) \ \pi i - \varpi i = \dfrac{\pi\varpi . MG}{MP}$, parce que le triangle $\pi s \varpi$ rectangle en s eft femblable au triangle MGP, πi pouvant être cenfée parallèle à PM.

(*) L'angle πiK ne diffère qu'infiniment peu de l'angle aigu PMR, quoique cela ne paroiſſe guère dans la figure, où l'on a été obligé pour éviter la confuſion, de faire aſſez grandes les lignes MR, Ri qu'on ſuppoſe infiniment petites. D'où l'on voit que l'arc iY doit tomber au-delà de iK par rapport à π, & qu'on aura un triangle iYK femblable à MRN.

$(34) \ \pi o - \pi e = \dfrac{oe \times MQ}{MP}$. Car menant et perpendiculaire à πo, la différence to des lignes πo, πt peut être priſe pour $\pi o - \pi e$; or $to = \dfrac{oe \times MQ}{MP}$, parce que le triangle oet eft femblable au triangle MQP, oe ayant été démontrée parallèle à RX ou MM, & ot l'étant à PM.

$$= RV - \frac{\alpha\,V[\,a^2 - y^2\,]}{a} + \frac{y\,d\,x^2}{a\,r} +$$

$$a\left(\frac{d\,y}{V(a\,a - y\,y)} + \frac{d\,x}{r}\right)^2\,;\text{ mais la ligne } \pi\,e$$

doit être $= P\,M.$ Donc (C) $\dfrac{\zeta\,V[\,a^2 - c^2\,]}{a}$

$$+\,RV + \frac{\alpha\,V[\,a^2 - y^2\,]}{a} = \frac{y\,d\,x^2}{a\,r} +$$

$$a\left(\frac{d\,y}{V\,a\,a - y\,y} + \frac{d\,x}{r}\right)^2. \text{ On trouvera de}$$

même pour l'autre corps M, $\dfrac{z\,V[\,b^2 - c^2\,]}{b}$

$$+\,RV + \frac{\alpha\,V[\,b^2 - y^2\,]}{b} = -\,\frac{y\,d\,x^2}{b\,r} +$$

$$b\left(\frac{d\,y}{V(b^2 - y^2)} - \frac{d\,x}{r}\right)^2. \;(D)$$

Je remarque enfuite que $\dfrac{MN - PT}{P\,M}$ eft égal à l'angle de $p\,R$ avec $P\,M\,;$ or on a vû que cet angle eft
$\dfrac{d\,y}{V[\,a^2 - y^2\,]} + \dfrac{d\,x}{r}$. Donc $MN = PT + P\,M \times$

$$\left(\frac{d\,y}{V[\,a^2 - y^2\,]} + \frac{d\,x}{r}\right) = \frac{y\,d\,x}{a} + \frac{a\,d\,y}{V[\,a^2 - y^2\,]}$$

$+\,\dfrac{a\,d\,x}{r}$. Or l'angle de $\varpi\,i$ avec $p\,R$ eft égal
(*art.* 91) à l'angle de $p\,R$ avec $P\,M\,;$ l'angle de
$\varpi\,i$ avec $\pi\,i = \dfrac{\pi\,\varpi.P\,G}{P\,M}\,;$ l'angle de $\pi\,i$ avec

R ij

$$\pi K = \frac{i\,Y}{P\,M} = \frac{i\,K.MN}{MR.PM} = \frac{\pi f.MN}{Pp.MP} \;;\; \text{l'angle}$$

de πK ou πo avec $\pi e = \dfrac{o\,e.PQ}{P\,M^2} = \dfrac{\zeta\,c}{a^2}$. Donc

l'angle de πe avec πi (c'est-à-dire la différence seconde de l'angle de $p\,R$ & $P\,M$) fera égal à la fomme
de tous ces angles pris avec les fignes convenables,
c'eft-à-dire qu'on aura (E) $d\left(\dfrac{dy}{\sqrt{[a^2-y^2]}}+\dfrac{dx}{r}\right)$

$$= \frac{dx^2.\sqrt{[a^2-y^2]}}{a^2\,r} + \frac{\alpha}{a\,dx}\left(\frac{y\,dx}{a} + \right.$$

$$\left.\frac{a\,dy}{\sqrt{[a^2-y^2]}} + \frac{a\,dx}{r}\right) - \frac{\zeta\,c}{a^2} : \text{on aura de même}$$

$$(F)\; d\left(\frac{dy}{\sqrt{[b^2-y^2]}} - \frac{dx}{r}\right) = - \frac{dx^2\,\sqrt{[b^2-y^2]}}{b^2\,r}$$

$$+ \frac{\alpha}{b\,dx}\left(\frac{y\,dx}{b} + \frac{b\,dy}{\sqrt{[b^2-y^2]}} - \frac{b\,dx}{r}\right) - \frac{z\,c}{b^2}.$$

Si on met enfuite dans les équations A & B ci-deffus,
à la place des lignes qui y entrent, leurs valeurs analyti-
ques, on aura $P\left(\alpha + \dfrac{\varphi\,dx^2}{u^2}\right) = \dfrac{M.RV.\sqrt{[a^2-y^2]}}{a}$

$$+ \,M.RV. \frac{\sqrt{[b^2-y^2]}}{b}\;(G)\;;\;\frac{M}{M} = \frac{z}{\zeta}\;(H)\;;$$

& enfin $\dfrac{\alpha}{dx} = \dfrac{-\,du}{u}\;(L).$

On remarquera de plus, qu'à caufe de l'inflexibilité
de la verge, l'angle $M\,P\,M$ eft conftant, de forte que $\dfrac{y}{b}$

eſt toujours donné en $\frac{y}{a}$. Employant donc les ſept dernieres équations à chaſſer a, u, RV, RV, z & z, on arrivera à une équation finale qui ne contiendra plus que dx avec y, dy, ddy, & qui ſera l'équation d'une des courbes. Après quoi il ſera aiſé de trouver l'autre.

Pour ſimplifier les calculs de ce Problême, on nommera l'angle MPG, C, & l'angle conſtant MPM, A; ce qui donnera $\dfrac{dy}{\sqrt{aa-yy}} = dC$, $y = a$ ſin. C,

$\sqrt{aa-yy} = a$ coſ. C, $\dfrac{dy}{\sqrt{bb-yy}} =$

$d(A-C) = -dC$; $y = b$ ſin. $(A-C)$, $\sqrt{bb-yy} = b$ coſ. $A - C$, ou, ce qui eſt la même choſe, $y = b$ ſin. A coſ. $C - b$ ſin. C coſ. A, & $\sqrt{bb-yy} = b$ coſ. A coſ. $C + b \times$ ſin. A ſin. C. Cela poſé, on mettra d'abord dans toutes les équations, à la place de a ſa valeur $-\dfrac{du\,dx}{u}$, & à la place de z ſa valeur $\dfrac{Mz}{M}$; enſuite on tirera de l'équation (E) une valeur de z, qui étant miſe dans (C) & dans (D), donnera RV & RV; & ces valeurs de RV & de RV étant miſes dans (G), on aura une équation dont l'intégration donnera la valeur de u; mettant cette valeur de u dans l'équation (F), on aura une équation finale qui ne contiendra plus que dx & C avec ſes différences dC, ddC.

Si φ étoit $= o$, on n'auroit pas befoin de la derniere équation (L) pour trouver l'équation des deux courbes ; cette équation (L) ne feroit néceffaire que pour trouver la viteffe u.

R E M A R Q U E *I.*

109. Si MP, PM étoient des fils, alors les forces fuivant RX & RX feroient nulles, & on auroit $z = o$ & $z = o$. Mais comme y ne feroit plus donné en y, on auroit fix équations, & quatre inconnues α, RV, RV, & u à faire difparoître ; il reftera deux équations.

C O R O L L A I R E I.

110. Suppofons pour fimplifier les chofes que $r = \infty$; $b = o$, $\varphi = o$; c'eft-à-dire que le corps P foit dans une rainure droite & tire après lui un feul corps M, par le moyen d'une verge ou d'un fil, ce qui dans le cas préfent revient au même ; on aura

$$RV = \frac{P\,a\,\alpha}{M\,\sqrt{[a^2 - y^2]}}$$

$$= -\frac{\alpha\,\sqrt{[a^2 - y^2]}}{a} + \frac{a\,dy^2}{a^2 - y^2} ;$$

d'où l'on tire

$$\alpha = \frac{M\,a\,dy^2}{\sqrt{[a^2 - y^2]}} \times \frac{a}{P\,aa + M(a^2 - y^2)} , \, \&$$

$$d\left(\frac{dy}{\sqrt{[a^2 - y^2]}}\right) = \frac{\alpha}{a\,dx} \times \left(\frac{y\,dx}{a} + \frac{a\,dy}{\sqrt{[a^2 - y^2]}}\right)$$

$$= \frac{M\,aa\,dy^2}{\sqrt{[a^2 - y^2]}\,(P\,aa + M[a^2 - y^2])} \times \left(\frac{y}{aa} + \right.$$

$$\frac{dy}{dx\sqrt{[a^2-y^2]}}).$$ Soit $dx=\frac{p\,dy}{a}$, & l'on trouvera

après les substitutions $\dfrac{-dp}{p\sqrt{aa-yy}}+\dfrac{y\,dy}{(aa-yy)^{\frac{3}{2}}}$

$$-\frac{M\,y\,dy}{\sqrt{a^2-y^2}\times[P\,a\,a+M(a^2-y^2)]}=$$

$$\frac{M\,a^3\,d\,y}{p(aa-yy)[P\,a\,a+M(a^2-y^2)]}.$$ Cette équation

étant multipliée par $\dfrac{p(aa-yy)}{\sqrt{[P\,a\,a+M(a^2-y^2)]}}$ & ensuite

intégrée, donne $\dfrac{-p\sqrt{[a^2-y^2]}}{\sqrt{[P\,a\,a+M(a^2-y^2)]}}=A+$

$$\frac{M\,a\,y}{\sqrt{[P\,a\,a+M(a^2-y^2)]}\,(M+P)},$$ A marquant une

constante prise avec cette condition, que le rapport

de dx à dy exprimé par $\dfrac{p}{a}$ soit égal au rapport don-

né de ces différentielles, lorsque les corps commen-

cent à se mouvoir.

C O R O L L A I R E   I I.

111. Soit dans le Corollaire précédent, la constante

$A=o$, on trouve $p=-\dfrac{M}{M+P}\cdot\dfrac{a\,y}{\sqrt{[a^2-y^2]}}$, &

$$dx=-\frac{M\,y\,d\,y}{(M+P)\sqrt{[a^2-y^2]}}.$$

Cette derniere équation fait voir que dans ce cas, la

courbe cherchée eſt Géométrique. Pour la conſtruire, on ſuppoſera que CP (Fig. 29) ſoit la poſition du fil au premier inſtant, & ayant décrit du centre P l'arc CMK, & abaiſſé d'un point quelconque M la perpendiculaire MG, on prendra $NS = GP$, puis $PO = \dfrac{PS.M}{M+P}$, & ayant tiré OT égale & parallèle à PM, le point T ſera un des points de la courbe. Pour en trouver l'équation par rapport aux coordonnées NQ, QT, on remarquera que $QT = MG = y$; & appellant NP, f, NQ, t, on verra que $NQ = BT = OS = \dfrac{P.SP}{M+P}$

$$= \frac{NG \times P}{M+P} = [V(aa - yy) - f]. \frac{P}{M+P}. \text{ On}$$

a donc $t = [V(aa - yy) - f]. \dfrac{P}{M+P}$, &

$$t + \frac{fP}{M+P} = \frac{P}{M+P} \times V[aa - yy],$$ ce

qui eſt l'équation d'une ellipſe dont le centre D ſe trouvera en faiſant $ND = \dfrac{NP.P}{M+P}$, & dont les deux axes ſont $DE = a$, & $DX = Cg = \dfrac{a.P}{M+P}$.

Donc lorſque l'impulſion primitive des corps P & M ſera telle, que le premier dx ſoit au premier dy comme $\dfrac{-My}{(M+P)V[a^2 - y^2]}$ eſt à 1, le corps M décrira une ellipſe, telle qu'on vient de la déterminer.

COROLLAIRE

COROLLAIRE III.

112. Si l'on fait $P = m . M$, la valeur générale de dx est

$$- \frac{y\,dy}{(1+m) . V\,[a^2 - y^2]} - \frac{A\,V\overline{m}\,dy\,V\,[(1+m) . a^2 - y^2]}{V\,[a^2 - y^2]},$$

ce qui fait voir que si A n'est pas $= o$, la courbe à la vérité n'est pas Géométrique, mais peut se construire par la rectification de l'ellipse. Car

$$\frac{dy\,V\,[(1+m)a^2 - y^2]}{V\,[a^2 - y^2]} = \frac{dy\,V\,[(1+m) . q\,a^2 - q\,y^2]}{V\,\overline{q} . V\,[a^2 - y^2]}$$

: or la formule générale de l'élément de l'ellipse étant

$$\frac{dy\,V\,[a^2 + \left(\frac{p}{2a} - 1\right) . y^2]}{V\,[a^2 - y^2]},$$

si on fait $(1+m) . q = 1$, & $- q = \frac{p}{2a} - 1$, on trouvera $q = \frac{1}{1+m}$ & $\frac{p}{2a} = \frac{m}{1+m}$; d'où il s'ensuit que $\dfrac{dy\,V\,[(1+m)a^2 - y^2]}{V\,[a^2 - y^2]}$ est l'élément d'un arc d'ellipse, dont l'abscisse est y, le grand axe $= 2a$, & le rapport du parametre à cet axe, $\dfrac{m}{1+m}$, cet arc étant divisé par $V\,\overline{q}$ ou multiplié par $V\,[1+m]$; ou, ce qui revient à la même chose, c'est l'élément d'un arc d'ellipse dont le grand axe $= 2a\,V\,[1+m]$, l'abscisse $= y\,V\,[1+m]$, & le rapport du parametre à l'axe $= \dfrac{m}{1+m}$.

S

REMARQUE II.

113. Ce que nous venons de dire dans les deux Corollaires précédens, & qui a été déduit du Problême général, peut se déduire d'une maniere plus simple de deux Théorêmes donnés au commencement de cette seconde Partie (*art.* 83 & 84); savoir que le centre de gravité *g* des corps P, M, (Fig. 30) descend dans une ligne droite perpendiculaire à la rainure PQ, ou au moins que son mouvement parallèlement à PQ est uniforme. Car quand le centre *g* descendra dans une ligne droite SgV, on sait par les sections coniques, que le point M décrira une ellipse; & dans les autres cas, il n'y a qu'à imaginer que le point *g* descende dans une droite perpendiculaire à la rainure, tandis que le point P avance vers Q, & que le point M décrit une ellipse, & faire mouvoir ensuite tout le systême parallèlement à PQ, avec la vitesse uniforme que doit avoir le centre de gravité parallèlement à PQ. Il est à remarquer que tout ceci a lieu, même lorsque les corps P, M, sont pesans, pourvû que la rainure PQ soit alors horizontale.

Soient PQ, MN les vitesses primitivement imprimées aux corps P, M; on décomposera la vitesse MN en deux autres, dont l'une MR soit perpendiculaire, & l'autre MS parallèle à la rainure, & on prendra sur RN la partie RT telle, que $M.RT = P.PQ$; $\dfrac{TN \times M}{M + P}$

fera la vitesse du centre de gravité parallèment à PQ;

& le Problême fera entiérement réfolu, fi, abftraction

faite de la viteffe commune $\dfrac{T N \times M}{M + P}$, on trouve la

viteffe du point M dans fon ellipfe & celle du point P. C'eft ce qu'on trouvera facilement par le principe de la confervation des forces vives, que nous démontrerons ci-après. Voilà, comme l'on voit, une Méthode bien fimple pour réfoudre ces Problêmes.

REMARQUE III.

114. Si au lieu de fuppofer le corps P animé d'une force accélératrice φ, on fuppofoit qu'il fût contraint de fe mouvoir fur la courbe $A P p$ (Fig. 28) avec une viteffe dont la loi fût donnée, le Problême pourroit toujours fe réfoudre de la même façon. Il ne feroit queftion que de déterminer la force φ. *Voyez l'article 96 ci-deffus.*

PROBLÊME V.

115. *Un fil* C m M *fixe en* C, (Fig. 31) *& chargé de deux poids* m, M, *étant infiniment peu éloigné de la verticale* C O, *trouver la durée des ofcillations de ce fil.*

Soit $m u$ l'arc parcouru pendant le premier inftant par le corps m, & $M v$ l'arc décrit dans le même tems par le corps M. On peut regarder le corps M comme ayant à la fois deux mouvemens, dont l'un $M V$ eft égal & parallèle au mouvement $m u$ du corps m, & l'autre $V v$ eft un mouvement circulaire autour du centre m ou u. Nous décompoferons d'abord l'effort abfolu de la pefan-

S ij

teur du corps m fuivant mQ, en deux autres, dont l'un foit capable de faire parcourir au corps m la ligne $m\,u$ dans le premier inftant, & l'autre foit dirigé fuivant la ligne $m\,R$ dont la pofition eft inconnue. Ce dernier effort doit être détruit, puifque (*hyp.*) le corps m ne peut fe mouvoir que fuivant $m\,u$. Nous décompoferons de même l'effort abfolu de la pefanteur du corps M fuivant $M\,L$, en deux autres, dont l'un faffe parcourir au corps M la ligne MV, & l'autre MN puiffe fe décompofer de nouveau en deux autres, dont l'un faffe parcourir au corps M la ligne Vv, l'autre foit entiérement détruit, ou, ce qui revient au même, faffe équilibre avec l'effort fuivant $m\,R$ qui doit s'anéantir auffi. Or il eft néceffaire pour cela 1°. que l'effort du corps M qui doit être détruit, foit dirigé fuivant MP dans la direction de $m\,M$ prolongée; 2°. que cet effort foit à l'effort fuivant $m\,R$, comme l'angle infiniment petit $S\,m\,R$ (fait par $m\,R$ & $C\,m$ prolongée), eft à l'angle $M\,m\,S$ (35), parce qu'il faut pour l'équilibre que la force réfultante du concours de ces deux efforts foit dirigée fuivant $m\,S$. Cela pofé,

Soit $Cm = l$, p la pefanteur du corps m, P celle du

---

(35) La force réfultante & les deux forces compofantes font, comme on l'a vû, repréfentées par la diagonale & les côtés d'un parallélogramme fait fur leurs directions, d'où il eft aifé de conclure qu'elles font auffi repréfentées chacune par le finus de l'angle compris entre les directions des deux autres; mais quand les angles font infiniment petits ils font dans le rapport de leurs finus. Donc &c.

corps M, $Mm = L$, $mK = x$, $MQ = y$, φ la force accélératrice suivant mu; on aura 1°. la force φ à la pesanteur p, comme l'angle RmQ est au sinus de l'angle droit Rmu. Donc nommant le sinus total 1, on aura l'angle $RmQ = \dfrac{\varphi}{p}$. 2°. On trouvera de même l'angle

$$NML = \dfrac{\varphi}{P} : \text{donc l'angle } PNM = \dfrac{y}{L} - \dfrac{\varphi}{P}, \&$$

la force accélératrice suivant $Vv = P\left(\dfrac{y}{L} - \dfrac{\varphi}{P}\right)$;

mais l'effort du corps M suivant MP, qui ne diffère qu'infiniment peu de son effort suivant ML, & qui peut par conséquent s'exprimer par $M \times P$, doit être à l'effort du corps m suivant mR ($m \times p$) :: l'angle RmS ou $\dfrac{x}{l} - \dfrac{\varphi}{p}$ est à l'angle MmS ou $\dfrac{y}{L} - \dfrac{x}{l}$;

donc $m \cdot \varphi = \dfrac{mpx}{l} - M \cdot P \times \left(\dfrac{y}{L} - \dfrac{x}{l}\right), \&$

par conséquent $\varphi = \dfrac{px}{l} - \dfrac{M \cdot P}{m}\left(\dfrac{y}{L} - \dfrac{x}{l}\right), \&$

l'effort suivant Vv sera $\dfrac{Py}{L} - \dfrac{px}{l} + \dfrac{M \cdot P}{m}$

$$\left(\dfrac{y}{L} - \dfrac{x}{l}\right).$$

Si on nomme présentement t le tems écoulé depuis le commencement du mouvement, on a (*art.* 20) les équations (K) $-ddx = \left[\frac{px}{l} - \frac{M.P}{m}\left(\frac{y}{L} - \frac{x}{l}\right)\right]dt^2$ (36),

& $-ddy = \left[\frac{yP}{L}\cdot\frac{(M+m)}{m} - \frac{x}{l}\cdot\left(p + \frac{M.P}{m}\right)\right]dt^2$ (N).

Ce font ces deux équations qui ferviront à déterminer le mouvement de chaque corps.

COROLLAIRE I.

116. Si on fuppofe que les forces initiales fuivant mu & Vv foient entr'elles, comme mK à MQ; c'eft-à-dire fi

(O) $\frac{px}{l} + \frac{MPx}{lm} - \frac{MPy}{Lm} : \frac{yP}{L}\left(\frac{M+m}{m}\right) - \frac{x}{l}\left(p + \frac{M.P}{m}\right) :: x : y$;

je dis que les corps M, m, arriveront dans le même tems à la verticale CO. Car il faut pour cela que les arcs MQ, mK foient parcourus dans le même tems : or fi l'analogie précédente a lieu, les petites parties dont les arcs mK, MQ diminueront au premier inftant & dans les fuivans, feront entr'elles comme ces arcs, & les forces accélératrices feront toujours entr'elles comme les arcs qui refteront à parcourir jufqu'au point de repos. Donc &c.

L'analogie (O) étant réduite en équation donne

$$\frac{pxy}{l} + \frac{MPxy}{lm} - \frac{MPyy}{Lm} = \frac{yxP}{L}\cdot\left(\frac{M+m}{m}\right) - \frac{xx}{l}\left(p + \frac{M.P}{m}\right)$$

ou $\frac{y}{x} + \frac{M+m}{2M} - \frac{pLm}{2MPl} - \frac{L}{2l} = \pm\sqrt{\left[\frac{pl.m}{MPl} + \frac{L}{l} + \left(\frac{M+m}{2M} - \frac{pLm}{2MPl} - \frac{L}{2l}\right)^2\right]}$,

& $\frac{y+x}{x} = \frac{-m+M}{2M} + \frac{pLm}{2PMl} + \frac{L}{2l} \pm\sqrt{\left[\frac{pLm}{MPl} + \frac{L}{l} + \left(\frac{M+m}{2M} - \frac{pLm}{2MPl} - \frac{L}{2l}\right)^2\right]}$.

---

(36) On donne ici le figne — à ddx & ddy, quoique le mouvement foit accéléré; mais il faut faire attention que t croiffant, x & y diminuent.

COROLLAIRE II.

117. Si $P = p$, c'est - à - dire si les corps M & m sont de même gravité spécifique, on aura

$$\frac{y + x}{x} = \frac{M\,l - m\,l + M\,L + m\,L}{2\,M\,l} \pm$$

$$\frac{\sqrt{[4\,M\,m\,L\,l + 4\,M\,M\,L\,l + (M\,l + m\,l - M\,L - m\,L)^2]}}{2\,M\,l} : \text{la}$$

quantité qui est sous le signe radical se peut changer en $\sqrt{[4\,M\,m\,L\,L + (m\,l + M\,L + M\,l - m\,L)^2]}$, & alors le rapport de $y + x$ à x sera précisément le même qui a été donné pour ce cas seulement, par M. *Dan. Bern. Mém. de Péterfbourg, Tome VI. p.* 111. Cet Auteur en a donné ensuite la démonstration dans le Tome VII. des mêmes Mémoires. M. *Euler* a donné aussi dans le Tome VIII. une solution de ce même Problême. Comme il est curieux, & qu'il peut servir à en réfoudre plusieurs autres semblables, j'ai cru devoir montrer comment mon principe s'y applique. Au reste je ferai voir plus bas qu'il y a d'autres cas que celui-ci, où les deux corps arrivent toujours en même tems à la ligne verticale $C\,O$.

COROLLAIRE III.

118. Si la situation du fil $C\,M\,m$ au commencement du mouvement, n'est pas celle qui est indiquée dans le Corollaire qui précede, ou si en général cette situation est quelconque, il faut recourir en ce cas à l'intégration

des équations (K) & (N) de l'*art.* 115. pour trouver le mouvement des corps m & M. Je supposerai d'abord, pour rendre les calculs les plus simples qu'il sera possible, non seulement $P = p$, mais encore $M = m$ & $l = L$; de plus, pour rendre les équations (K) & (N) homogenes, je supposerai que T soit le tems pendant lequel la force accélératrice p feroit parcourir au corps m ou M un espace $= l$; de cette maniere les équations (K) & (N) feront changées en celle-ci : (P) $- d d x = (2 x - y) . \dfrac{2 d t^2}{T^2}$,

& (Q) $- d d y = (2 y - 2 x) \dfrac{2 d t^2}{T^2}$ (*art.* 27).

Pour intégrer ces équations, je me sers de la Méthode que j'ai donnée dans les *Mémoires de l'Académie des Sciences de Prusse*, année 1748. & ailleurs. Je multiplie la seconde par un coefficient indéterminé v, & ensuite je les ajoûte ensemble, ce qui donne $- d d x - v d d y = \dfrac{2 d t^2}{T^2} \times (\overline{2 - 2 v} . x + \overline{2 v - 1} . y) \dots$ (R). Je fais enforte que $(2 - 2 v) x + (2 v - 1) y$ soit un multiple de $- x - v y$, ce qui donne $2 - 2 v = \dfrac{2 v - 1}{v}$;

& $v = \pm \dfrac{1}{V 2}$; donc faisant $x + v y = u$, ou plutôt $x + \dfrac{y}{V 2} = u$, & $x - \dfrac{y}{V 2} = u'$, on aura les deux équations $- d d u = (2 - V 2) . \dfrac{2 u d t^2}{T^2}$,

&

$\&\ -d\,d\,u' = (2 + \sqrt{2}) \cdot \dfrac{2\,u'\,d\,t^2}{T^2}$; multipliant la 1ere

par $d\,u$, on a l'intégrale $\dfrac{d\,u^2}{A\,A - u\,u} = (4 - 2\sqrt{2})\dfrac{d\,t^2}{T^2}$;

d'où l'on tire $\dfrac{-\,d\,u}{\sqrt{A\,A - u\,u}} = \dfrac{d\,t}{T}\sqrt{4 - 2\sqrt{2}}$,

parceque t croiſſant, u diminue ; donc $u = A$ coſ.

$\dfrac{t\sqrt{4 - 2\sqrt{2}}}{T}$, $\&\ u' = B$ coſ. $\dfrac{t\sqrt{4 + 2\sqrt{2}}}{T}$, inté-
grales qui ſont complettes, parce que $d\,x\ \&\ d\,y$ étant
$= 0$ lorſque $t = 0$, il faut que $d\,u\ \&\ d\,u'$ ſoient $= 0$
lorſque $t = 0$; de-là on tirera les valeurs de $x\ \&$ de y,
$\&$ on déterminera les conſtantes $A\ \&\ B$ par les valeurs connues $\&$ données de $x\ \&$ de y lorſque $t = 0$.

REMARQUE *I.*

119. Si l'on cherche dans le cas que nous venons
d'examiner au Corollaire précédent, c'eſt-à-dire lorſque $P = p$, $M = m\ \&\ L = l$, quel doit être le rapport des lignes X, Y pour que les corps m, M arrivent
dans le même tems à la verticale, on trouvera (*art.* 116)
$2X - Y : 2Y - 2X :: X : Y$; donc $YY = 2XX$,
$\&\ \dfrac{Y}{X} = \pm\sqrt{2}$, la même valeur qu'on a trouvée pour

$\dfrac{1}{y}$. En effet, pour peu qu'on faſſe d'attention à la nature du Problême, on verra que quand il y a deux corps

m, M, les deux valeurs de $\frac{1}{v}$ doivent être les mêmes que celles que doit avoir $\frac{-Y}{X}$, pour que les poids m, M arrivent tous deux en même-tems à la verticale. Car lorſque les deux corps arrivent en même-tems à la verticale, le rapport de x à y, de dx à dy & de ddx à ddy eſt toujours conſtant & égal au rapport de X à Y. Or ſuppoſons dans ce cas l'indéterminée v telle que $\frac{1}{v} = -\frac{Y}{X}$; il eſt clair que dans l'équation $- ddx -$

$$ddy = \left([2 - 2v]. x + [2v - 1]. y \right) \frac{2\,dt^2}{T^2}, \text{le}$$

premier membre ſera zéro ; & par conſéquent le ſecond devra l'être auſſi ; ce qui arrivera, ou ſi l'on a

$$\frac{2 - 2v}{2v - 1} = -\frac{y}{x} = -\frac{Y}{X} = \frac{1}{v}, \text{ou bien}$$

ſi on a à la fois $2 - 2v = 0$, & $2v - 1 = 0$. Or ce dernier cas renfermant contradiction, il s'enſuit que l'équation qui donne la valeur de v lorſque $\frac{1}{v} = -\frac{Y}{X}$,

eſt $\frac{2 - 2v}{2v - 1} = \frac{1}{v}$, la même préciſément qu'on a trouvée ci-deſſus en général, lorſque le rapport de Y à X eſt quelconque. Donc dans cette derniere équation, la valeur négative de $\frac{1}{v}$ doit être égale à la poſitive de l'équation qui donne le rapport de Y à X, & la poſitive à la négative.

REMARQUE II.

120. On fent affez que le raifonnement de l'article précédent peut s'appliquer au cas où l'on n'a ni $P = p$, ni $M = m$, ni $L = l$; & en effet, fi l'on veut prendre la peine de faire le calcul, on verra que l'équation étant ordonnée par rapport à $\frac{1}{v}$, elle ne différera que par le figne du fecond terme, de l'équation ordonnée par rapport à $\frac{Y}{X}$.

Car en général les équations (K), (N) de l'article 115, peuvent être repréfentées par $ddx = (ax + by).dt^2$, & $ddy = (cx + ey).dt^2$. Or pour que les corps arrivent en même-tems à la verticale, il faut que $ax + by : cx + ey :: x : y$, & pour avoir la valeur de $\frac{1}{v}$, il faut que $a + cv = \frac{b + ev}{v}$. Les deux équations ordonnées, l'une par rapport à $\frac{y}{x}$, l'autre par rapport à $\frac{1}{v}$, ne different que par le figne du fecond terme.

Il eft aifé de voir que la quantité qui eft fous le figne radical dans la valeur de $\frac{y}{x}$ (*art.* 116), eft toujours réelle. Ainfi les racines de cette équation ne feront jamais égales; donc l'équation en v ayant les mêmes ra-

T ij

cines en figne contraire que l'équation en $\frac{y}{x}$, il fen-
fuit que *v* n'aura jamais deux racines égales. On peut
voir encore très - aifément que la quantité radicale eft
toujours plus grande que l'autre; d'où il s'enfuit que jamais $\frac{y}{x}$ n'aura une valeur $= 0$, ni par conféquent $\frac{1}{v}$.

R E M A R Q U E I I I.

121. Au refte, je n'ai confidéré dans la folution du
Problême précédent, le mouvement du poids M, comme compofé de deux mouvemens, dont l'un MV lui
eft commun avec le poids m, l'autre Vv eft un mouvement de rotation autour de m comme centre, que
pour préparer le Lecteur à la folution de quelques Problêmes qui fuivront, & que cette confidération rend
beaucoup plus aifés à réfoudre. Car on auroit pû décompofer d'abord l'action de la pefanteur M fuivant
ML, en deux autres, dont l'une produisît le mouvement Mv du corps M, l'autre fuivant MP fût détruite. De cette maniere on eût eu la force accélératrice
fuivant $Mv = $ à $p \times$ fin. $LMP = \dfrac{P\,y}{L}$; l'angle
$$SmR = \frac{SmM \times P.M}{p.m} = \left(\frac{y}{L} - \frac{x}{l}\right) \times \frac{P.M}{p.m};$$
donc l'angle RmQ auroit été $= \dfrac{x}{l} - \left[\left(\dfrac{y}{L} - \dfrac{x}{l}\right) \times\right.$
$\left.\dfrac{P.M}{p.m}\right]$, & par conféquent la force accélératrice fui-

vant $m\,u$ auroit été le produit de p par cette derniere quantité. Ainsi comme x est l'espace que cette derniere force accélératrice tend à faire parcourir au corps m, & $x + y$ celui que la force accélératrice totale du corps M tend à lui faire décrire, on auroit eu

$$- d\,d\,x = \left[\frac{p\,x}{l} - \frac{M.P}{m}\left(\frac{y}{L} - \frac{x}{l}\right)\right] d\,t^2,$$

& $- d\,d\,x - d\,d\,y = \left[\frac{P\,y}{L}\right] d\,t^2;$ deux équations, dont la premiere est la même que l'équation (K) de l'article 115, & dont l'autre n'est autre chose que les équations (K) & (N) de ce même article ajoûtées ensemble. Cette solution par conséquent revient au même que celle que nous avons donnée *art.* 115.

R E M A R Q U E I V.

122. Si on appelle x, y les distances des deux corps à la verticale, qui dans la Remarque précédente étoient x & $y + x$, on aura les équations du mouvement des deux corps en mettant dans celles de l'article précédent y au lieu de $x + y$, & par conséquent $y - x$ au lieu de y. Soit de plus $P = p$, a l'espace qu'un corps pesant parcourroit librement en tombant durant le

tems T, $\Delta = 2\,a\left(\frac{1}{l} + \frac{M}{l\,m} + \frac{M}{L\,m}\right),$

$\Gamma = -\dfrac{2\,a\,M}{L\,m}, \ \varphi = -\dfrac{2\,a}{L}, \ \Pi = \dfrac{2\,a}{L};$ on aura (*art.* 118) pour les équations générales du mouvement des deux corps,

$$- dd x = (\Delta x + \Gamma y) \, \frac{d \, t^2}{T^2} \, ;$$

$$- dd y = (\varphi x + \Pi y) \, \frac{d \, t^2}{T^2} \, .$$

Et en fuivant précifément la méthode de l'article 118, on trouvera que les deux valeurs de v font

$$v = \frac{- \Delta + \Pi \pm \sqrt{\Pi - \Delta^2 + 4 \Gamma \varphi}}{2 \, \varphi} .$$ Appellons v, v' ces deux valeurs, on aura $u = A$ cof. $\frac{t}{T} \sqrt{\Delta + v \varphi}$;

$u' = B$ cof. $\frac{t}{T} \sqrt{\Delta + v' \varphi}$; $x = \frac{v' u - v u'}{v' - v}$;

$y = \frac{u - u'}{v - v'}$; d'où il s'enfuit que fi on nomme α & $\mathcal{C}$ les valeurs de x & de y lorfque $t = 0$, on aura $A = \alpha + v \mathcal{C}$, $B = \alpha + v' \mathcal{C}$,

$$x = \frac{(v' \alpha + v v' \mathcal{C}) \ \text{cof.} \ \frac{t}{T} \sqrt{\Delta + v \varphi}}{v' - v}$$

$$- \frac{(v \alpha + v v' \mathcal{C}) \ \text{cof.} \ \frac{t}{T} \sqrt{\Delta + v' \varphi}}{v' - v} ; \ \&$$

$$y = \frac{(\alpha + v \mathcal{C}) \ \text{cof.} \ \frac{t}{T} \sqrt{\Delta + v \varphi}}{v - v'} -$$

$$\frac{(\alpha + v' \mathcal{C}) \ \text{cof.} \ \frac{t}{T} \sqrt{\Delta + v' \varphi}}{v - v'} ,$$

De là il eſt facile de trouver une conſtruction qui donne la valeur de x & de y ; car ſoit $x = G$ coſ. $p\,t + r\,G$ coſ. $q\,t$; $y = H$ coſ. $p\,t + N$ coſ. $q\,t$; ſoient décrits (fig. 32) des arcs de cercle des rayons $CA = G$, $CD = H$, $CB = N$, on aura (en faiſant l'angle $ACL = p\,t$, & l'angle $ACF = q\,t$)

$$x = CZ + r \,.\, CG, \quad \& \quad y = \frac{CZ \times CD}{CA} +$$

$$\frac{CG \times CB}{CA} = CA' + CO.$$

J'avois donné dans la premiere Edition de cet Ouvrage une autre ſolution du même Problême ; mais celle-ci eſt beaucoup plus ſimple.

Si l'on a $\alpha + \nu \,6 = 0$, ou $\alpha + \nu' \,6 = 0$, c'eſt-à-dire $\dfrac{6}{\alpha} = \dfrac{-1}{\nu}$ ou $\dfrac{-1}{\nu'}$, ce qui eſt le cas des *art.* 116 & 120 ; alors les valeurs de x & de y feront exprimées chacune par un ſeul terme, & ces valeurs feront toujours en raiſon conſtante ; ce qui s'accorde avec ce qui a été remarqué dans l'article 116.

On peut remarquer encore que ce cas eſt le ſeul où les valeurs de x & de y ſe réduiſent à un ſeul terme. Car (*art.* 120) on ne peut jamais ſuppoſer ni $\nu = 0$, ni $\nu' = 0$, ni $\nu = \nu'$. Donc il n'y a que le cas de $\alpha + \nu \,6 = 0$, ou celui de $\alpha + \nu' \,6 = 0$, qui puiſſe rendre nul un des termes de la valeur de x ; il en eſt de même de celle de y.

Comme les quantités ν, ν', ne ſont jamais égales

(*art.* 120) on voit encore que x & y ne peuvent jamais être en raison conftante, tant que ces quantités font compofées de deux termes, c'eft-à-dire tant que l'on n'a pas $\alpha + \nu G = 0$, ou $\alpha + \nu' G = 0$.

On peut obferver enfin que jamais un des termes de la valeur de x & de celle de y ne deviendra conftant; car il faudroit pour cela que $\Delta + \nu \varphi$, ou $\Delta + \nu' \varphi$ fût $= 0$; ce qui donneroit $\dfrac{\Delta}{\varphi} = \dfrac{\Gamma}{\Pi}$,

ou $\dfrac{L}{l} + \dfrac{L \cdot M}{l\, m} + \dfrac{M}{m} = \dfrac{M}{m}$; équation impoffible.

REMARQUE V.

123. Le Lecteur peut comparer cette folution avec celle que M. Daniel Bernoulli a donnée du même Problême dans les *Mémoires de l'Académie Royale des Sciences de Pruffe*, pour l'année 1753. & juger laquelle des deux eft la plus fimple, & furtout la plus directe.

Je me contenterai de dire que l'on remarque aifément dans les valeurs de x & de y trouvées ci-deffus, la double ofcillation, que M. Bernoulli a obfervée dans le mouvement du pendule dont il s'agit; chacune de ces ofcillations eft repréfentée par chacun des deux termes de la valeur de x & de celle de y. En effet l'équation du mouvement d'un pendule fimple de longueur λ, eft $- dd z = \dfrac{2\, a\, z\, d\, t^2}{\lambda\, T^2}$, ou $z = K \times$

cof.

coſ. $\dfrac{t}{T} \sqrt{\dfrac{2\,a}{\lambda}}$; d'où il eſt facile de voir que les mouvemens des corps M, m ſont compoſés de deux mouvemens, ſynchrones chacun à celui d'un pendule ſimple. On peut en voir le détail, ſi on le croit néceſſaire, dans le *Mémoire* de M. *Bernoulli*, auquel il ſuffit de renvoyer. Mais ce qu'il eſt important de remarquer, & ce que M. Bernoulli, ce me ſemble, auroit dû faire, c'eſt que les deux *oſcillations* dont il s'agit, ne ſont qu'improprement nommées de la ſorte, parce qu'une de ces oſcillations ſe fait par rapport à un point mobile qui oſcille lui-même; ainſi les deux oſcillations doivent réciproquement s'altérer & ſe dénaturer, pour ainſi dire; enforte qu'une partie infiniment petite d'oſcillation, qui ſe fera, par exemple, de gauche à droite par rapport au point mobile, ſe fera réellement de droite à gauche dans l'eſpace abſolu, ſi dans ce moment la viteſſe d'oſcillation du point mobile eſt plus grande, & dirigée de droite à gauche; c'eſt pourquoi il n'y a point proprement dans le pendule une double oſcillation, mais une ſeule par rapport à l'eſpace abſolu. Il eſt vrai que les oſcillations *abſolues* des deux corps ne ſe feront pas toujours en même tems, que l'un pourra faire dans le même tems plus d'oſcillations que l'autre; mais chacun en particulier ne fera réellement que des oſcillations ſimples.

R E M A R Q U E *VI.*

124. Les oſcillations du corps m finiront lorſque dx

V

fera $= 0$, & celles du corps M lorfque $dy = 0$; car alors la viteffe fera nulle; ainfi les ofcillations du corps m finiront,

1°. Lorfqu'on aura à la fois fin. $\dfrac{t}{T} \sqrt{\Delta + \nu\varphi} = 0$, & fin. $\dfrac{t}{T} \sqrt{\Delta + \nu'\varphi} = 0$. Or cela arrivera lorfque $\sqrt{\Delta + \nu\varphi}$ fera à $\sqrt{\Delta + \nu'\varphi}$ comme nombre à nombre, & lorfque t fera tel que $\dfrac{t}{T} \sqrt{\Delta + \nu\varphi}$, & $\dfrac{t}{T} \sqrt{\Delta + \nu'\varphi}$ feront un multiple de 180 degrés. Car alors chacun des finus de ces angles fera $= 0$.

2°. Lorfque l'on aura $\dfrac{\text{fin. } \frac{t}{T} \sqrt{\Delta + \nu'\varphi}}{\text{fin. } \frac{t}{T} \sqrt{\Delta + \nu\varphi}} =$
$\dfrac{\sqrt{\Delta + \nu\varphi} \cdot \nu' \cdot (\alpha + \nu\mathfrak{C})}{\sqrt{\Delta + \nu'\varphi} \cdot \nu \cdot (\alpha + \nu'\mathfrak{C})}$. Cette feconde équation feule aura lieu lorfque $\sqrt{\Delta + \nu'\varphi}$, & $\sqrt{\Delta + \nu\varphi}$ ne feront pas comme nombre à nombre.

De même les ofcillations du corps M finiront,

1°. Lorfque t aura la valeur défignée dans le premier des deux cas précédens.

2°. Lorfque l'on aura $\dfrac{\text{fin. } \frac{t}{T} \sqrt{\Delta + \nu'\varphi}}{\text{fin. } \frac{t}{T} \sqrt{\Delta + \nu\varphi}} =$
$\dfrac{\sqrt{\Delta + \nu\varphi} \, (\alpha + \nu\mathfrak{C})}{\sqrt{\Delta + \nu'\varphi} \, (\alpha + \nu'\mathfrak{C})}$.

Donc 1°. lorfque l'on aura $v' \alpha + v \, v' \mathcal{C} = 0$, &
$\alpha + v \mathcal{C} = 0$, ce qui fe réduit à $\alpha + v \mathcal{C} = 0$, toutes
les ofcillations des deux corps finiront en même tems ;
il en eft de même fi $\alpha + v' \mathcal{C} = 0$. Il eft aifé de voir
(*art.* 120) que ces deux cas font celui de l'article 116.

2°. Lorfque $\sqrt{\Delta + v \varphi}$, & $\sqrt{\Delta + v' \varphi}$ ne feront
pas comme nombre à nombre, les vibrations des corps
M & m ne finiront jamais en même tems. Car la va-

$$\text{leur de } \frac{\text{fin. } \dfrac{t}{T} \sqrt{\Delta + v' \varphi}}{\text{fin. } \dfrac{t}{T} \sqrt{\Delta + v \varphi}} \text{ pour le corps } m \text{ eft}$$

à la valeur de la même quantité pour le corps M, comme v' eft à v. Or v' n'eft jamais égale à v (*art.* 120).
Donc il eft impoffible que la même valeur de t rende
à la fois $dx = 0$, & $dy = 0$.

3°. Si $\sqrt{\Delta + v \varphi}$, & $\sqrt{\Delta + v' \varphi}$ font entr'eux
comme nombre à nombre, quelques ofcillations des
deux corps finiront en même tems, favoir lorfqu'on
aura à la fois fin. $\dfrac{t}{T} \sqrt{\Delta + v \varphi} = 0$, & fin. $\dfrac{t}{T}$
$\sqrt{\Delta + v' \varphi} = 0$; mais fi les deux équations qui don-

$$\text{nent la valeur de } \frac{\text{fin. } \dfrac{t}{T} \sqrt{\Delta + v' \varphi}}{\text{fin. } \dfrac{t}{T} \sqrt{\Delta + v' \varphi}} \text{ ont une}$$

folution poffible, ou fi une des deux feulement eft dans
ce cas ; alors toutes les ofcillations des deux corps ne
finiront pas en même tems. Il eft à remarquer que la

folution des équations précédentes fera impoſſible, non-feulement ſi l'inconnue a une valeur imaginaire, mais ſi elle a une valeur (poſitive ou négative) plus grande que l'unité, parceque le ſinus d'un angle quelconque ne peut être plus grand que le ſinus total. Si une des deux équations feulement a une folution poſſible, ce-lui des deux corps à qui elle appartiendra (par exemple m) fera plus de vibrations que l'autre ; mais toutes les fois qu'une vibration du corps M ceſſera, il y aura une vibration ceſſante dans le corps m.

4°. Enfin toutes les ofcillations des deux corps fini-ront en même tems, ſi $\sqrt{\Delta + \nu\varphi}$, & $\sqrt{\Delta + \nu'\varphi}$ font entr'eux comme nombre à nombre, & ſi les deux équations qui donnent la valeur de

$$\frac{\operatorname{fin.} \dfrac{t}{T} \sqrt{\Delta + \nu'\varphi}}{\operatorname{fin.} \dfrac{t}{T} \sqrt{\Delta + \nu\varphi}}$$

n'ont point de folution poſſible. Soit par exemple

$$\frac{\sqrt{\Delta + \nu'\varphi}}{\sqrt{\Delta + \nu\varphi}} = 2, \text{ on a } t\sqrt{\Delta + \nu'\varphi} = 2\,t\sqrt{\Delta + \nu\varphi}, \&$$

$$\frac{\operatorname{fin.} \dfrac{2\,t}{T} \sqrt{\Delta + \nu\varphi}}{\operatorname{fin.} \dfrac{t}{T} \sqrt{\Delta + \nu\varphi}} = 2\operatorname{cof.} \frac{t}{T} \sqrt{\Delta + \nu\varphi} \, ; \text{ donc}$$

on a à la fois $2\operatorname{cof.} \dfrac{t}{T} \sqrt{\Delta + \nu\varphi} = \dfrac{\nu'(\alpha + \nu\mathfrak{C})}{2\,\nu(\alpha + \nu'\mathfrak{C})}$

& $\dfrac{\alpha + \nu\mathfrak{C}}{2(\alpha + \nu'\mathfrak{C})}$: or comme les quantités α & $\mathfrak{C}$ font tout-à-fait indépendantes de l'équation $\dfrac{\sqrt{\Delta + \nu' \varphi}}{\sqrt{\Delta + \nu \varphi}} = 2$,

puifque α & $\mathfrak{C}$ n'entrent point dans cette équation, il eft évident qu'on peut fuppofer $\alpha + \nu' \mathfrak{C}$ fi petit (fans être abfolument $= 0$) que les deux quantités $\dfrac{\alpha + \nu \mathfrak{C}}{2(\alpha + \nu' \mathfrak{C})}$ & $\dfrac{(\alpha + \nu \mathfrak{C})\nu'}{2\nu(\alpha + \nu' \mathfrak{C})}$ foient plus grandes que 2, & par conféquent que $2 \cos. \dfrac{t}{T} \sqrt{\Delta + \nu \varphi}$.

Il eft donc évident que le premier des cas ci-deffus, qui eft le même que celui de l'article 116. n'eft pas le feul où les vibrations des deux corps foient fynchrones, c'eft-à-dire commencent & finiffent toutes en même tems. Remarque d'autant plus importante qu'il femble qu'on ait cru jufqu'ici le contraire.

R E M A R Q U E *VII.*

125. En faifant de même les valeurs de $x = 0$, $y = 0$, on trouvera les cas où les deux corps arriveront dans la fituation verticale, & ceux où ils y arriveront en même tems. On pourra s'affurer aifément qu'il y a d'autres cas que celui de l'article 116, ou les demi-vibrations de chaque corps, (j'appelle ainfi les vibrations terminées à la verticale) finiront toujours en même tems. Car fi on a par exemple $\dfrac{\sqrt{\Delta + \nu' \varphi}}{\sqrt{\Delta + \nu \varphi}} = 3$,

on a cof. $\frac{t}{T} \sqrt{\Delta + v'\varphi} =$ cof. $\frac{3t}{T} \sqrt{\Delta + v\varphi}$; donc fi

cof. $\frac{t}{T} \sqrt{\Delta + v\varphi} = u$, cof. $\frac{3t}{T} \sqrt{\Delta + v\varphi} = 4u^3 - 3u$;

en ce cas fi cof. $\frac{t}{T} \sqrt{\Delta + v\varphi} = 0$, on aura auffi

cof. $\frac{t}{T} \sqrt{\Delta + v'\varphi} = 0$. Et il faudra pour que toutes

les demi-vibrations finiffent en même tems, que $4uu - 3$

ne puiffe être égal à $\dfrac{v'(\alpha + v\zeta)}{v(\alpha + v'\zeta)}$ ni à $\dfrac{\alpha + v\varphi}{\alpha + v'\zeta}$; or

c'eft ce qui arrivera fi on prend par exemple, α & ζ

tels que $\alpha + v'\zeta$ foit fort petit, fans être abfolument

zéro ; & ce feul cas fait voir qu'il y a une infinité d'au-

tres femblables qui ne font pas moins poffibles.

Le premier des quatre cas de l'*art.* 124 n'eft pas non

plus le feul où les vibrations & demi-vibrations foient à la

fois fynchrones. Car foit par exemple $\dfrac{\sqrt{\Delta + v'\varphi}}{\sqrt{\Delta + v\varphi}} = m$,

m étant un nombre entier impair ; il eft clair que fin.

$\dfrac{t \sqrt{\Delta + v\varphi}}{T} = 0$, rendra fin. $\frac{t}{T} \sqrt{\Delta + v'\varphi} = 0$;

car alors on aura $\frac{t}{T} \sqrt{\Delta + v\varphi} =$ à un certain nom-

bre de fois la demi - circonférence, & par conféquent

auffi $\frac{t}{T} \sqrt{\Delta + v'\varphi}$, ou $\frac{mt}{T} \sqrt{\Delta + v\varphi} =$ à un cer-

tain nombre de fois la demi - circonférence. Dans ce

même cas il est aisé de voir que cof. $\frac{t}{T} \sqrt{\Delta + \nu \varphi} = 0$,

donnera aussi cof. $\frac{t}{T} \sqrt{\Delta + \nu' \varphi} = 0$; car alors

$\frac{t}{T} \sqrt{\Delta + \nu \varphi}$ sera égal à 90 degrés pris un nombre

impair de fois; donc il en sera aussi de même de $\frac{m\,t}{T}$

$\sqrt{\Delta + \nu \varphi}$. Donc en ce cas les vibrations totales, &
les demi-vibrations finiront toutes en même tems, si
les autres conditions énoncées plus haut dans cet article
125 & dans l'*art.* 124 précédent, sont observées, par
exemple, si $\alpha + \nu' \epsilon$ est très-petit &c.

R E M A R Q U E *V I I I.*

126. Si les deux corps avoient une vitesse initiale, en-

forte que $\frac{-d\,x}{d\,t}$ fût $= g$, & $\frac{-d\,y}{d\,t} = h$; les équa-

tions ne seroient gueres plus difficiles à intégrer. On con-

sidérera pour lors que $d\,x$ étant $= \dfrac{\nu'\,d\,u - \nu\,d\,u'}{\nu' - \nu}$;

& $d\,y$ étant $= \dfrac{d\,u - d\,u'}{\nu - \nu'}$, on aura les valeurs de

$\frac{d\,u}{d\,t}$ & $\frac{d\,u'}{d\,t}$ lorsque $t = 0$, & ces valeurs seront ex-

primées par une équation fort simple en g & en h; soit

donc $\frac{-d\,u}{d\,t} = \eta$ & $\frac{-d\,u'}{d\,t} = \gamma$ lorsque $t = 0$,

& l'équation $- d\,d\,u = K\,u\,d\,t^2$ donnera $\dfrac{-d\,u^2}{d\,t^2}$

$+ n^2 = K\,u\,u - K\,A\,A$, A étant la valeur connue de u lorfque $t = 0$; donc $d\,t\,\sqrt{K} = \dfrac{-d\,u}{\sqrt{\dfrac{n^2}{K} + A\,A - u\,u}}$: donc fi on appelle δ

l'angle dont le cofinus eft A, & le finus $\dfrac{n}{\sqrt{K}}$, on

aura $u = \mathrm{cof.}\,(t\,\sqrt{K} + \delta) = \mathrm{cof.}\,\delta\;\mathrm{cof.}\,t\,\sqrt{K} - \mathrm{fin.}\,\delta$ fin. $t\,\sqrt{K}$; d'où il eft aifé de voir que u fera $= A\,\mathrm{cof.}$

$t\,\sqrt{K} - \dfrac{n}{\sqrt{K}}$ fin. $t\,\sqrt{K}$; on trouvera de même la valeur de u'.

C O R O L L A I R E   I V.

127. En général, fi un fil $C\,M\,m\,\mu$ (Fig. 33) eft chargé de tant de poids M, m, μ &c. qu'on voudra, infiniment peu éloignés de la verticale, on peut toujours déterminer la force accélératrice de chacun de ces Corps, par l'une des deux folutions données *art.* 115 & 121, pour le cas de deux Corps.

Suppofons, par exemple, qu'il y ait trois Corps M, m, μ, dont les pefanteurs P, p, π fuivant $M\,A$, $m\,a$, $\mu\,a$, fe décompofent chacune en deux autres, dont les unes foient les forces accélératrices des corps M, m, μ fuivant $M\,V$, $m\,u$, $\mu\,v$; les autres, dirigées fuivant $M\,B$,

MB, mb, μZ, se fassent équilibre; & que les fils CM, Mm, $m\mu$, soient prolongés suivant MR, mr, μZ; il est clair que les puissances suivant μZ, mb, qui doivent être censées égales aux poids des corps μ, m, doivent se réduire à une puissance suivant mr, qui peut être regardée comme égale à leur somme; que de même la puissance suivant mr ou Mm, & la puissance suivant MB qui doit être censée égale au poids du corps M, doivent se réduire à une puissance suivant MR. On aura donc la force accélératrice du corps $\mu = \pi$. angl. $Z\mu a$; celle du corps $m = p$ [angl.

$$rma - \text{angl.} \ \frac{rm\mu . \pi . \mu}{p . m} \Big]; \text{ celle du corps } M = P$$

$$[\text{angl. } RMA - \text{angl.} \ \frac{RMm \times (p . m + \pi . \mu)}{P . M} \Big].$$

En général il est visible, que si pour simplifier le calcul, on suppose toutes les pesanteurs égales à une même quantité g qu'on prendra pour l'unité, & qu'on appelle p, q, r, s &c. les angles MCO, mMR, μmr &c. & B, C, D, E &c. les masses à commencer de haut en bas, les forces accélératrices seront par ordre à commencer du corps le plus bas :

$$p + q + r + s$$
$$p + q + r - \frac{sE}{D}$$
$$p + q - r . \Big[\frac{E + D}{C} \Big]$$
$$p - q . \Big[\frac{E + D + C}{B} \Big].$$

X

Ce qui s'accorde avec ce qu'a trouvé M. *Daniel Bernoulli*, Tom. VII. des *Mémoires de Peterſbourg*, p. 170.

COROLLAIRE V.

128. Suppoſons que le fil ne ſoit chargé que de trois corps égaux entr'eux, dont x, y & z ſoient les diſtances à la verticale à commencer par le plus haut; & que les portions du fil interceptées entre ces corps, ſoient égales : ſi on veut que ces corps arrivent en même tems à la verticale, il faut faire $x : y :: p - 2q : p + q - r$, & $z : y :: p + q + r : p + q - r$; ou (mettant pour p, q, r, leurs proportionnelles x, $y - 2x$, $z - 2y + x$)

$$x : y :: 5x - 2y : 3y - 2x - z;$$

$$\& \, z : y :: z - y : 3y - 2x - z;$$

donc $(3y - 2x - z) \cdot z = (z - y) \cdot y$, & $(3y - 2x - z) \cdot x = (3x - 2y + 2x) \cdot y$; donc

$$z = -5y + \frac{2yy}{x} + 3y - 2x = \frac{2yy}{x} - 2y - 2x,$$

$$\& \, y \cdot \left(\frac{2yy}{x} - 3y - 2x \right) = \left(\frac{-2yy}{x} + 5y \right)$$

$$\left(\frac{2yy}{x} - 2y - 2x \right); \text{ d'où l'on tire } \frac{2yy}{x} - 3y -$$

$$2x = -\frac{4y^3}{xx} + \frac{4yy}{x} + 4y + \frac{10y^2}{x} - 10y - 10x:$$

diviſant le tout par x, & ordonnant l'équation par rapport à $\frac{y}{x}$, on aura $\frac{4y^3}{x^3} - \frac{12y^2}{x^2} + \frac{3y}{x} + 8 = 0$, ce qui eſt conforme à ce qu'a trouvé M. *Bernoulli, Mé-*

Mémoires de Péterſbourg, Tom. VI. p. 112, où il nomme 1 ce que nous avons appellé x, & x ce que nous avons nommé $\frac{y}{x}$.

Remarque IX.

129. En général, quel que ſoit le nombre des corps & la diſtance des uns aux autres, ſi on veut qu'ils arrivent tous en même tems à la verticale, les diſtances du troiſiéme & du quatriéme &c. à la verticale, ſe trouveront toujours par des équations linéaires en $\frac{y}{x}$. De plus l'équation ordonnée par rapport à $\frac{y}{x}$ ſera d'un degré égal à l'expoſant du nombre des corps, & aura toutes ſes racines réelles. Car il eſt viſible que s'il y a trois corps par exemple, & qu'on ſuppoſe celui qui eſt le plus haut placé à une très-petite diſtance de la verticale, on pourra toujours trouver trois ſituations pour chacun des deux autres corps, pour qu'ils arrivent à la verticale tous deux en même tems que le premier ; ſavoir, en les mettant, ou tous deux du même côté de la verticale que le premier, ce qui fait un cas ; ou l'un du même côté, & l'autre du côté oppoſé, ce qui fait deux cas. En général, la ſituation du premier corps étant donnée, le ſecond corps & les autres ont toujours autant de ſituations poſſibles, qu'il y a de corps ; donc $\frac{y}{x}$ a toujours autant de valeurs réelles qu'il y a de corps ; & ainſi

l'équation ordonnée par rapport à $\frac{y}{x}$ aura toujours toutes ses racines réelles. Donc la distance infiniment petite du corps supérieur à la verticale étant donnée, chacun des autres corps pourra avoir autant de situations différentes qu'il y a de corps en tout.

COROLLAIRE VI.

130. Les mêmes choses étant supposées que dans le Corollaire V. si on veut avoir le mouvement de chaque corps en particulier, sans s'embarrasser qu'ils arrivent tous en même tems à la verticale, on aura les trois équations

$$- ddx = (5x - 2y) \cdot \frac{2\,dt^2}{T^2} \quad (S)$$

$$- ddy = (3y - 2x - z) \cdot \frac{2\,dt^2}{T^2} \quad (T)$$

$$- ddz = (z - y) \cdot \frac{2\,dt^2}{T^2} \quad (V).$$

Pour intégrer ces équations, je multiplie la seconde par v, la troisième par μ, & je les ajoûte ensemble : j'aurai

$$- ddx - v\,ddy - \mu\,ddz = \left[(5 - 2v) \cdot x + (3v - 2 - \mu) \cdot y + (\mu - v) \cdot z \right] \frac{2\,dt^2}{T^2} ; \text{ je fais}$$

$$5 - 2v = \frac{-2 + 3v - \mu}{v} = \frac{\mu - v}{\mu}, \text{ ce qui donne}$$

$$\mu = -2 + 3v - 5v + 2vv = 2vv - 2v - 2,$$

$$\& (5 - 2v) \cdot (2vv - 2v - 2) = 2vv - 3v - 2 ;$$

d'où l'on tire l'équation $\dfrac{8}{y^3} + \dfrac{3}{y^2} - \dfrac{12}{y} + 4 = 0.$

Si on ordonne cette derniere équation par rapport à ν, on trouvera qu'elle eſt la même que l'équation

$$\frac{4\,y^3}{x^3} - \frac{12\,y^2}{x^2} + \frac{3\,y}{x} + 8 = 0$$

trouvée ci-deſſus art. 128, & qu'ainſi (*art.* 129) elle a toutes ſes racines réelles ; ce que nous prouverons d'ailleurs d'une autre maniere dans l'article ſuivant.

Soient donc ν, ν', ν'' les trois racines de cette équation, on aura $\mu = 2\nu\nu - 2\nu - 2$; $\mu' = 2\nu'\nu' - 2\nu' - 2$; $\mu'' = 2\nu''\nu'' - 2\nu'' - 2$; & ſuppoſant $x + \nu y + \mu z = u$, $x + \nu'y + \mu'z = u'$, $x + \nu''y + \mu''z = u''$, on aura les trois équations $- ddu = (5 - 2\nu) . \dfrac{2\,u\,d\,t^2}{T^2}$; $- ddu' = (5 - 2\nu') . \dfrac{2\,u'\,d\,t^2}{T^2}$; $- ddu'' = (5 - 2\nu'') . \dfrac{2\,u''\,d\,t^2}{T^2}$; d'où l'on tire comme dans l'article 118, les valeurs de u, u', u'', & par conſéquent celles de x, y, z.

On réſoudra le Problême de la même maniere, quel que ſoit le nombre des corps, & le rapport de leurs maſſes.

R E M A R Q U E X.

131. Quand l'équation en ν n'auroit pas toutes ſes racines réelles , il eſt aiſé de voir que la ſolution ne réuſſiroit pas moins. Car comme les quantités variables x, y, z &c. doivent évidemment avoir des valeurs réelles exprimées en t, les imaginaires, s'il y en a, ſe

détruiroient dans les expreffions de ces quantités. En effet j'ai démontré ailleurs que toute quantité imaginaire donnée, & toute racine imaginaire d'une équation fe réduit à la forme $\alpha + \beta\sqrt{-1}$, α & β étant des grandeurs réelles. Donc dans le cas même ou y auroit toutes fes racines imaginaires, les équations en u, u', &c. pourroient être réduites à cette forme $-ddu = (+\alpha + \beta\sqrt{-1})\,u\,dt^2$, dont l'intégrale (*) eft $u = A c^{(\delta + \varepsilon\sqrt{-1})t} + B c^{-(\delta + \varepsilon\sqrt{-1})t}$: or on fait que $c^{z\sqrt{-1}} = \mathrm{cof.}\ z \pm \sqrt{-1} \times \mathrm{fin.}\ z$, & que $c^{-z\sqrt{-1}} = \mathrm{cof.}\ z \mp \sqrt{-1}\ \mathrm{fin.}\ z$. Donc $u = A c^{\delta t} \times (\mathrm{cof.}\ \varepsilon t \pm \sqrt{-1}.\ \mathrm{fin.}\ \varepsilon t) + B c^{-\delta t} \times (\mathrm{cof.}\ \varepsilon t \mp \sqrt{-1}.\ \mathrm{fin.}\ \varepsilon t)$, Il en fera de même des valeurs de u', de u'' &c. Donc les valeurs de x, y, z &c. ne pourront jamais contenir tout au plus, que des quantités de cette forme $c^{\delta t}$, fin. εt, cof. εt, avec des coefficiens réels ou imaginaires; & comme il faut que les valeurs de x, y, z &c. foient réelles, & que la folution donnée étant générale, doit infailliblement faire trouver ces valeurs, il s'enfuit que les imaginaires (s'il y en a) devront néceffairement fe détruire.

Mais on peut prouver aifément par la valeur même de u qu'il n'y aura jamais d'imaginaires. Car les équa-

---

(*) *Voyez* les Mémoires de l'Académie de Berlin, 1748 & 1750.

tions $x + v y + \mu z = u$ &c. prouvent que les valeurs de u, u' &c. font formées des valeurs de x, y, z. Or lorfque $t = 0$, on doit avoir $d x = 0$, $d y = 0$, $d z = 0$, parceque les corps font fuppofés partir du repos. Donc auffi lorfque $t = 0$, on doit avoir $d u = 0$, $d u' = 0$ &c. Donc on aura $\delta A - \delta B \pm \varepsilon \sqrt{-1} \times A \mp \varepsilon \sqrt{-1} . B = 0$. Donc on aura, ou $A = B$, ou $\delta = 0$ & $\varepsilon = 0$. Or je vais prouver que δ doit être néceffairement $= 0$. En effet les valeurs de x, de y & de z &c. doivent toujours être extrêmement petites, par la nature du Problême, puifqu'il eft clair que chacun des corps ne peut faire que des ofcillations de peu d'étendue ; ainfi les valeurs de x, y, z &c. ne peuvent renfermer des quantités de l'efpece $c^{\delta t}$, parcequ'alors elles croîtroient à l'infini ; donc u ne doit pas en renfermer non plus : donc $\delta = 0$. Donc $u = (A + B)$ cof. $\varepsilon t \pm (A - B) \sqrt{-1}$ fin. εt ; & comme u ne doit point avoir de valeur imaginaire, il s'enfuit que $(A - B) \sqrt{-1}$ fin. $\varepsilon t = 0$; donc $A = B$. Donc puifque $u = (A + B)$ cof. εt, on aura $\dfrac{d d u}{u d t^2} = - \varepsilon^2$; donc l'équation différentielle en u ne contiendra jamais d'imaginaires ; & comme le coefficient de u dans cette équation ne renferme d'indéterminée que v, il s'enfuit que la valeur de v fera toujours réelle.

Au refte il eft vifible que dans le cas où il y a plus de deux corps, on peut faire fur leurs mouvemens &

leurs vibrations plusieurs remarques, analogues à celles que nous avons faites sur le mouvement du fil chargé de deux corps : mais ce détail nous meneroit trop loin.

REMARQUE XI.

132. Si on suppose que les corps attachés au fil se meuvent dans un milieu dont la résistance soit proportionnelle à $\gamma + \delta u$, γ & δ étant des constantes quelconques, & u la vitesse, en ce cas les équations pourroient encore s'intégrer. Par exemple supposons pour simplifier le calcul, qu'il n'y ait que deux corps égaux, on aura (*art.* 118) $- d\,d\,x = \left(\dfrac{2\,p\,x - p\,y}{l} - \dfrac{\gamma}{M} + \dfrac{\delta\,d\,x}{M\,d\,t} \right) \dfrac{2\,l\,d\,t^2}{p\,T^2}$; & $d\,d\,y = \left(\dfrac{2\,p\,y - 2\,p\,x}{l} - \dfrac{\gamma'}{M} + \dfrac{\delta'\,d\,y}{M\,d\,t} \right) \dfrac{2\,l\,d\,t^2}{p\,T^2}$; équations qui peuvent s'intégrer par différentes méthodes, que j'ai expliquées dans les *Mémoires de l'Académie de Berlin*, pour les années 1748 & 1750. C'est pourquoi je ne m'y arrêterai pas davantage.

COROLLAIRE VII.

133. Soit une courbe chargée de poids infiniment petits & égaux, placés à des distances infiniment petites les unes des autres, & tous infiniment peu éloignés de la verticale ; soient x les abscisses, y les ordonnées infiniment petites de cette courbe, s les arcs, qui diffèrent infiniment peu des x correspondantes, enfin l la longueur

du

du fil, il fuit de l'*art.* 127. que la force accélératrice de chaque petit poids, eſt comme la ſomme des ſinus des angles de contingence depuis le ſommet, moins l'angle de contingence multiplié par le rapport des poids inférieurs à ce poids; donc cette force eſt pour chaque point

$$(37) \int \frac{d\,d\,y}{d\,s} - \frac{(l-s).d\,d\,y}{d\,s^2};$$ ce qui s'accorde avec ce que M. *Daniel Bernoulli* a trouvé dans le Tom. VII. des *Mémoires de Peterſbourg*, p. 171.

M. *Daniel Bernoulli* a tiré de là l'équation que doit avoir la courbe, pour que toutes ſes parties arrivent en même tems à la verticale. *Voy. ibid.* p. 171.

L'équation de cette courbe eſt en général $\dfrac{d\,y}{d\,s} - $

$\dfrac{(l-s)\,d\,d\,y}{d\,s^2} = \dfrac{y}{n}$ (38); faiſant $l - s = x$,

$y = c^{\int p\,d\,x}$, & $p\,x = z$, on parvient à l'équation

---

(37) On prend $\dfrac{d\,d\,y}{d\,s}$ pour l'angle de contingence, quoique cet angle ait pour expreſſion générale $\dfrac{d\,x\,d\,d\,y}{d\,s} \times \dfrac{1}{d\,s}$; mais comme on ſuppoſe tous les points de la corde infiniment près de la verticale, $d\,x$ & $d\,s$ peuvent être pris l'un pour l'autre.

(38) L'équation de la courbe eſt $\dfrac{d\,y}{d\,s} - \dfrac{(l-s)\,d\,d\,y}{d\,s^2} = \dfrac{y}{n}$; parceque la force accélératrice eſt repréſentée par $\dfrac{d\,y}{d\,s} - \dfrac{(l-s)\,d\,d\,y}{d\,s^2}$, & que cette force étant ſuppoſée proportionnelle à l'eſpace y qui reſte à parcourir juſqu'à la verticale, tous les points de la courbe arriveront à cette verticale en même tems.

Y

$$n\,d\,z + \frac{n\,z\,z\,d\,x}{x} = -\,d\,x,$$ qui tombe dans le cas de *Ricati*, & qui n'eſt pas intégrable par les méthodes connues ; ce qui eſt d'autant plus ſingulier, que ſi on fait $x = k\,u^{m}$, *k* & *m* étant des conſtantes à volonté, on aura $n\,u\,d\,z + n\,m\,z\,z\,d\,u + k\,m\,u^{m}\,d\,u = 0$, équation qui n'eſt guéres plus compoſée que la précédente, & dont je n'ai pû cependant ſéparer les indéterminées, quoique les deux quantités *k*, *m*, puiſſent être telles qu'on voudra, pourvû qu'elles ne ſoient pas zéro.

Si la courbe n'a pas cette équation, alors elle changera d'équation d'un inſtant à l'autre, & la valeur générale d'une ordonnée *y*, ne pourra être exprimée que par une fonction de l'arc *s* ou de l'abſciſſe *x* correſpondante, & du tems *t* écoulé depuis le commencement du mouvement ; cette fonction, lorſque $t = 0$, deviendra la valeur de *y* en *s* donnée par l'équation de la premiere courbe (39). Soit donc en général

---

(39) Quand on ſuppoſe que tous les points de la courbe doivent arriver en même tems à la verticale, il ſuffit pour avoir toutes les figures qu'elle formera ſucceſſivement, d'avoir par le moyen de l'équation dont on a parlé ci-deſſus, la figure initiale ; en effet les ordonnées de l'une de ces figures quelconque, ont un rapport conſtant avec les ordonnées de la premiere, enſorte qu'il ſuffit de déterminer au bout d'un tems quelconque *t*, quelle doit être la valeur de l'une d'entr'elles ; c'eſt à quoi on ſatisfait aiſément en intégrant l'équation $- d\,d\,y' = \dfrac{y'\,d\,t^{2}}{n}$, *y'* étant l'ordonnée qui dans la nouvelle courbe répond au même point de la corde que *y* dans la premiere. Mais lorſque tous les points de la courbe ne ſont pas ſuppoſés

$y = (*) \, \varphi \, (t.s), \; dy = p\,dt + q\,ds, \; - d\,dy$ la différence feconde de y, en faifant s conftante, (je mets $- d\,dy$, parceque t croiffant y diminue, & que la viteffe augmente) $d\,dy$ la diff. feconde en prenant t conftante ; on a

$$- d\,dy = \left[\frac{dy}{ds} - (l - s).\frac{d\,dy}{ds^2} \right].dt^2,$$

ou

$$\frac{-d\,p}{dt} = q - (l - s).\frac{dq}{ds} \quad (40) ; \text{ on obfervera}$$

---

devoir arriver en même tems à la verticale, alors la figure initiale étant donnée, les figures qu'elle doit prendre fucceffivement ne peuvent plus en être déduites fi aifément. Néanmoins on voit affez que la pofition d'un point quelconque de la corde au bout d'un temps quelconque t, ne peut dépendre que de ces trois chofes, de la longueur de la partie à l'extrémité de laquelle ce point eft placé, du tems depuis lequel tous les points font en mouvement, & de la figure initiale. Donc l'équation générale qui donnera la valeur de y doit renfermer l'équation de la figure primitive, & doit être telle par conféquent que fi on fait $y = \varphi \, (t.s)$, cette équation foit celle de la figure primitive, en y fuppofant $t = 0$.

(*) Cette quantité $\varphi \, (t.s)$ exprime en général une fonction de t & de s.

(40) On a vû ci-deffus que la force accélératrice d'un point quelconque de la courbe étoit $\frac{dy}{ds} - (l - s) \frac{d\,dy}{ds^2}$; donc pour avoir le mouvement de ce point il faut faire $\left(\frac{dy}{ds} - (l - s) \frac{d\,dy}{ds^2} \right) d\,t^2$ égal au petit efpace que cette force tend à faire parcourir à ce point dans le tems dt, c'eft-à-dire égal à la différence feconde de l'ordonnée y ; or cette différence doit être prife en fuppofant s conftante, puifque le point dont on confidere ici le mouvement eft fuppofé ne point changer de place fur la corde. Au contraire dans la quantité $\frac{dy}{ds} - \frac{(l - s)\,d\,dy}{ds^2}$, dy & $d\,dy$ doivent être pris en fuppofant s variable & t conftant, parceque cette quantité marque pour un même tems, pour une même pofition de la corde, la force accélératrice de chacun de fes points.

Y ij

que dp doit être prise en ne faisant varier que t, & dq en ne faisant varier que s. Soit $dp = \alpha\, dt + \nu\, ds$, $dq = b\, dt + m\, ds$; à cause que $p\, dt + q\, ds$ est une différentielle complette, il faut que $\frac{dp}{ds} = \frac{dq}{dt}$, c'est-à-dire $b = \nu$. De plus, l'équation $\frac{-dp}{dt} = q - \frac{(l - s) . dq}{ds}$ donne $-\alpha = q - (l - s) . m$; donc $m\, ds = \frac{q\, ds + \alpha\, ds}{l - s}$: ajoûtant de part & d'autre $b\, dt$ ou $\nu\, dt$, on aura $m\, ds + b\, dt$ ou $dq = \frac{q\, ds + \alpha\, ds}{l - s} + \nu\, dt$. Donc $dq . (l - s) - q\, ds = \nu\, dt . (l - s) + \alpha\, ds$, & $q . (l - s) = \int \nu\, dt . (l - s) + \alpha\, ds$. Cette équation doit avoir lieu, en cas que toutes les courbes variables dont il s'agit, puissent être renfermées dans l'équation générale $y = \varphi\, (t . s)$.

REMARQUE XII.

134. On remarque une analogie singuliere entre la fonction $\varphi\, (t . s)$ qui doit exprimer y, & les différentielles de cette fonction à l'infini. Soit $l - s = u$, on aura 1°. $p\, dt - q\, du$ une différentielle complette. 2°. $\frac{-dp}{dt} = q + \frac{u\, dq}{du}$, ou $\frac{-dp}{dt} = \frac{d\,(q\,u)}{du}$, & par conséquent $q\, u\, dt - p\, du$ une différentielle complette; de plus, en faisant encore $l - s = u$, il résulte du Corollaire précédent que $\alpha\, dt - \nu\, du$, &

$\nu u \, dt - \alpha \, du$ feront des différentielles complettes, dont la feconde fera $= d(q . \overline{l-s})$ ou $d(q u)$: donc fi on fait $dy = p \, dt - q \, du$, $dp = \alpha \, dt - \nu \, du$, $d\alpha = \rho \, dt - \omega \, du$ &c. & ainfi à l'infini, on aura les différentielles complettes deux à deux,

$$p \, dt - q \, du \, ; \quad \alpha \, dt - \nu \, du \, ; \quad \rho \, dt - \omega \, du \, ; \&c.$$
$$\& \qquad\qquad \& \qquad\qquad \&$$
$$q u \, dt - p \, du \, ; \quad \nu u \, dt - \alpha \, du \, ; \quad \omega u \, dt - \rho \, du \, ;$$

& ainfi à l'infini ; de forte que fi on trouve un feul cas d'intégrabilité, on pourra en remontant, en trouver d'autres à l'infini. Par exemple foit $\rho = A + B t$, & $\omega = C + D u^{-1}$, on trouvera que $\rho \, dt - \omega \, du$ eft égal à une différentielle complette, & que $\omega u \, dt - \rho \, du$ eft auffi une différentielle complette, pourvû que $C = -B$. De plus comme on a trouvé $d(q u) = \nu u \, dt - \alpha \, du$, on aura de même $d(\nu u) = \omega u \, dt - \rho \, du$; donc α ou $\int \rho \, dt - \omega \, du = A t + \dfrac{B t t}{2} - B u +$

$D . \text{Log.} u + E$, & $\nu = \dfrac{D t}{u} - A - B t + \dfrac{F}{u}$; on trouvera de la même maniere p & q au moyen des valeurs de α, ν ; & toutes les quantités qu'on trouvera ainfi deux à deux en remontant, & que je nomme en général P & Q, feront telles que $P \, dt - Q \, du$, & $Q u \, dt - P \, du$ feront des différences complettes. C'eft pourquoi le Problême dont il s'agit, fera réfolu *analytiquement* pour une infinité de cas. Je dis *analytiquement*, & non relativement à la queftion préfente ;

car il faut avouer qu'aucune de ces folutions ne pourra repréfenter la courbe cherchée. 1°. Parceque ces folutions donnant des termes où t fe trouve feule, y croîtroit à l'infini, à mefure que t croîtroit, ce qui ne fauroit être ici par l'hypothefe. 2°. Parceque ces folutions renfermeroient encore des termes de cette forme $D.\text{Log.}\, u$, qui font infinis lorfque $u = o$, c'eft-à-dire lorfque s eft égale à toute la longueur de la corde.

R E M A R Q U E X I I I.

135. C'eft pour la même raifon qu'on ne fauroit fuppofer $y = S + S' t^2 + S'' t^4$ &c. S, S', S'' étant des fonctions indéterminées de s; car quoique l'on trouve affez facilement par le calcul les valeurs de S, S', S'', &c. les valeurs de y qui en réfulteroient auroient le même inconvénient que la précédente, par rapport à la folution du Problême en queftion (41).

Si on fait $y = T.S$, T étant une fonction inconnue de t, & S une fonction auffi inconnue de s, l'équation

$$-\frac{dp}{dt} = q - \frac{(l-s)\,dq}{ds} \quad \text{donnera} \quad -\frac{ddT}{dt^2} \times S =$$

---

(41) Car fi on fubftitue à y cette valeur dans l'équation $- ddy = \left[\frac{dy}{ds} - (l - s)\frac{ddy}{ds^2}\right] dt^2$, en obfervant de prendre les différences de la maniere qu'on a déja dit, & qu'on égale à zéro les termes affectés d'une même puiffance de t, on trouvera que l'équation qui détermineroit S'' eft $\frac{ddS''}{dS''} = \frac{ds}{l - s}$. Les autres fuppofitions que l'on fait pour y fe vérifient à peu près de la même maniere.

$$\frac{T\,dS}{ds} - \frac{(l-s)\,T\,ddS}{ds^2};$$ d'où l'on tire $\dfrac{-\,ddT}{T\,dt^2} =$

$\dfrac{1}{n}$; & $\dfrac{S}{n} = \dfrac{dS}{ds} - (l-s)\dfrac{ddS}{ds^2}$. La seconde

équation est celle de la corde dont tous les points arri‑
vent en même tems à la verticale, & la première donne

$$T = A \cos. \frac{t}{\sqrt{n}},$$ dT devant être $= 0$ lorsque $t = 0$.

Ainsi cette équation n'apprend encore rien, puisqu'elle
ne fait trouver les vibrations que dans le cas où la corde
a une figure telle que tous ses points arrivent en même
tems à la situation verticale.

On pourroit aussi supposer $y = T.S + T''S''$,

& faire $\dfrac{-\,ddT}{T''\,dt^2} = m$; $\dfrac{-\,ddT''}{T\,dt^2} = m''$, m & m''

étant des constantes positives indéterminées, & en‑
suite supposer $Sm = \dfrac{dS''}{ds} - (l-s)\dfrac{ddS''}{ds^2}$, &

$$S''m'' = \frac{dS}{ds} - (l-s)\frac{ddS}{ds^2};$$ mais cette

méthode donneroit une équation différentielle du qua‑
triéme ordre pour la valeur de S''. De plus il faudroit
que les valeurs de T & de T'' fussent telles, 1°. Que
y fût toujours très‑petit. 2°. Que y fût $= 0$ lorsque
$s = 0$. 3°. Que $t = 0$ donnât $dy = 0$. Or il est assez
facile de s'assurer que les valeurs de T & de T'' tirées

des équations $\dfrac{d^4\,T''}{m''} = m\,T''\,dt^4$, & $T = \dfrac{-\,ddT''}{m''\,dt^2}$;

ne peuvent satisfaire à toutes ces conditions à la fois. Car en intégrant la premiere de ces équations par les méthodes enseignées dans les *Mémoires de Berlin* 1748 & 1750, on verra que T'' contiendra des quantités de cette forme $c^{\delta t}$, δ étant une quantité réelle. Donc toutes les méthodes proposées jusqu'ici ne peuvent servir à trouver la valeur de y.

R E M A R Q U E   X I V.

136. Mais voici une méthode qui peut réussir dans plusieurs cas. Soit $y = TS + T'S' + T''S''$ &c. & soit $\dfrac{-ddT}{Tdt^2} = n$, $\dfrac{-ddT'}{T'dt^2} = m$, $\dfrac{-ddT''}{T''dt^2} = r$ &c. n, m, r, étant des quantités différentes, on aura $y = AS \cos. t\sqrt{n} + BS' \cos. t\sqrt{m} + CS'' \cos. t\sqrt{r}$ &c. & on déterminera S, S', S'' &c. par les équations suivantes qui ne peuvent être intégrées que par les séries

$$S n = \frac{dS}{ds} - (l - s)\frac{ddS}{ds^2}$$

$$S' m = \frac{dS'}{ds} - (l - s)\frac{ddS'}{ds^2}$$

$$S'' r = \frac{dS''}{ds} - (l - s)\frac{ddS''}{ds^2} \ \text{&c.}$$

Mais il faudra pour cela que l'équation primitive de la courbe, lorsque $t = 0$, soit $y = A.S + B.S' + C.S''$ &c. Ainsi le Problême ne peut être résolu par cette méthode que dans certains cas particuliers.

R E M A R Q U E

Remarque XV.

137. Pour faire avec précision les calculs précédens, il faut mettre l'équation sous cette forme

$$- \mathrm{dd}\,y = \left[\frac{dy}{ds} - (l - s)\,\frac{ddy}{ds^2} \right] . \frac{2\,a\,dt^2}{\theta^2} \,,$$

θ étant le tems qu'un corps pesant mettroit à descendre de la hauteur a; & on aura $y = A\,S\,\mathrm{cof.}\ \dfrac{t\,\sqrt{n}}{\theta} +$

$B\,S'\,\mathrm{cof.}\ \dfrac{t\,\sqrt{m}}{\theta}$ &c. & $\dfrac{S\,n}{2\,a} = \dfrac{dS}{ds} - (l - s)$

$\dfrac{ddS}{ds^2}$; &c.

M. Daniel Bernoulli prétend (*Mém. de l'Académie de Berlin* 1753. pag. 194) que la corde vibrante ne peut jamais reprendre sa premiere position, excepté dans le seul cas de $y = A . S\,\mathrm{cof.}\ \dfrac{t\,\sqrt{n}}{\theta}$, c'est-à-dire dans le cas où toutes les vibrations (pour parler le langage de ce grand Géometre) sont simples & d'une seule & même espece. Pour que cette proposition fût hors de doute, il faudroit avoir prouvé, 1°. que les quantités m, n &c. à l'infini sont incommensurables entr'elles, ce que M. Bernoulli ne paroît point avoir fait. Il est vrai qu'il trouve que ces quantités sont les racines d'une équation composée d'une infinité de termes, mais cela ne suffit pas, ce me semble, pour établir leur incommensurabilité mutuelle. Or si elles ne sont pas incom-

Z

menfurables , & que $\sqrt{m}$ par exemple foit $= q\sqrt{n}$, q étant un nombre quelconque , entier ou fractionnaire, il eft aifé de voir que la chaîne reprendra fa premiere forme, quand $\dfrac{t\sqrt{n}}{\theta}$ & $\dfrac{q\,t\sqrt{n}}{\theta}$ feront chacun un multiple de 360 degrés. 2°. Il faudroit de plus avoir prouvé que l'équation $y = T.S + T'S' +$ &c. ou

$$y = A.S\,\text{cof.}\,\dfrac{t\sqrt{n}}{\theta} + B.S'\,\text{cof.}\,\dfrac{t\sqrt{n}}{\theta}\ \&c.$$

eft la feule qui puiffe exprimer la corde vibrante. Or c'eft de quoi on n'eft nullement affuré.

<h3 style="text-align:center">R E M A R Q U E X V I.</h3>

138. Nous avons vû ci-deffus (*art.* 125) que le cas de l'art. 116 n'eft pas le feul où tous les poids dont un fil eft chargé arrivent en même tems à la verticale , & faffent leurs ofcillations en même tems. Il pourroit donc très-bien fe faire que l'équation trouvée (*art.* 133) ne fût pas la feule qui rendît fynchrones les vibrations de la chaîne. Mais il eft difficile de prononcer là-deffus , faute d'avoir d'une maniere générale & complette l'é- quation de la chaîne vibrante.

<h3 style="text-align:center">L E M M E V I I I.</h3>

139. *Soit un corps* C R M *(Fig. 34) de figure quel- conque , dont le centre de gravité foit* G *, & que je confi- dererai pour plus de facilité comme une figure plane ; que toutes les parties* V *de ce corps foient animées par des*

forces V M *dont les directions foient perpendiculaires à la ligne* V C, *menée des points* V *à un point fixe* C *pris à volonté dans le corps,* & *que ces forces foient entr'elles comme les diftances* V C ; *je dis que la direction de la force réfultante fera une ligne* K L *perpendiculaire à la droite* C G *menée par* G, & *par le point donné* C.

Car décompofant chaque force VM en deux, l'une fuivant VN parallèle à CV, l'autre fuivant VP perpendiculaire à CV ; il eft aifé de voir que les forces fuivant VN feront comme les diftances CQ de ces forces à la ligne CG, qu'ainfi les fommes de ces forces feront égales à la fomme des produits de chaque particule par fa diftance à la ligne CG. Mais comme CG paffe par le centre de gravité G, cette fomme eft $= o$. Donc la force réfultante des forces fuivant VN eft $= o$. Donc la direction & la valeur de la force que nous cherchons, fera la même que celle qui réfulte des feules forces fuivant VP perpendiculaires à CG. Donc la direction de cette force ne peut manquer d'être une ligne OKL perpendiculaire à CG.

A l'égard de la valeur de la force fuivant OL, elle eft égale à la fomme des forces fuivant VP multipliées par les petites maffes correfpondantes V ; & comme les forces VP font proportionnelles à VQ, & que $\int V . VQ$ eft égal à CG multiplié par la maffe MRC, par la propriété du centre de gravité ; il s'enfuit, que fi on appelle φ la force accélératrice du point G, la force fuivant OL fera $= \varphi . MRC$.

La distance CK de la ligne OL à $C = \dfrac{\int V \cdot \varphi \cdot \frac{VC}{CG} \times VC}{\varphi \cdot MRC}$

$= \dfrac{\int V \cdot VC^2}{CG \cdot MRC}$. Car puisque toutes les forces φ se réduisent à une puissance dirigée suivant OKL, il s'enfuit que la même puissance dirigée en sens contraire suivant LKO feroit équilibre aux forces φ; cet équilibre étant suppofé, il continuera d'avoir lieu, si on suppofe le point C fixe. Or dans ce dernier cas, le moment de la force $\varphi \cdot MRC$ agissant suivant LKO doit être égal (par le principe du levier) à la fomme des momens des forces VM: le premier de ces momens est $\varphi \cdot MRC \times CK$; le fecond est $\int V \cdot \varphi \cdot \dfrac{VC}{CG} \cdot VC$. Donc &c.

COROLLAIRE I.

140. On voit par là que la pofition de la ligne OKL eft toujours donnée, quelle que foit φ.

COROLLAIRE II.

141. Si un corps CRM, entierement libre, eft animé par une puiffance quelconque K, dirigée fuivant une ligne quelconque GB, qui paffe par le centre de gravité G, & qu'en même tems ce corps tende à tourner autour de fon centre de gravité G, avec une viteffe quelconque; on prouvera, comme dans le Lemme précédent, que la force réfultante fera $= K$, & dirigée

ſuivant une ligne OKL parallèle à GB. Donc cette puiſſance dirigée ſuivant LKO feroit équilibre à la puiſſance K paſſant par le centre G, & aux puiſſances qui tendent à faire tourner le corps. Donc le moment de cette puiſſance par rapport au point G doit être égal au moment de la puiſſance K, par rapport au même point G, & au moment de toutes les puiſſances de rotation. Donc ſi on appelle Ψ la puiſſance qui tend à faire tourner autour de G un point quelconque placé à la diſtance b, & a la ſomme des produits des particules par le quarré de leurs diſtances à G, on aura $K \times GK =$

$$K \times o + \frac{\Psi\, a}{b} \, ; \text{ ou } \frac{\Psi\, a}{b} = K.GK.$$

Il eſt à remarquer que pour que la force ſuivant OKL ſoit du côté où nous l'avons ſuppoſée dans la figure, la force de rotation doit agir dans ce même ſens. Autrement il ne pourroit y avoir d'équilibre entre la force ſuivant LKO & la force de rotation.

Dans l'hypotheſe contraire GK ſera négative, & on aura $K \times GK = -\dfrac{\Psi\, a}{b}$ ou $K \times GK + \dfrac{\Psi\, a}{b} = o.$

COROLLAIRE III.

142. De là il eſt aiſé de conclure, pour le dire en paſſant, que ſi un corps libre & en repos eſt pouſſé par une puiſſance quelconque K ſuivant OKL, ſon centre de gravité G ſera mû ſuivant GB parallèlement à OKL, de la même maniere que ſi la puiſſance K

paſſoit par le centre G, & que de plus le corps tournera autour de ce même centre G ſuivant $O\,K\,L$ avec une viteſſe Ψ, telle que $\dfrac{\Psi a}{b} = K.\,GK$, c'eſt-à-dire avec la même viteſſe qu'il tourneroit, ſi le centre G étoit ſuppoſé fixe, & que la puiſſance K agît au point K ſuivant $O\,K\,L$ pour faire tourner le corps.

Car (*art.* 61) le mouvement que le corps doit prendre doit être tel, que ſi on le lui donnoit en ſens contraire, il fût en équilibre avec la puiſſance K. D'où il s'enſuit par l'article précédent qu'il doit prendre le mouvement que nous venons de dire.

Soit M la maſſe du corps ; toutes ſes parties ſe mouvront parallèlement à $G\,B$ avec une viteſſe égale à $\dfrac{K}{M}$, & de plus (nommant x leurs diſtances à G) elles tourneront ſuivant $O\,K\,L$ autour de G avec une viteſſe $= \dfrac{\Psi x}{b} = \dfrac{K.\,GK.\,x}{a}$; d'où il eſt aiſé de voir que tous les points de la ligne $C\,G$ auront parallèlement à $G\,B$ une viteſſe $\dfrac{K}{M} - \dfrac{K.\,G\,K.\,x}{a}$; donc ſi on prend ſur la ligne $C\,G$ un point H, tel que $G\,H = \dfrac{a}{M.\,G\,K}$, la viteſſe de ce point H ſera nulle. Donc ce point ſera en repos, & ſera par conféquent ce que M. Bernoulli appelle le *centre ſpontané de rotation* du corps. Au reſte il eſt viſible que ce centre

change à chaque inftant, puifqu'à chaque inftant la ligne GK change de fituation.

PROBLÊME VI.

143. *Un Corps* CRV (Fig. 35) *de figure quelconque, dont* G *eft le centre de gravité, étant fufpendu à
un fil* AC, *& les lignes* AC, CG *étant infiniment
peu écartées de la verticale, trouver la viteffe des points*
C *&* G *pour un tems donné* t (42).

Les parties du corps CRV ont chacune un mouvement égal & parallèle à celui du point C, & elles tour-
nent en même tems autour de ce point C avec des viteffes qui font entr'elles comme les diftances à ce point.
Soit p la pefanteur abfolue d'une particule quelconque
V fuivant la verticale VQ, & foit cet effort décompofé pour chaque particule en deux autres, dont l'un
fuivant Vu foit égal & parallèle à la force accélératrice
du point C fuivant CP, & l'autre foit dirigé fuivant
Vn. Cet effort Vn dont on ne connoît point encore
la direction, fera égal & de même direction pour toutes
les particules : c'eft pourquoi on peut regarder tous les
efforts Vn comme réunis au centre G, & agiffant fuivant GN parallèle à Vn. Il faut de plus décompofer cet effort Vn pour chaque particule en deux autres,
dont l'un foit l'effort néceffaire pour faire tourner la particule V autour de C, & l'autre foit détruit. J'appelle ce
dernier effort s, & puifque tous les efforts s doivent être

---

(42) On fuppofe que les points A, C, G font dans un même plan vertical.

détruits, il faut que la force qui en réfulte foit dans la direction de AC.

On a déja trouvé que GN parallèle à Vn, & dont la pofition eft inconnue, eft la direction de la force réfultante des forces Vn; on trouvera (*art.* 140) la pofition de la ligne KL, direction de la force réfultante des efforts des particules V pour tourner autour de C, quoiqu'on ne connoiffe pas encore la valeur de cette force. La force fuivant GN étant compofée de la for-ce fuivant KL, & de la force réfultante des forces s, cette derniere paffera par le concours L de GN & KL; de plus elle doit être dans AC prolongée. Donc le point L eft dans AC prolongée : donc la ligne GN doit paf-fer par le point où fe rencontrent les lignes KL donnée de pofition, & AC prolongée ; & CL fera la direction de la force réfultante des forces s.

Soit π la force de C fuivant CP, laquelle eft com-mune à toutes les particules, φ celle de G pour tourner autour de C, on menera Gi parallèle à CP, & GM à AP, & on nommera AC, l, CG, a, GK, b, m la maffe du corps, CP, x, l'angle fait par CG & par la verticale, $\dfrac{y}{a}$ (43) : GK & GL pourront être cenfées égales, & l'on aura l'angle $GLM = \dfrac{GCL \cdot CG}{GK} =$

---

(43) La diftance de G à la verticale qui paffe par C eft fuppofée y; donc l'angle dont il s'agit $= \dfrac{y}{a}$, puifqu'il eft infiniment petit.

$\left(\dfrac{y}{a} \right.$

$\left(\dfrac{y}{a} - \dfrac{x}{l}\right) . \dfrac{a}{b}$, & l'angle $LGM = \dfrac{x}{l} - \left(\dfrac{y}{a} - \dfrac{x}{l}\right) \dfrac{a}{b}$; mais la force $\pi = p . LGM = p \left[\dfrac{x}{l} - \left(\dfrac{y}{a} - \dfrac{x}{l}\right) \dfrac{a}{b}\right]$; & la force fuivant $KL\,(\varphi.m)$ doit être à la force fuivant $GL\,(p.m) :: $ l'angle GLM au finus total (44). Donc $\varphi = p \left(\dfrac{y}{a} - \dfrac{x}{l}\right) \dfrac{a}{b}$; on a donc $- ddx = \left[x - \left(\dfrac{yl}{a} - x\right) \dfrac{a}{b}\right] \dfrac{2\, d\, t^2}{T^2}$, & $- ddy = \left(\dfrac{yl}{b} - \dfrac{ax}{b}\right) . \dfrac{2\, d\, t^2}{T^2}$; équations qui s'intégreront par une Méthode pareille à celle dont on s'eft déja fervi pour des cas femblables, dans les *art.* 118 & 122.

C O R O L L A I R E.

144. Si on veut que les points C, G arrivent en même tems à la verticale, on fera

$$x : y :: \dfrac{x}{l} - \dfrac{y}{b} + \dfrac{ax}{bl} : \dfrac{y}{b} - \dfrac{ax}{bl} ;$$

donc $\dfrac{xy}{b} - \dfrac{axx}{bl} = \dfrac{xy}{l} - \dfrac{yy}{b} + \dfrac{axy}{bl}$:

donc $\dfrac{x}{y} = -\dfrac{1}{2} + \dfrac{l-b}{2a} + \sqrt{\left[\dfrac{l}{a} + \left(\dfrac{l-b}{2a} - \dfrac{1}{2}\right)^2\right]}$.

---

(44) L'angle SLO eft confidéré comme droit, & dans l'équation fuivan-te T eft pris dans le même fens qu'à l'article 118.

A a

Si l est fort grande par rapport à a & à b, on a

$x = \dfrac{yl}{a}$ & $x = -y$. La premiere de ces équa-

tions donne $\dfrac{x}{l} = \dfrac{y}{a}$; c'est-à-dire que si le fil est fort

long, les lignes CG & AC doivent être à très-peu-près dans la même droite, pour que les points C, G arrivent en même tems à la verticale. La seconde donne les angles des lignes AC, CG avec la verticale, & du même côté, en raison inverse de AC à CG ; c'est-à-dire que pour les points C, G arrivent en même tems à la verticale, il faut par la premiere équation, que CG & AC soient dans la même ligne droite, & par la seconde, que le centre G soit situé au premier instant dans la verticale AP, ou au moins fort proche de cette verticale.

Au reste ce Problême étant absolument analogue à celui du fil chargé de deux poids, est susceptible de remarques semblables. Nous les laissons à faire au Lecteur.

§. II.

Des Corps qui vacillent sur des plans.

PROBLÊME VII.

145. *Soit une figure quelconque* C K O (Fig. 36) *tellement située sur un plan horizontal* M C S, *que la direction* G F *de son centre de gravité* G *ne passe pas par son point touchant* C; *on demande ce qui arrivera à cette figure,*

Cette figure ne peut avoir que deux mouvemens ; l'un de rotation autour du point touchant C qui change à chaque inftant ; l'autre, qui fera le même dans toutes les parties de la figure, pour glifler le long du plan vers M ou vers S : il faut donc déterminer d'abord, fi ce dernier mouvement fe fait vers M ou vers S ; en fecond lieu, la valeur de la force qui le produit, & que j'appelle π ; en troifiéme lieu, la force du centre G pour tourner autour de C, & que je nomme φ ; enfin, fi cette derniere force fait tourner G à droite ou à gauche.

Quelles que foient les forces φ, il eft certain qu'on peut trouver (*art.* 140) la direction $Z N O$ de la force qui en réfulte, & que cette ligne $N O$ fera perpendiculaire à $C G$ prolongée. De plus, la force réfultante des efforts abfolus de chaque particule en vertu de fa pefanteur, fera dirigée fuivant $N G F$, & fera $= p \cdot m$, en appellant m la maffe du corps, & p la gravité abfolue. De même la ligne $K G R$ parallèle à $M S$, fera la direction de la force réfultante de toutes les forces π, & cette force fera $\pi \cdot m$. Or par notre principe, il faut que la force fuivant $N F$ puiffe fe décompofer en trois, dont la premiere foit la force réfultante du concours d'action des forces φ, la feconde la force réfultante des forces π, & la troifiéme s'anéantiffe. Cette troifiéme ne peut s'anéantir, que fa direction ne foit la ligne $C D$ perpendiculaire au plan en C. De là il eft aifé de voir par la feule infpection de la figure, 1°. que $N O$ & non pas $N Z$ fera la direction de la force réfultante des forces φ,

A a ij

& qu'ainſi la figure tournera de gauche à droite. 2°. Que la force ſuivant NG ſera compoſée de la force ſuivant NO, & d'une force dont la direction NL paſſera par N & par l'interſection L des lignes CD, KR. 3°. Que la figure gliſſera de G vers K, non de G vers R. 4°. La force ſuivant NF étant donnée, & les lignes NL, NO données de poſition, la force ſuivant NO ſera donnée, & par conſéquent φ. De même la force ſuivant NL ſera donnée, & comme ſon rapport avec la force $\pi . m .$ eſt celui de LQ à QC, la force π ſera donnée. Donc le Problême eſt réſolu, & l'on a le mouvement de la figure au premier inſtant.

Nous avons fait voir (*art.* 84) que le centre G deſcendoit dans une ligne droite verticale. Pour ſavoir la viteſſe avec laquelle il deſcend au premier inſtant, cherchons la force accélératrice initiale, c'eſt-à-dire au premier inſtant de la deſcente. Soit (fig. 38) GF, x, & φ la force accélératrice du point G pour tourner autour de C, m la maſſe du corps, on aura 1°. la force ſuivant $NO = \varphi . m$ (*art.* 139); de plus, GF étant donnée, on doit par la nature de la courbe connoître GC, que j'appelle X, & GP que j'appelle χ. La force ſuivant NR ſera à la force ſuivant NO :: le ſinus de l'angle PNG au ſinus de l'angle GNR. Donc la force ſuivant $NR =$

$$\frac{\varphi . m . GP}{GN} \times \frac{RN}{CF}, \ \& \text{ la force ſuivant } RL = \text{la}$$

force ſuivant NR multipliée par $\dfrac{RG}{RN} = \dfrac{\varphi . m . GP}{GN} =$

$\dfrac{\varphi \cdot m \cdot GF}{CG}$. Donc la force du point G fuivant GL,

eft à fa force φ pour tourner autour de $C :: GF : GC :$ or

la force fuivant GF eft à la force φ (45) $:: CF : CG$;

donc la force fuivant $GF = \dfrac{\varphi \cdot CF}{CG}$: mais la for-

ce fuivant NG ($p \cdot m$) doit être à celle fuivant NO

($\varphi \cdot m$) $::$ le finus de RNk au finus de RNG, c'eft-

à-dire $:: Rk$ à CF; donc $\varphi = \dfrac{p \cdot CF}{Rk}$; donc la

force fuivant $GF = \dfrac{p \cdot CF^2}{Rk \cdot CG}$; & comme CF,

CG, Rk font données en x, il eft clair qu'on aura

la force initiale fuivant GF exprimée en x.

On peut employer une Méthode analogue pour trouver la viteffe dans les autres inftans : mais l'article fuivant donnera une Méthode plus fimple.

Scolie I.

146. Il eft clair par l'*art.* 84 que non-feulement dans

---

(45) La force avec laquelle le centre G s'approche du plan n'eft plus
la pefanteur ; puifqu'une partie de cette force eft détruite au point C comme on l'a vû. Le centre G ne s'approche du plan qu'en vertu de fon mouvement de rotation autour de C; or quel que puiffe être ce mouvement
qu'on nomme ici φ, l'effort qui en réfulte pour s'approcher de MS fera

$\dfrac{\varphi \times CF}{CG}$, (comme on le verra aifément en faifant la décompofition) :

il n'eft donc queftion que de connoître φ ; or la valeur de cette force doit
être conclue de la condition qu'une partie de la pefanteur du corps eft détruite au point C.

le premier inftant, mais dans les fuivans, le centre de gravité G defcendra toujours dans une droite verticale : or de-là il eft très-aifé fans calcul, de trouver le mouvement de la figure. Car par un point quelconque E (fig. 36), foit tirée la tangente EB fur laquelle on abaiffera la perpendiculaire GB : lorfque G fera à une diftance du plan égale à GB, le point E touchera le plan.

Quand le point C (Fig. 37) n'eft pas un point touchant, par exemple, fi la figure donnée eft un triangle dont C foit un des angles, alors le centre étant en V, le point C fera au point E, tel que $VE = GC$.

Il ne refte plus qu'à favoir le tems que la figure employe à parvenir dans chaque fituation donnée.

Voici pour le trouver une méthode affez fimple. Soit (fig. 39) $GV = u$ la quantité dont le centre eft defcendu après un tems quelconque t; la diftance x du centre de gravité au plan fera pour lors $= VF'$, & il eft clair qu'on aura $du = - dx$ & $- ddu = ddx$; donc $x = A - u$, A étant la valeur de x lorfque $t = 0$; & l'on aura pour la force perdue verticalement par toutes les parties du corps, $pm - \dfrac{m\,dd\,u}{d\,t^2}$, ou plus exactement (*art.* 27) $pm \left(1 - \dfrac{\theta^2\,dd\,u}{2\,a\,d\,t^2} \right)$. De plus l'efpace circulaire qu'une particule quelconque du corps placée à la diftance b du centre G, aura décrit autour de ce centre G pendant le tems t, fera donnée en A & en u par la nature de la figure, & par conféquent pourra être appellée V, & la force perdue par cette particule sera $\dfrac{-\,p\,d\,d\,V.\,\theta^2}{2\,a\,d\,t^2}$; donc (*art.* 141) nommant A' la somme des produits des particules par le quarré de leurs distances à G, il faudra que $p\,m\left(1 - \dfrac{\theta^2\,d\,d\,u}{2\,a\,d\,t^2}\right) \times C'\,F' - \dfrac{p\,A'\,d\,d\,V.\,\theta^2}{2\,a\,b\,d\,t^2}$ soit $= 0$. Or $C'\,F'$ est donnée en A & en u par la nature de la figure.

Maintenant soit $C'\,F' = u'$, $d\,d\,V = r\,d\,d\,u + s\,d\,u^2$, r & s étant des fonctions connues de u, on aura

$$p\,m\,u' - \frac{p\,m\,u'\,d\,d\,u.\,\theta^2}{2\,a\,d\,t^2} - \frac{p\,A'\,r\,d\,d\,u.\,\theta^2}{2\,a\,b\,d\,t^2} - \frac{p\,A'\,s\,d\,u^2.\,\theta^2}{2\,a\,b\,d\,t^2} = 0\,;$$

donc faisant $a\,t = q\,d\,u$, & substituant pour $d\,d\,u$ sa valeur $\dfrac{-\,d\,q\,d\,u}{q}$ à cause que $d\,d\,t = 0$, on aura l'équation différentielle

$$p\,m\,u'\,q^3\,d\,u + \frac{p\,m\,u'\,d\,q.\,\theta^2}{2\,a} + \frac{p\,A'\,r\,\theta^2\,d\,q}{2\,a\,b} - \frac{p\,A'\,s\,d\,u.\,\theta^2\,q}{2\,a\,b} = 0\,;$$

d'où l'on tirera aisément par les méthodes connues (*) la valeur de q en u, & par conséquent celle de t en u.

On peut encore employer à cette recherche le principe de la conservation des forces vives. Soit U la vitesse du centre G pour descendre verticalement, U'

(*) *Voyez* les Œuvres de M. Bernoulli, Tom. I ; *Act. Erud.* 1697. &c.

la viteſſe de rotation, on trouvera très - aiſément en nommant M la maſſe du corps, que la ſomme des forces vives de chaque particule eſt $MUU + \dfrac{U'U'A'}{b^2}$:

maintenant puiſque u eſt la quantité dont le centre eſt deſcendu pendant le tems t, on aura par le principe de la conſervation des forces vives, $2puM = MUU + \dfrac{U'U'A'}{b^2}$. Or 1°. $U = \dfrac{du}{dt}$. 2°. L'eſpace V, décrit pendant le tems t par le mouvement de rotation, eſt donné en u, & par conſéquent on a U' ou $\dfrac{dV}{dt}$ $= \dfrac{V'du}{dt}$, V' étant une fonction connue de u.

Donc on aura $dt^2 = \dfrac{du^2}{2pu} + \dfrac{A'V'^2du^2}{2pMub^2}$; ce qui donnera t en u.

SCOLIE II.

147. Lorſque la figure ne doit faire que des oſcillations infiniment petites, la diſtance initiale GF (Pl. V. fig. 10) ne differe de la ligne GC menée au point touchant C que d'une quantité infiniment petite du ſecond ordre; d'où il eſt aiſé de conclure que le centre G ne deſcend que d'une quantité infiniment petite du ſecond ordre, au lieu que l'angle de rotation eſt infiniment petit du premier ordre. Donc on peut regarder u comme nul par rapport à V: ainſi on a pour lors $ddu = 0$ &

pm.

$p\,m\,.\,C'F' = \dfrac{p\,A'\,d\,d\,V\,.\,\theta^2}{2\,a\,b\,d\,t^2}$: or imaginant les rayons ofculateurs infiniment proches CR, $C'R$, on a l'angle $\dfrac{V}{b}$ ou fon égal $FGF' = CRC' = CGC'$

$\times\ \dfrac{CG}{CR}$; donc faifant CR, r, CG, G, CF, A, on aura $C'F'$ ou $C'GF'\,.\,C'G = (CGF + FGF' - CGC') \times CG = \dfrac{A}{G} + \dfrac{V}{b} - \dfrac{Vr}{Gb}) \times G =$

$A + \dfrac{VG}{b} - \dfrac{rV}{b}$. Donc l'équation ci-deffus deviendra $d\,d\,V = \dfrac{2\,a\,b\,d\,t^2}{A'\,\theta^2} \times (m\,A + m\,\dfrac{VG}{b}$

$- \dfrac{r\,m\,V}{b})$. Telle eft l'équation pour le cas des ofcillations infiniment petites, ou, ce qui revient fenfiblement au même, très-petites.

Si l'on fuppofe $G < r$, enforte que $m\,G - r\,m$ foit une quantité négative ; & qu'on faffe attention que V & dV doivent être $= 0$, lorfque $t = 0$; on aura par les méthodes que j'ai expliquées ailleurs (*)

$V = \dfrac{-2\,a\,b\,m\,A}{A'\,\theta^2} \times (\text{cof. } \dfrac{t\,\sqrt{2\,a\,.\,(m\,r - m\,G)}}{\theta\,\sqrt{A'}} - 1):$

$(\dfrac{2\,a\,[\,m\,r - m\,G\,]}{A'\,\theta^2})$; par conféquent l'efpace parcouru circulairement par les particules qui font à la

____

(*) Voyez *Recherches fur le fyftéme du monde*, I. Part. art. 25. p. 30.

distance b du centre G, sera $\dfrac{b\,A}{r-c} \times \Big(1 - $ cof.

$$\dfrac{t\sqrt{2\,a\,(m\,r - m\,c)}}{\theta\sqrt{A'}}.$$

Si $c > r$, on aura par les formules connues cof.

$$\dfrac{t\sqrt{2\,a\,b\,.\,m\,r - m\,c}}{\theta\sqrt{A'}} = \dfrac{c^{\frac{t\sqrt{2\,a\,.\,m\,c - m\,r}}{\theta\sqrt{A'}}} + c^{\frac{-t\sqrt{2\,a\,.\,m\,c - m\,r}}{\theta\sqrt{A'}}}}{2};$$

quantité réelle, & qui croît à l'infini à mesure que t croît ; ainsi les ofcillations ne feroient plus alors infiniment petites comme on le fuppofe ; ou, pour parler plus exactement, la folution précédente ne pourroit plus fervir.

Par exemple, quand une ellipfe eft pofée perpendiculairement fur fon petit axe, & qu'on la dérange tant foit peu de cette fituation, l'expérience prouve qu'elle fe remet ou tend à fe remettre dans fon premier état, en faifant des ofcillations très-petites ; & c'eft auffi ce qui réfulte de l'équation précédente. Car alors $c < r$, puifque tout le monde fait que le rayon de la dévelopée à l'extrémité du petit axe d'une ellipfe, eft plus grand que ce petit axe. Donc le cofinus d'un angle quelconque ne pouvant être plus grand que l'unité, bV ne fauroit être plus grand que $\dfrac{b\,b\,A}{r-c}$. Au contraire fi l'ellipfe eft pofée fur fon grand axe, alors r eft $< c$, & les ofcillations ne fauroient être infiniment petites. C'est aussi ce que l'expérience confirme, puisque le corps *culbute*, & ne se rétablit pas dans sa premiere situation.

De-là il est aisé de tirer une méthode générale pour voir si un corps, mis d'abord en équilibre sur un plan, puis déplacé un peu de cet état, doit s'y remettre ou *culbuter*. Tout se réduit à savoir si le rayon osculateur au point touchant est plus grand ou plus petit que la distance du centre de gravité à ce point. Dans le premier cas le corps se rétablira de lui-même par des oscillations infiniment petites; dans le second il *culbutera*.

S C O L I E I I I.

148. Le Savant M. *Euler* dans le Tome VII. des *Mémoires de Petersbourg*, s'est proposé de résoudre ce Problême VII, pour le cas seulement où les vacillations du corps sur le plan doivent être infiniment petites; sa Méthode consiste à faire ensorte que les momens des forces des particules pour tourner autour de C, (Fig. 36) soient égaux aux momens de leur gravité absolue par rapport au point C considéré comme fixe; ce qui revient au même que de décomposer la force suivant NF en deux, dont l'une soit la force suivant NO résultante des forces φ pour tourner autour de C, & l'autre passe par les points N & C, & soit anéantie.

Or la force suivant NC ne peut être anéantie, que quand NC est perpendiculaire à MCS, à moins qu'on ne suppose le plan raboteux, & d'une aspérité assez gran-

de, pour détruire l'effet de la force *N C* parallèlement
au plan. Ainſi pour que la ſolution de M. *Euler* ait lieu,
il faut ſuppoſer que le plan n'eſt pas parfaitement uni.
C'eſt vrai-ſemblablement ce que l'Auteur veut dire par
ces paroles : (*) *In hoc motu verò notandum eſt planum
ſuper quo fit, aliquantulùm aſperum eſſe ponendum, ne
curvæ de loco ſuo inter vacillandum dimoveri queant,
quod eveniret, ſi planum maximè foret politum.* Ces paroles, *ne de loco ſuo dimoveri queant,* ſignifient ſans
doute; *de peur que les courbes, outre leur mouvement autour du point touchant, n'ayent auſſi un mouvement pour
gliſſer parallèlement au plan.* Mais je ne ſai ce qui a em-
pêché que M. *Euler* n'eût égard à ce dernier mouvement dans ſa ſolution. Ce grand Géometre m'a fait
l'honneur de me mander depuis, par une Lettre du 2
Octobre 1746, que quand il avoit traité ce Problême,
il ignoroit la maniere de faire entrer dans le calcul le
mouvement progreſſif. Notre principe en fournit, comme l'on voit, un moyen bien ſimple.

S C O L I E IV.

149. Si la circonférence de la figure & la ſurface du
plan ſur lequel elle gliſſe ne ſont pas parfaitement unies,
voici comment on trouvera pour lors les forces p & π
au premier inſtant. On regardera le point *C* (Fig. 38)
comme une petite éminence de maſſe donnée, & on
ſuppoſera que l'on connoiſſe de quelle force accéléra-

***

(*) Page 108.

trice g ce petit corpuscule devroit être animé suivant CS ou CM, pour que si cette force étoit tant soit peu augmentée, il fût capable de surmonter la résistance provenante des inégalités du plan. On décomposera d'abord la force absolue suivant NG en deux, dont l'une soit la force cherchée suivant NO, & l'autre agisse suivant la ligne inconnue NL. Cette derniere force doit être décomposée en deux, dont l'une suivant $LK = \pi . m$, & l'autre suivant LC regardée comme poussant le point C suivant CT, donne à ce point C un effort suivant $CS =$ à l'effort connu g.

Soient les données GP, a, GN, b, GO, c, CR, e, RG, f, & l'indéterminée $GL = y$, on aura la puissance suivant NL à la puissance suivant NG ($p \times m$) :: le sinus de l'angle GNO ou $\dfrac{GP}{GN}$ au sinus de l'angle ZNL ou $\dfrac{LZ}{NL}$; mais $\dfrac{GP}{GN} = \dfrac{a}{b}$; $LZ = GP \times \dfrac{OL}{OG} = \dfrac{a \cdot (c + y)}{c}$; & $NL = \sqrt{[bb + yy]}$. Donc la force suivant $NL = \dfrac{p . m . NL . OG}{GN . OL} = \dfrac{p . m . c . \sqrt{bb + yy}}{b (c + y)}$. De plus la force suivant LC est égale à la force suivant NL multipliée par le rapport du sinus de l'angle NLG ou $\dfrac{NG}{NL}$ au sinus de l'angle RLC on $\dfrac{CR}{CL}$; enfin la force suivant CS est égale à la force suivant LC, multipliée par $\dfrac{L\,R}{L\,C}$; d'où l'on tire $\dfrac{p\,.\,m\,.\,L\,R\,.\,G\,O}{O\,L\,.\,C\,R}$ où

$p\,.\,m\,.\,\dfrac{(y-f)\,.\,c}{(c+y)\,.\,e}$ pour la valeur de cette force fui-

vant $C\,S$: foit μ la maffe de la petite éminence C, il

faut que $p\,.\,m\,.\,\dfrac{c\,.\,(y-f)}{e\,.\,(c+y)} = g\,.\,\mu$; d'où l'on tirera

la valeur de y, & par conféquent les valeurs abfolues
des forces fuivant $N\,L$, $L\,K$ & $N\,O$, qui font celles
que l'on cherche.

Mais il y a ici une chofe importante à obferver,
c'eft que la force du point C fuivant $C\,S$, doit être
dans la même direction que celle fuivant laquelle les
parties du corps $C\,R\,N$ gliffent parallèlement au plan;
d'où l'on voit que le point L ne peut être qu'entre R
& A, A étant le point d'interfection des droites $N\,C$,
$R\,G$; & l'expreffion de la force fuivant $C\,M$ fera pour

lors $\dfrac{p\,.\,m\,.\,(f-y)\,.\,c}{e\,.\,(c+y)} = g\,.\,\mu$, d'où l'on tirera la va-

leur de y. Si cette valeur eft plus grande que $G\,R$, ou
plus petite que $G\,A$, ou négative, la figure ne peut faire
autre chofe que tourner autour du point C, qui dans
chaque inftant variera, & pourra être regardé comme
fixe pendant un inftant.

La valeur de y eft $\dfrac{p\,m\,f\,c - g\,\mu\,e\,c}{g\,\mu\,e + p\,m\,c}$: cette va-

leur dans la figure préfente ne fauroit être plus grande
que f, comme il eft évident, puifque $p\,m\,f\,c - g\,\mu\,e\,c$

est $< g\mu ef + pmfc$; mais elle seroit négative si pmf étoit $< g\mu e$; & elle seroit plus petite que GA ou $\frac{bf}{e+b}$, si $pmfc$ étoit $< g\mu ec + gmcb + gmbf$.

Si on veut que la force nécessaire pour faire mouvoir le point C malgré la résistance du plan, ne soit pas donnée, mais seulement son rapport à la pression de ce point sur le plan, on fera RL à RC dans le rapport de la force du frottement à la force de la pression; & on aura par là le point L qui doit toujours être placé entre R & A; sinon la figure n'aura aucun mouvement parallèlement au plan.

Scolie V.

150. Pour trouver le mouvement de la figure dans les instans qui suivent le premier, on employera des méthodes analogues à celles qui ont été données ci-dessus. Tout se réduit à trouver le mouvement du centre G parallèlement & perpendiculairement au plan, & en même tems le mouvement de rotation de la figure autour de ce centre. Or soit v le mouvement du centre G suivant GK, on aura $\frac{-pmddv}{dt^2}$ ou $\frac{-pmddv.\theta^2}{2adt^2}$ pour la force perdue suivant GK, & conservant d'ailleurs les noms de l'article 146, il faudra que la force résultante de la force perdue $\frac{-pmddv.\theta^2}{2adt^2}$, de la

force auffi perdue $\dfrac{-p\,m\,dd\,u\,.\,\theta^2}{2\,a\,d\,t^2}$, & de la force

perdue de rotation, foit détruite. Pour cela il faut que cette force réfultante 1°. paffe par le point touchant C. 2°. Qu'étant décompofée en deux forces, parallèle & perpendiculaire au plan, ces deux forces ayant entr'elles l'équation qu'exige la loi fuppofée du frottement. On aura donc deux équations par le moyen defquelles on pourra déterminer les inconnues u & v. C'eft ce qu'il eft inutile d'expliquer plus en détail.

Au refte, lorfque la figure fe meut fur un plan qui n'eft pas uni, & que le frottement eft fuppofé proportionnel à une partie donnée de la force comprimante, les lignes CR & CL (Fig. 38) ont entr'elles un rapport conftant; par conféquent le centre G fe meut fur la courbe qu'il décrit, comme s'il étoit mû par une force dont la direction fît toujours avec le plan MS un angle conftant.

§. III.

Des Corps qui agiffent les uns fur les autres par des fils, le long defquels ils peuvent couler librement.

PROBLÊME VIII.

151. *Un fil* ANPM (Fig. 40) *de longueur donnée, étant arrêté fixement en* A *fur un plan horizontal, & chargé de deux poids* M, P, *dont l'un* M *foit attaché fixement au fil, & l'autre* P, *puiffe couler le long du fil*

par

par le moyen d'un anneau ; on demande le mouvement de chacun de ces deux corps, en suppofant qu'ils ayent reçû l'un & l'autre une impulfion quelconque.

Soient Pp, Mm, les deux lignes parcourues par les corps P, M, dans un inftant. Ayant décrit d'un rayon arbitraire conftant AN l'arc Nn, & fait $n\mathrm{n}=nN$, la queftion fe réduit à trouver la grandeur & la pofition du côté pV qui fuit immédiatement Pp, & la pofition VT de l'autre partie du fil. Je fuppofe que dans l'inftant que le corps P parcourt pV, il eût parcouru uniformément dans la direction de Pp la ligne $p\mathrm{p}=p\pi+\pi\mathrm{p}=Pp+\pi\mathrm{p}$, & que de même le corps M eût parcouru uniformément $mo=m\mu+\mu o$ $=Mm+\mu o$. Par notre principe, il faut décompofer les mouvemens $p\mathrm{p}$, mo chacun en deux autres px, pV, & mL, mT, tels que par les mouvemens pV, mT, les corps p, m ne fe nuifent point l'un à l'autre, c'eft-à-dire qu'on ait $AV+VT=Ap+pm$, & que par les mouvemens px, mL, ces corps fe faffent équilibre. D'où il s'enfuit 1°. que mL doit être dans le prolongement de pm. 2°. Que le corps p pouvant couler (*hyp.*) le long du fil, il ne fauroit y avoir d'équilibre, à moins que fa direction px ne divife en deux également l'angle Apm. 3°. Enfin, que la force fuivant mL doit être à la force fuivant px, comme le finus de la moitié de l'angle Apm eft au finus de cet angle entier.

Les lignes Ap, pm, px étant données de pofition,

on voit affez, que fi on connoiffoit la grandeur des lignes $p x$, $\pi \mathrm{p}$, le Problême feroit réfolu, & qu'il n'y auroit plus que le calcul à faire : or 1°. les lignes $p x$, $\pi \mathrm{p}$ doivent être telles que les angles VAp & pAP foient égaux; 2°. les lignes $p x$ & $\pi \mathrm{p}$ étant données, les lignes AV & VT font données de grandeur & de pofition, & la fomme de ces lignes doit être conftante. On aura donc deux conditions, d'où l'on tirera deux équations qui ferviront à trouver $p x$ & $\pi \mathrm{p}$. En voici l'analyfe.

Soit $AN = 1$, $Nn = dx$, $AP = y$, $pQ = dy$, le finus de la moitié de l'angle APM, z, enfin c la longueur du fil.

1°. La différence de l'angle PAp (dx) $+$ celle de l'angle APM ($\dfrac{2\,dz}{\sqrt{[1 - zz]}}$), eft égale à l'angle de PM avec pm : donc cet angle de PM avec

$$pm = dx + \frac{2\,dz}{\sqrt{[1 - zz]}}.$$

2°. $\dfrac{pD}{Pp}$ & $\dfrac{PD}{Pp}$, c'eft-à-dire les finus des angles pPD & PpD, font donnés par le finus z & par celui de l'angle ApP ; je les exprime donc ainfi (*) $\varphi\left(z, \dfrac{PQ}{Pp}\right)$ & $\Delta\left(z, \dfrac{PQ}{Pp}\right)$, ou $\varphi\left(z, \dfrac{y\,dx}{\sqrt{[dy^2 + y^2 dx^2]}}\right)$ & $\Delta\left(z, \dfrac{y\,dx}{\sqrt{[dy^2 + y^2 dx^2]}}\right)$. Donc $pD = Pp \times$

(*) Les quantités φ, Δ, mifes au-devant d'une autre quantité quelconque, marqueront toujours dans la fuite une fonction de cette quantité.

$$\varphi\left(z, \frac{y\,dx}{\sqrt{[d y^2 + y^2 d x^2]}}\right) \& P D = P p . \Delta\left(z, \frac{y\,dx}{\sqrt{[d y^2 + y^2 d x^2]}}\right).$$

3°. $P M - p m = d y$ & $m B - p D = d y -$
$$\left(d x + \frac{2 d z}{\sqrt{[1 - z z]}}\right)^2 . \frac{(c - y)}{2}.$$

4°. Si on fait $p x = G$, $\pi \mathrm{p} = \alpha$, on aura (*art.* 92) l'an-
gle $\pi A p = d x - \dfrac{2 d y d x}{y}$; $\pi A \mathrm{p} = \dfrac{\alpha\, d x}{\sqrt{[d y^2 + y^2 d x^2]}}$;
$\mathrm{p} A V$ ou $x A p = \dfrac{G z}{y}$. Donc $\dfrac{2 d y d x}{y} -$
$$\frac{\alpha\, d x}{\sqrt{[d y^2 + y^2 d x^2]}} + \frac{G z}{y} = 0 \ (A).$$

5°. $A \pi = y + 2 d y + y d x^2$; $A \mathrm{p} = A \pi +$
$\dfrac{\alpha\, d y}{\sqrt{[d y^2 + y^2 d x^2]}}$; $A V = A \mathrm{p} - G \sqrt{[1 - z z]}$. Donc
$$A V = y + 2 d y + y d x^2 + \frac{\alpha\, d y}{\sqrt{[d y^2 + y^2 d x^2]}}$$
$- G \sqrt{[1 - z z]}$: donc en suppofant $d x$ conftant, on a
$$d d y = y d x^2 + \frac{\alpha\, d y}{\sqrt{[d y^2 + y^2 d x^2]}} - G \sqrt{[1 - z z]}\,(B).$$

6°. Préfentement, on a $\mu o = \alpha . \dfrac{M m}{P p}$; $P M - \pi \mu =$
(*art.* 90) $2 d y - \left(d x + \dfrac{2 d z}{\sqrt{[1 - z z]}}\right)^2 (c - y)$;
$\pi o = \pi \mu - o l$ (on fuppofe que μl eft un arc décrit du
C c ij

centre π & du rayon $\pi\mu$, & que MB eſt perpendiculaire à Bp) $= \pi\mu - \dfrac{a.mB}{Pp}$; $op = \pi o + \dfrac{a.pD}{Pp}$;

$oV = op - \mathcal{C}V[1 - \zeta\zeta]$. Or à cauſe de l'équilibre, on a $M \times oT : \dfrac{P.\mathcal{C}}{2} :: 1 : V[1 - \zeta\zeta]$;

donc $oT = \dfrac{P.\mathcal{C}}{2MV[1 - \zeta\zeta]}$; donc $VT = oV -$

$\dfrac{P\mathcal{C}}{2MV[1 - \zeta\zeta]}$; donc $VT = c - y - 2dy +$

$\left(dx + \dfrac{2d\zeta}{V[1 - \zeta\zeta]}\right)^{2}(c - y) - \dfrac{a.mB}{Pp} + \dfrac{a.pD}{Pp}$

$- \mathcal{C}V[1 - \zeta\zeta] - \dfrac{P\mathcal{C}}{2MV[1 - \zeta\zeta]}$. Cette valeur de VT ajoûtée à la valeur de AV trouvée ci-
deſſus *n.* 5. doit être $= c$. De-là on tirera une équation,
qui, avec l'équation (A), ſervira à chaſſer a & $\mathcal{C}$.

7°. L'angle $AVp = ApP - dx - ppV$, &
l'angle pVT ou $pVo = ppo + ppV + poV$.
Or l'angle $poV = \dfrac{\mathcal{C}\zeta}{c - y}$, & l'angle $ppo =$

$p\pi o - \pi op = p\pi o - \dfrac{a.PD}{Pp.(c - y)}$; l'angle

$p\pi o = p\pi\mu + \mu\pi o = p\pi\mu + \dfrac{\mu o.MB}{Mm.(c - y)}$

$= p\pi\mu + \dfrac{a.MB}{Pp.(c - y)} = p\pi\mu + \dfrac{a}{Pp.(c - y)} \times$

$$\left[PD + (c - y) \cdot \left(dx + \frac{2\,d\,z}{\sqrt{[1 - z z]}}\right)\right]; \text{ l'angle}$$

$p\,\pi\,\mu$ est égal à l'angle $P\,p\,m$, plus l'angle de $\pi\,\mu$ avec $p\,m$, & ce dernier angle (*art.* 90) est $= (d\,x +$

$$\frac{2\,d\,z}{\sqrt{[1 - z z]}}\Big) \cdot \Big(1 + \frac{2\,d\,y}{c - y}\Big); \text{ donc } A\,V\,p +$$

$$p\,V\,T = A\,p\,P + P\,p\,m - d\,x - p\,p\,V + (d\,x +$$

$$\frac{2\,d\,z}{\sqrt{[1 - z z]}}\Big) \cdot \Big(1 + \frac{2\,d\,y}{c - y}\Big) + \frac{a}{P\,p \cdot (c - y)} \times$$

$$\left[PD + (c - y) \cdot \Big(dx + \frac{2\,d\,z}{\sqrt{[1 - z z]}}\Big)\right] -$$

$$\frac{a \cdot P\,D}{P\,p \cdot (c - y)} + p\,p\,V + \frac{6\,z}{c - y}; \text{ mais}$$

$$A\,p\,P + P\,p\,m = A\,P\,M + \frac{2\,d\,z}{\sqrt{[1 - z z]}}. \text{ Donc}$$

$$d\left(\frac{2\,d\,z}{\sqrt{[1 - z z]}}\right) = \left(d\,x + \frac{2\,d\,z}{\sqrt{[1 - z z]}}\right) \times$$

$$\left(\frac{2\,d\,y}{c - y} + \frac{a}{P\,p}\right) + \frac{6\,z}{c - y}. \text{ Si on met}$$

dans cette derniere équation ainsi que dans l'équation (B), les valeurs de a & de 6 trouvées par le n°. 6, on n'aura plus que deux équations qui ne contiendront que la constante $d\,x$ avec les variables y & z, & leurs différences ; & en faisant évanouir la constante $d\,x$, on n'aura plus qu'une équation différentielle à deux variables y, z ; ainsi le Problême ne dépend plus que de la séparation des indéterminées. On peut encore simplifier les équations en nommant k l'angle dont le finus eft z, ce qui donnera $\dfrac{dz}{\sqrt{1 - zz}} = dk$,

$\sqrt{1 - zz} = $ cof. k, & $z = $ fin. k.

REMARQUE I.

152. Si l'on attache un fil ABC (Fig. 41) fixement en A & en C, & qu'un corps B, pefant ou non, puiffe couler librement le long du fil ABC, il eft évident que ce corps B décrira l'ellipfe MBN, dont A & C font les foyers. Mais je dis de plus qu'il la décrira de la même maniere que s'il n'étoit pas attaché au fil, & qu'il defcendit librement dans la cavité de cette ellipfe. Car lorfqu'il fe meut librement dans l'ellipfe, la direction du mouvement qu'il perd à chaque inftant, eft une perpendiculaire à l'ellipfe au point où eft le corps. Mais lorfqu'il fe meut le long du fil ABC, la direction du mouvement qu'il perd à chaque inftant, eft la ligne BF qui divife en deux également l'angle ABC, & cette ligne BF, comme l'on fait par les fections coniques, eft perpendiculaire à l'ellipfe MBN en B. Donc &c.

REMARQUE II.

153. Si un fil $AMBNC$ fixe en A & en C (Fig. 42) paffe à travers un corps $KRBGL$ qui puiffe couler librement dans ce fil, & que toutes les parties de ce corps $KRBGL$ foient animées de viteffes telles qu'il foit en équilibre, je dis que la force réfultante doit

avoir pour direction la ligne GR qui coupe en deux également l'angle AGC, fait par les lignes AK, CL prolongées. Autrement le corps KRL, glifferoit ou vers A ou vers C, & par conféquent il n'y auroit point équilibre, ce qui eft contre la fuppofition.

D'après cette remarque, il eft aifé de trouver la courbe que décriroient les points K, L, & la viteffe de chacun de ces points, fi le corps avoit reçû une impulfion quelconque. Car il y a pour chaque inftant quatre inconnues à trouver, favoir les directions des points K & L, & leurs viteffes. Or il faut que ces directions & ces viteffes foient telles, que $AK + CL$ faffe une quantité conftante, auffi-bien que la diftance KL : de plus, les forces perdues doivent être tellement dirigées pour chacun des points du corps KRL, que la réfultante ait pour direction GR; cette derniere condition produit deux équations. Car regardant la force perdue par chaque particule, comme compofée de deux autres, l'une parallèle, l'autre perpendiculaire à GR, il faut que la fomme de ces dernieres foit zéro, & que la direction de la force réfultante des autres foit GR; on aura donc en tout quatre équations & quatre inconnues, & le Problême fera réfolu. Je n'en donne point le calcul, parce qu'on imagine bien qu'il eft très-long & très-compliqué, & qu'il fuffit ici d'en préfenter l'efprit.

REMARQUE III.

154. Je ne finirai point cette matiere, fans faire ici

une obfervation affez importante fur la folution des Problêmes dans lefquels on fuppofe que les corps fe tiennent par des fils. Comme les fils font fuppofés inexten-
fibles, les corps ne peuvent jamais fe trouver à une diftance l'un de l'autre, plus grande que la longueur qui
les fépare; mais rien n'empêche qu'ils ne puiffent fe
trouver à une diftance plus petite que cette même longueur. Ainfi, deux corps étant, par exemple, attachés
aux deux extrémités d'un fil, fi on leur donnoit des mouvemens tels, qu'ils pûffent fuivre ces mouvemens fans
que le fil s'allongeât, il eft évident qu'ils fuivroient ces
mouvemens précifément de la même maniere que s'ils
étoient libres, & qu'il n'y auroit alors aucun Problême
à réfoudre. Auffi ne pourroit-on pas appliquer à ces fortes de cas le principe général dont nous nous fommes
fervis jufqu'ici: car fi on vouloit faire ufage de ce principe, on trouveroit que les mouvemens par lefquels les
corps devroient fe faire équilibre, au lieu de tendre à
allonger le fil, tendroient au contraire à en rapprocher
les extrémités; & qu'ainfi, puifque le fil ne fait aucune
réfiftance à ce dernier effort, ces mouvemens ne pourroient être détruits.

En général, quand les corps fe tiennent par des fils,
le moyen de s'affurer fi les fils doivent refter toujours
tendus, c'eft de voir fi en les fuppofant tels, les forces
qui doivent faire équilibre, ont des directions qui tendent à allonger le fil. Si cela eft, on aura eu raifon de
fuppofer que les fils ne fe plioient point; finon les corps
feront

feront mûs précifément comme s'ils étoient libres, &
qu'ils ne fuffent pas joints enfemble. On n'a pas befoin
de prendre toutes ces précautions, quand les corps fe
tiennent par des verges inflexibles auxquelles ils font fixement attachés. Car leur diftance eft toujours néceffairement égale à la longueur de la verge qui les fépare,
& ne peut être ni plus grande ni plus petite. Auffi la remarque que nous venons de faire fur le cas où les corps
fe tiennent par des fils, feroit inutile, fi au lieu d'être
joints par des fils, ils l'étoient par des verges inflexibles
unies enfemble par des charnieres. Il y a, au refte, une
analogie parfaite entre ce dernier cas & celui des fils.
Car, quand les mouvemens imprimés à des corps unis
par des fils font tels, que les fils par leur inextenfibilité
puiffent les altérer, il arrive précifément à ces mouvemens le même changement, que fi les fils étoient des
verges inflexibles jointes enfemble par des charnieres.

SCOLIE GÉNÉRAL.

155. Quand on applique notre principe général à la
folution de quelque Probléme de Dynamique, on pourroit craindre quelquefois de fe tromper, en fuppofant
mal à-propos que les mouvemens de certains corps diminuent, lorfqu'ils croiffent réellement, & au contraire.
Mais il en eft ici comme dans une infinité d'autres Problêmes, où le calcul redreffe de lui-même les fauffes
hypothefes que l'on a faites en fuppofant négatif ce qui
devoit être pofitif, ou réciproquement.

D d

Il faudra feulement avoir attention de fuivre exactement dans le calcul les fuppofitions qu'on a faites d'a-
bord, & de ne point donner aux équations une forme
qui contredife ces fuppofitions. Par exemple imaginons
que a, 6, γ, &c. foient les forces perdues par chaque
corps, & que par les fuppofitions qu'on a faites & la
figure qu'on a tracée, ces forces doivent être parallèles
& dirigées dans le même fens : alors fi la condition de
l'équilibre demande que ces forces fe détruifent mutuellement, (abftraction faite de tout point fixe, &
confidérant le corps comme libre), il faudra faire
$a + 6 + \gamma = 0$, & non pas $a + 6 = \gamma$, ou
$a + \gamma = 6$, &c. Mais fi par la fuppofition qu'on a
faite, la force γ, par exemple, fe trouvoit dirigée parallèlement aux forces a & 6, & en fens contraire, alors
il faudroit faire $a + 6 = \gamma$ ou $a + 6 - \gamma = 0$.

De même fi les forces a, 6, γ, devoient agir par
des leviers x, z, y, & que ces leviers fuffent tous
d'un même côté, & les puiffances tous du même
fens, on auroit $a x + 6 z + \gamma y = 0$. Mais fi
y, par exemple, étoit du côté oppofé à x & à z,
tout le refte demeurant de même, on auroit $a x +$
$6 z = \gamma y$ ou $a x + 6 z - \gamma y = 0$, & ainfi du refte.
De-là il s'enfuit que dans les cas propofés les équations
$a + 6 + \gamma = 0$, ou $a x + 6 z + \gamma y = 0$, repréfentent parfaitement & en général les conditions de l'é-
quilibre, pourvû qu'on ait foin dans ces équations de
donner aux quantités a, 6, γ, &c. & x, y, z, &c. les

signes qu'elles doivent avoir selon les suppositions qu'on a faites & les figures qu'on a tracées; il en sera de même de tout autre cas. Avec de telles précautions on n'aura jamais à craindre de s'égarer.

§. IV.

Des Corps qui se poussent ou qui se choquent.

PROBLÊME IX.

156. *Un Corps dont la masse est* m, *& la vitesse* u, *se mouvant sur une même ligne avec un autre Corps dont la masse est* M *& la vitesse* U, *trouver la vitesse de ces Corps après le choc.*

Soit v la vitesse du premier corps après le choc, V celle du second : on fera (*art. 61*) $u = v + u - v$ & $U = V + U - V$. Il faut par notre principe, que $V = v$ & que $m(u - v) + M(U - V) = 0$. Donc

$$v \text{ ou } V = \frac{mu + MU}{M + m}.$$

COROLLAIRE.

157. Si un corps M de masse quelconque animé d'une vitesse donnée U, est choqué par un corps m infiniment petit, dont la vitesse soit u, il recevra par ce choc une quantité de mouvement égale à $m(u - U)$; & si u est infiniment plus grande que U, la quantité de mouvement qu'il recevra sera égale à mu, c'est-à-dire à la quan-

tité de mouvement du corps choquant. On voit par-là, que quand le mouvement d'un corps eſt accéléré ou retardé par une puiſſance impulſive, dont il reçoit, pour ainſi dire, à chaque inſtant des coups réitérés, la quantité de mouvement que le corps perd ou gagne à chaque inſtant, ne doit être regardée comme proportionnelle à la puiſſance impulſive, qu'en regardant cette puiſſance comme une maſſe infiniment petite, animée d'une viteſſe infinie par rapport à la viteſſe du corps pouſſé. En ce cas, l'effet de cette puiſſance eſt toujours le même, ſoit que le corps ſe meuve ou qu'il ſoit en repos.

REMARQUE.

158. C'eſt ici le lieu de prouver ce que nous avons avancé plus haut, (*art.* 22) que le principe des forces accélératrices proportionnelles à l'élément de la viteſſe, ne doit point être employé pour déterminer les mouvemens qui réſultent de l'impulſion. En effet, ſuppoſons, par exemple, qu'un corps vienne en choquer un autre en repos ; la quantité de mouvement gagnée par le choqué, ſera $\dfrac{m\,M\,u}{M+m}$. Il faudroit donc que la cauſe productrice de mouvement fût proportionnelle à $\dfrac{m\,M\,u}{M+m}$. Mais 1°. comment peut-on prouver que la cauſe motrice du corps M eſt proportionnelle à $\dfrac{M\,m\,u}{M+m}$, plutôt qu'à une autre fonction quel-

conque des grandeurs M, m, u? Ne feroit-il pas même affez naturel de penfer que $m\,u$ pourroit être regardé comme proportionnelle à la caufe motrice, ce qui
ne manqueroit pas d'induire en erreur, puifque la quantité de mouvement du corps M n'eft point comme $m\,u$,
toutes chofes d'ailleurs égales? 2°. Quand on fauroit
que la caufe motrice eft proportionnelle à $\dfrac{M\,m\,u}{M + m}$,
on n'en pourroit rien conclure, finon que la quantité
de mouvement du corps M, regardée comme effet
de cette caufe, feroit proportionnelle à $\dfrac{M\,m\,u}{M + m}$,
fans favoir fi elle feroit précifément cette quantité même (*). Il faut donc néceffairement employer d'autres
principes, pour déterminer la quantité abfolue de mouvement du corps choqué.

Lemme IX.

159. *Soit fur un plan* $Q\,R$ *un Corps* $A\,K\,Q\,R$
(*Fig.* 43) *de figure quelconque, qui puiffe gliffer librement fur ce plan de* Q *vers* R, *ou de* R *vers* Q; *& foit un
Corps quelconque* M, *placé fur* K Q *en tel endroit qu'on
voudra; fuppofons que le Corps* A K Q R *ait fuivant* R Q
une viteffe quelconque, & que le Corps M *ait une viteffe &
une direction telle qu'il faffe équilibre au Corps* A K Q R.
Je dis que cela ne peut arriver 1°. que $M\,G$ perpendi-

<hr>

(*) Voyez l'Encyclopédie au mot C a u s e, *Tom. II. p.* 790. Voyez
auffi le mot F o r c e, *Tom. VII. p.* 114, *col.* 2.

culaire à KQ ne foit la direction du corps M. 2°. Que la force du corps M fuivant MO, & la force du corps $AKQR$ fuivant RQ, ne fe réduifent à une feule force dont la direction foit perpendiculaire au plan QR.

COROLLAIRE.

160. Donc la force du corps M doit être à celle du corps $AKQR$, comme GL eft à LS.

SCOLIE.

161. La direction de la force réfultante de celles des deux corps, doit être non feulement perpendiculaire au plan, mais paffer par la bafe QR. D'où l'on voit que fi on mene par le centre de gravité de la figure $AKQR$ une droite parallèle à QR, cette droite doit couper la ligne MO en un point, d'où l'on puiffe mener une perpendiculaire qui tombe fur QR.

PROBLÊME X.

162. *Suppofant le Corps* M *animé d'une force accélératrice quelconque perpendiculaire à la bafe* QR, & *le refte comme dans le Lemme précédent, on demande le mouvement du Corps* M & *de la figure.*

Soient AB, $BС$ (Fig. 44) deux côtés confécutifs de la figure, tels que $AB = BV$, & fuppofons que tandis que le corps M parcourt AB, la figure ait parcouru Aa; enforte que les côtés AB, $BС$ foient parvenus dans la fituation aB, BD: foit $aa = Aa$,

B b = *A* B, & enfin la ligne b𝔡, celle que le corps *M* parcourroit en vertu de fa force accélératrice : les lignes *a* α, B 𝔡 feroient celles que les deux corps parcourroient dans l'inftant fuivant, fans leur action mutuelle. Au lieu de ces lignes ils parcourront, l'un la ligne *a* a, l'autre la ligne Bz, terminée par le côté *b* z parallèle à β *d*; & il faut par notre principe que la maffe du corps *M* animée de la viteffe z 𝔡 faffe équilibre à la maffe *m* de la figure, animée de la viteffe a α. D'où il s'enfuit que 𝔡 z doit être perpendiculaire à *b* z, & que $m . \alpha a : M . z 𝔡 :: i \, b : z 𝔡$. Donc $m . \alpha a = M . i \, b$; mais $i \, b = k \, z — b \, o — a \, \alpha$ & $a \, \alpha = d (\alpha a)$; donc fi on nomme $A \, a$, $d \, u$, $B \, K$, $d \, y$, on aura $m \, d \, d \, u = M \, d \, d \, y — M \, d \, d \, u$, ou $d \, d \, u . (M + m) = M \, d \, d \, y$. Equation générale & fort fimple pour trouver le mouvement des deux corps, quelle que foit la force accélératrice qui agiffe fur le corps *M*, pourvû que cette force foit toujours perpendiculaire à *Q R*.

S C O L I E   I.

163. Les conftantes qu'il faut ajoûter dans l'intégration de l'équation $M \, d \, d \, y = (M + m) . d \, d \, u$, dépendent du premier $d \, y$ & du premier $d \, u$, qu'il eft toujours facile de trouver. Par exemple, fi la direction du mouvement du corps *M* en *A* (Fig. 45) eft fuivant la tangente de la courbe *A B* en *A*, il faudra tirer la tangente *A P*, & prendre $A O = \dfrac{P \, N . M}{M + m}$, pour avoir

le point O où la figure se trouvera, lorsque le corps M sera en N (46).

Si le corps M agit par sa seule force accélératrice sans aucune impulsion primitive, il faudra tirer AQ perpendiculaire à BD, & prendre $AO = \dfrac{NQ \cdot M}{M + m}$.

Au reste, il est clair par l'article 84 que dans ce dernier cas, le centre de gravité commun des deux corps descend dans une ligne droite verticale.

Scolie II.

164. On pourroit donner plusieurs autres solutions de ce Problême, qui toutes font parvenir à l'équation $M\, ddy = (M + m) \cdot ddu$: j'ai préféré la solution qu'on vient de voir à toutes les autres, parce qu'elle est extrêmement simple.

---

(46) $i\, b$ (fig. 44) est l'espace que le corps parcourt de moins dans le second instant que dans le premier, parallèlement au plan. Or la quantité dont le corps est retardé à chaque instant est la quantité dont il s'avance parallèlement au plan par son mouvement propre, moins le mouvement avec lequel la figure l'entraîne ; donc puisque $i\, b = ddy - ddu$, & que ddu marque ce dernier mouvement, ddy marque le premier ; donc dans l'intégration de l'équation $M\, ddy = (M + m)\, ddu$, on ne doit pas toujours prendre $M \times KB$ pour l'intégrale de $M\, ddy$; car $\int ddy$ doit être ici la somme de tous les petits espaces que le corps M parcourt parallèlement au plan par son mouvement propre : or cet espace total est déterminé par la direction primitive du corps. S'il tend à se mouvoir au premier instant suivant AK, BK sera $\int ddy$, puisque sans la surface courbe il seroit arrivé au point K ; si au contraire il tend au premier instant à se mouvoir suivant AP (fig. 45), PN sera $\int ddy$, puisqu'en vertu de cette seule tendance il seroit venu au point P.

Tous

Tous les Problêmes analogues à celui-ci qu'on pourra propofer, fe réfoudront toujours par l'application de notre principe, & il n'y aura de difficulté que dans le calcul.

LEMME X.

165. *Soient deux Sphères* G, C (Fig. 36), *mûes fuivant* G B, C D, *avec des viteffes qui foient repréfentées par les lignes infiniment petites* G B, C D; *il eft clair que fi* D B = C G, *c'eft-à-dire fi* D E = B F, *les mouvemens de ces deux Sphères ne fe nuiront point l'un à l'autre ;* d'où il s'enfuit qu'en général, pour que ces Sphères ne fe nuifent point, il faut dans chacune que la viteffe du point touchant *A* fuivant la perpendiculaire *C A G* aux deux corps, foit la même de part & d'autre. En effet on aura pour lors $E D = F B$; donc $D B = C G$.

COROLLAIRE.

166. Si deux corps de figure quelconque fe touchent, alors en regardant comme une petite furface fphérique leur point d'attouchement commun, on verra que pour que ces deux corps ne fe nuifent point, la viteffe du point d'attouchement eftimée fuivant une perpendiculaire aux deux furfaces en ce point, doit être la même pour chacun d'eux.

LEMME XI.

167. *Si tant de Corps qu'on voudra viennent fe choquer*

E e

de maniere, qu'en les fuppofant parfaitement durs &
fans reffort, ils demeurent tous en repos après le choc;
je dis que s'ils font à reffort parfait, ils retourneront en
arriere chacun avec la viteffe qu'il avoit avant le choc.
Car l'effet du reffort eſt de reſtituer en ſens contraire
à chaque corps le mouvement qu'il a perdu par l'action
des autres.

C O R O L L A I R E.

168. Donc ſi tant de corps durs qu'on voudra ſe choquent à la fois, & que a, b &c. foient leurs viteſſes avant
le choc, qui foient changées après le choc en a, b &c.
alors regardant les viteſſes a, b &c. comme compoſées
des viteſſes a, α; b, $\mathcal{C}$; &c. les viteſſes de ces mêmes
corps après le choc (dans le cas où ils feront élaſtiques)
feront compoſées des viteſſes a, — α; b, — $\mathcal{C}$; &c.

Nous ne parlerons donc dans les Problêmes ſuivans
que du choc des corps durs, puiſqu'on en déduit aiſément les loix du mouvement des corps élaſtiques.

Je n'examine point ici s'il y a des corps parfaitement
durs: c'eſt une queſtion qui appartient plutôt à la Phyſique
qu'à la Mécanique, & je ne ſuppoſe ici des corps parfaitement durs, que comme on ſuppoſe d'ordinaire dans la
Mécanique des leviers inflexibles, des machines ſans frottement &c. Je ſuppoſe auſſi comme une vérité d'expérience, que le reſſort rend à chaque corps en ſens contraire ce qu'il a perdu de mouvement par le choc, ſans
examiner de quelle maniere ſe fait cette reſtitution.

D'un Corps qui en choque plusieurs autres à la fois.

PROBLEME XIV.

174. *Suppofons qu'un corps fphérique* A, (Fig. 51) *mû fuivant une ligne donnée* A Q *avec une viteffe donnée, rencontre à la fois les deux Corps en repos* B, C, *on demande les directions & les viteffes de ces trois Corps après le choc.*

Soit $AN = u$ la viteffe du corps A avant le choc, AR fa direction cherchée après le choc, & $AV = v$ fa viteffe après le choc; BZ, CX les viteffes que reçoivent les corps B, C; on fuppofe que toutes ces lignes AN, AV, BZ, CX qui repréfentent des viteffes, font infiniment petites.

La viteffe BZ du corps B, & la viteffe AV du corps A, doivent être telles, (*art. 165*) que $VZ = AB$. De même la viteffe CX du corps C, & la viteffe AV du corps A doivent être telles que $VX = AC$. De plus, fi dans l'inftant du choc, on fuppofe le corps A animé des mouvemens AV, VN, ou AV, Ap, & les corps B, C animés (*art. 61*) des mouvemens égaux & contraires BZ, Bz; CX, Cx; il faut par notre principe, que les corps A, B, C, animés des mouvemens Ap, Bz, Cx, fe faffent équilibre.

Soient les données $AQ = a$, $QS = T$, $QT = T$, & les inconnues $QR = t$, $AV = v$; on aura (en menant RO perpendiculaire à AS & Ro à AT)

$$\frac{R\,O}{A\,R} = \frac{(T-t)\cdot a}{\sqrt{[a^2+T^2]}\cdot\sqrt{[a^2+t^2]}} \; ; \; \frac{R\,o}{A\,R} = \frac{(T+t)\cdot a}{\sqrt{[a^2+T^2]}\cdot\sqrt{[a^2+t^2]}}$$

; de plus, à caufe de $VZ = AB$, on aura

$$B\,Z = \frac{A\,V\cdot A\,O}{A\,R} = v\left(\frac{\sqrt{[a^2+T^2]}}{\sqrt{[a^2+t^2]}} - \frac{(T-t)\cdot T}{\sqrt{[a^2+T^2]}\cdot\sqrt{[a^2+t^2]}}\right).$$

On trouvera par un raifonnement femblable

$$C\,X = v\left(\frac{\sqrt{[a^2+T^2]}}{\sqrt{[a^2+t^2]}} - \frac{(T+t)\cdot T}{\sqrt{[a^2+T^2]}\cdot\sqrt{[a^2+t^2]}}\right).$$

Mais fi on mene du point V la perpendiculaire VP fur AN, on aura, à caufe de l'équilibre,

$$A\cdot P\,N = B\cdot\frac{B\,Z\cdot A\,Q}{A\,S} + C\cdot\frac{C\,X\cdot A\,Q}{A\,T}, \;\&$$

$$A\cdot V\,P = \frac{B\cdot B\,Z\cdot Q\,S}{A\,S} + \frac{C\cdot C\,X\cdot Q\,T}{A\,T}.$$

En mettant dans ces équations au lieu des lignes qui y entrènt, leurs valeurs analytiques, on parviendra à déterminer v & t; & on verra, fi l'on veut en faire le calcul, qu'il n'y a jamais que des équations linéaires à réfoudre. En effet, on tirera d'abord des deux équations la valeur de $\dfrac{v}{\sqrt{a^2+t^2}}$; comparant ces deux valeurs, on fera difparoître le radical $\sqrt{a^2+t^2}$, & on aura une équation, où il n'y aura plus que t d'inconnue, & où cette inconnue fe trouvera au premier degré :

plus les boules *F*, *E* devant aller auffi de compagnie avec la boule *A*, auront une viteffe qui fera à la viteffe du corps *A* après le choc, comme le cofinus de l'angle *B A F* au finus total, & qui par conféquent fera comme infiniment plus grande que la viteffe perdue par le corps *A*. Mais par notre principe, le corps *A* animé de la viteffe qu'il a perdue, doit faire équilibre aux corps *E*, *F*, *C*, *D* animés en fens contraire de ce qu'ils ont gagné de viteffes : or la viteffe perdue par le corps *A* étant (*hyp.*) très-petite, ne fauroit faire équilibre aux viteffes finies des corps *E*, *F*. Donc la viteffe des boules *C*, *D* ne fauroit être de très-peu augmentée. Mais d'un autre côté fi leur viteffe eft augmentée d'une quantité qui ne foit pas très-petite, alors elles ne pourront aller de compagnie avec le corps *A*, dont la viteffe doit néceffairement être diminuée.

On rencontre une nouvelle difficulté dans l'application du calcul à ce Problême. Car on trouve très-aifément les expreffions des viteffes des cinq corps après le choc, quoique fuivant la remarque que nous venons de faire, il ne paroiffe pas qu'il doive être facile de les trouver. Cependant le calcul eft fondé expreffément fur les deux conditions, que les cinq corps aillent de compagnie après le choc, & qu'animés en fens contraire de ce qu'ils ont perdu ou gagné de viteffe, ils fe faffent équilibre.

Mais fi on examine de quelle maniere le calcul fatisfait à ces conditions, on verra que de la façon dont il les exprime, elles ne s'accordent pas toujours avec la nature du Problême, & peuvent même conduire à une fauffe folution, fi on ne les applique comme il faut à la queftion propofée. Pour que les corps, par exemple, aillent de compagnie après le choc, il faut que les viteffes de ces corps eftimées fuivant une perpendiculaire à l'endroit du contact, foient égales entr'elles, condition que le calcul exprime. Mais il faut de plus que ces viteffes foient dans le même fens ou dans des fens différens, felon l'exigence du cas : condition que le calcul n'exprime point, & ne peut exprimer. De même, pour qu'il y ait équilibre entre les corps touchans F, C, D, E & le corps A, il ne fuffit pas que la fomme des mouvemens de même part foit $= o$, ce qui eft la feule chofe que le calcul exprime; il faut encore que les mouvemens faifant équilibre, foient dirigés fuivant AB, FA, CA, DA, EA.

Comme le calcul ne peut exprimer ces conditions, ce n'eft qu'après avoir trouvé les valeurs & les directions des inconnues, qu'on peut voir fi ces conditions font remplies. Si toutes les conditions ne font pas remplies, comme il arrive dans le cas dont il s'agit ici, c'eft une marque qu'il y a de certains corps dans le fyftême qui ne fouffrent rien de l'action des autres, & dont les mouvemens ne reçoivent aucun changement. Ainfi dans le cas préfent, quoique les corps C & D ayent une viteffe moindre que la viteffe du choquant A, néanmoins ces corps C & D ne recevront aucun changement, &

tout

tout fe paffera de la même maniere, que fi le corps *A* choquoit les deux corps *E*, *F* feuls. Car les corps *C* & *D* ne peuvent diminuer de viteffe par la rencontre du corps *A*: ils ne peuvent non plus recevoir de viteffe par l'action du corps *A*; car comme on l'a vû ci-deffus, ces corps ne peuvent aller de compagnie avec le corps *A* après le choc. Or il n'y aura point d'action entre les corps *A*, *C*, *D* s'ils ne vont pas de compagnie après le choc. En effet, quand il y a action entre deux corps, leurs mouvemens peuvent toujours fe réduire à des mouvemens dans le même fens pour chacun, par lef-quels ils ne fe nuifent point, & à des mouvemens con-traires qui fe détruifent. Or les mouvemens contraires ne peuvent fe détruire, que les mouvemens dans le mê-me fens ne foient égaux. Car fi le premier corps alloit plus vîte que le fecond, il n'y auroit entre l'un & l'au-tre aucune action mutuelle poffible.

R*EMARQUE* III.

177. Il n'en eft pas de même, lorfque les corps *A*, *C*, *D*, *E*, *F* font des corps à reffort. La viteffe du corps *A* ne diminue que petit à petit & par des degrés infenfi-bles; ainfi il ne peut manquer d'agir fur les corps *C*, *D*, & par conféquent il doit néceffairement altérer leurs mouvemens. C'eft pourquoi il faut bien fe garder, pour trouver dans ce cas-là les viteffes après le choc, de fe fervir de la regle que nous avons donnée *art.* 168.

Cette réflexion m'en a fait faire une autre; c'eft que

pour les loix du choc des corps à reffort qui fe rencontrent plufieurs à la fois, cette même regle peut être fouvent très-fautive.

Suppofons, par exemple, les cinq corps A, F, E,
C, D (Fig. 52) à reffort parfait; il fe fait dans l'inftant
du choc une compreffion dans chacun de ces corps, telle
que le corps choqué reçoit à chaque inftant en arriere,
fuivant chacune des directions FA, CA, DA, EA
une quantité de mouvement infiniment petite, égale à
celle que les corps F, C, D, E reçoivent en avant :
ces corps s'applatiffent ainfi de plus en plus, jufqu'à ce
qu'enfin ils puiffent aller de compagnie avec des viteffes
qui foient égales dans le même fens; pour lors ils commencent à fe rétablir peu à peu, & perdent ou gagnent
de nouveau des quantités de mouvement égales à celles
qu'ils ont déja perdues ou gagnées.

Mais comme nous ignorons entiérement fuivant quelle
loi le reffort produit l'accélération dans les corps, nous
ne pouvons favoir fi les cinq corps ceffent d'être comprimés tous cinq au même inftant; & fi, par exemple,
les corps C & D ne commencent pas à fe rétablir, quoique les corps E, F ne foient pas encore entiérement
comprimés. En ce cas, les cinq corps n'iroient point de
compagnie après le choc, en fuppofant même que le
reffort ne les rétablît pas dans leur premier état. Or fi cela étoit, il ne faudroit plus pour trouver le mouvement
des cinq corps après le choc, fe fervir de la méthode
de l'*art.* 168, en regardant d'abord les cinq corps com-

me durs ; car cette méthode fuppofe formellement, que les cinq corps (abftraction faite de leur reffort) aillent de compagnie après le choc.

Une raifon qui donne lieu de douter que la compreffion finiffe dans le même inftant pour tous les cinq corps, c'eft qu'il y a néceffairement des cas où cela ne peut arriver, comme quand les corps *C* & *D* font fuppofés avoir une viteffe parallèle à *A L*, & qui foit de très-peu moindre que celle du corps *A* fuivant *A L*.

S'il y a des cas où la compreffion des cinq corps puiffe finir en même tems, on conçoit qu'en changeant quelques circonftances, alors la compreffion pourra ne pas finir dans le même tems ; par exemple, fi la boule *A* rencontre quatre boules *C*, *D*, *E*, *F*, égales & en repos, & que la compreffion dans ce cas-là finiffe au même inftant pour toutes les boules (ce qui ne peut pourtant être prouvé) on conçoit qu'en augmentant la maffe des deux boules *C* & *D*, il pourra fe faire que ces deux boules achevent d'être comprimées avant les deux boules *E*, *F*, ou ne le foient qu'après. Il eft donc abfolument néceffaire de chercher comment il faut s'y prendre dans ce cas, pour avoir les loix du choc. C'eft ce qu'on va voir dans l'article fuivant.

Du choc des Corps à reffort qui fe rencontrent
plufieurs à la fois.

178. Je regarde avec plufieurs Auteurs deux corps à reffort *A*, *B* qui fe choquent, (Fig. 53, 54) com-

G g ij

me s'ils étoient réduits à leurs centres de gravité A, B, & qu'il y eût un ressort placé entre deux, capable de contraction & de dilatation, ce qui représente la compression & restitution successive des deux corps. De plus comme la compression se fait en fort peu de tems, j'imagine que ce ressort ne se dilate & ne se contracte pas beaucoup, mais qu'étant très-peu contracté il a une très-grande force ; & j'exprime cette force par une fonction de la quantité dont le ressort est contracté ou dilaté, c'est-à-dire que je suppose proportionnelle à cette fonction la petite quantité de mouvement que l'un des corps perd, & que l'autre reçoit à chaque instant : car ces deux quantités de mouvement sont égales (*art.* 157), parce que le ressort tend à se débander également en sens contraires, avec une vitesse qu'on doit regarder comme infinie par rapport à celle des deux corps, sa masse étant infiniment petite par rapport à celles de ces mêmes corps.

Cela supposé, si a, b (Fig. 54) sont les points où sont parvenus les corps A, B, & qu'on nomme Aa, x, Bb, y, & t le tems écoulé, on aura $-Addx = \varphi(x-y).dt^2$, & $Bddy = \varphi(x-y).dt^2$; d'où l'on tire $-Addx = Bddy$, & $ndt - Adx = Bdy$, n étant un nombre constant, qu'on déterminera de la maniere suivante ; on supposera que a, b soient les vitesses des corps A, B quand $t = 0$; on aura par conséquent lorsque x, & $y = 0$, $\dfrac{dx}{dt} = a$ & $dy = bdt$: donc $n = Aa + Bb$.

L'équation intégrée donne $nt - Ax = By$, & par

conséquent $-Addx = \varphi\left(x - \dfrac{nt - Ax}{B}\right)dt^2$;

si l'on fait $x - \dfrac{nt - Ax}{B} = u$, on aura (à cau-

se de dt conftant) $- \dfrac{A.B\,ddu}{B+A} = \varphi u . dt^2$, &

$- \dfrac{A.B\,du\,ddu}{B+A} = dt^2 . du\,\varphi u$; d'où l'on tire

$Aq\,dt^2 - \dfrac{A.B\,du^2}{2.(B+A)} = dt^2 \int du\,\varphi u$, &

$$dt = \frac{du\sqrt{B}}{\sqrt{[2.(B+A)]}.\sqrt{\left[q - \dfrac{\int du\,\varphi u}{A}\right]}}.$$

179. Au refte, fi je donne ici cette folution, ce n'eft
pas qu'elle foit néceffaire pour trouver le mouvement
des corps A, B; car dans cette hypothefe il leur arrive
précifément le même changement, que fi la compreffion
& la reftitution fe faifoient chacune dans un inftant : &
comme c'eft principalement le mouvement après le choc
qu'on cherche, que d'ailleurs la loi d'accélération ou de
retardation inftantanée eft inconnue, il eft évident que la
folution précédente ne peut jetter aucune lumiere fur ce
cas particulier; auffi n'eft-elle ici que comme une intro-
duction à des cas plus compliqués.

180. Dans la figure 55. imaginons que les corps A, C,
D, E, F foient des points unis par des refforts AC,
AD &c. & cherchons fimplement les viteffes des corps

A, F, C, parce que les corps E, D doivent subir précisément les mêmes changemens que les corps F, C; supposons les corps arrivés en a, f, c; menant les perpendiculaires $a\varphi$, ax, on aura $af = \varphi f$ à cause que les lignes Aa, Ff sont très-petites, le ressort AF n'étant que très-peu compressible, comme nous l'avons supposé plus haut. Si on nomme p le cosinus de l'angle BAF, r celui de BAC; on aura en faisant Aa, x, Ff, y, Cc, z; $- Addx = [2p\varphi$ $(px - y) + 2r\varphi(rx - z)]dt^2$ (48); $Fddy = \varphi$ $(px - y)dt^2$; $Cddz = \varphi(rx - z)dt^2$. Il y a un cas où ces équations peuvent être séparées en général, c'est celui où $\varphi(px - y) = F(px - y)$; $\varphi(rx - z) = G(rx - z)$ (G & F étant des constantes); en ce cas-là on peut trouver les valeurs de x, de y & de z en t, par la méthode expliquée dans la solution du Problême V. ci-dessus, où nous avons enseigné la maniere de construire des équations semblables. Le ressort cessera de se comprimer entre les corps A, F, lorsque pdx sera $= dy$, & entre les corps A, C, lorsque rdx sera $= dz$.

181. Lorsque le corps A ne choque que deux corps

---

(48) La quantité dont le ressort AF est comprimé lorsqu'il devient af, est $AF - af = A\varphi + \varphi F - af$; mais $af = \varphi f = \varphi F + Ff$, comme on l'a déja remarqué; donc la quantité dont le ressort est comprimé, sera $A\varphi - Ff = px - y$. De plus la force $\varphi(px - y)$ dirigée suivant fa, exerce suivant aA une action exprimée par $p\varphi(px - y)$; la même chose doit se dire du ressort AC; donc $- Addx = $ &c.

F, E femblablement fitués de part & d'autre ; ce qui arrive au corps F devant également arriver au corps E, il n'y a pas plus de difficulté, que fi le corps A ne choquoit que le feul corps F, & tout fe paffe à peu près, comme fi la compreffion & la reftitution fe faifoient en un inftant ; c'eft pourquoi les calculs précédens font alors fort peu néceffaires. Ils peuvent néanmoins fervir à trouver exactement la viteffe du corps A, & le chemin du corps F, qui fe meut, non fuivant la droite Ff, comme nous l'avons fuppofé, & comme on peut le fuppofer fans erreur, mais fur une très-petite courbe.

Les équations qu'on trouve d'abord, en fuppofant que F fe meuve fuivant Ff, & que $af = \varphi f$, font $-Addx = 2p\varphi(px - y)dt^2$, & $Fddy = \varphi(px - y)dt^2$. d'où l'on tire, comme dans l'*art.* 178, la valeur de x de y en t. Mais fi on nomme fo, (Fig. 56) s, on aura de plus la force fuivant fo égale à la force fuivant ao multipliée par $\dfrac{fo}{ol}$, c'eft-à-dire par $\dfrac{a\varphi}{FA}$ ou par $\dfrac{x\sqrt{[1 - p^2]}}{a}$, (en appellant FA, a) & l'on prendra au lieu de $px - y$, la quantité plus exacte $px - y - \dfrac{(1 - p^2)}{2a} \cdot x^2$, parce que $AF - ao$ (en négligeant les différences troifiémes), eft $A\varphi - Ff - \dfrac{a\varphi^2}{2FA}$ (49). On

---

(49) $AF - ao = A\varphi + il - i\varphi - Fl - al - lo = A\varphi - i\varphi - Ff$,

remarquera enfuite que dans la premiere des équations précédentes, au lieu de $2p$, double du cofinus de l'angle BAF, il faut mettre le double du cofinus de l'angle Bal (50), qu'on trouvera $= p - \dfrac{x\sqrt{[1 - p^2]}}{a} \times \sqrt{[1 - p^2]}$; cela pofé, nommant u la diftance entre les deux corps, on aura les équations $- A\,ddx = 2p\,\varphi(u)\,dt^2 - \dfrac{2x(1 - p^2)}{a}\,\varphi u.\,dt^2$; & (51) $Fddy = \varphi u.\,dt^2$; de plus on a $- du = p\,dx - \dfrac{x\,dx\,(1 - p^2)}{a} - dy$, & par conféquent $- ddu = p\,ddx - ddy - d\left(\dfrac{x\,dx.\overline{1 - p^2}}{a}\right)$; ou

$$- ddu = - \frac{2pp\,\varphi u.\,dt^2}{A} + \frac{2px(1 - p^2)\,\varphi u.\,dt^2}{aA} - \frac{\varphi u\,dt^2}{F} - d\left(\frac{x\,dx.(1 - p^2)}{a}\right).$$

parceque $lo = lf$ à un infiniment petit du troifiéme ordre près, comme il eft aifé de le voir ; de plus $i\varphi = \dfrac{a\tau^2}{2\,il} = \dfrac{a\upsilon^2}{2\,AF}$, en négligeant les quantités infiniment petites du troifiéme ordre.

(50) Cof. $Bal = $ cof. $(BAl + Ala) = $ cof. $BAl \times$ cof. $Ala -$ fin. BAl fin. Ala; mais cof. $Ala = 1$, puifque cet angle eft infiniment pe- tit; fin. $BAl = \sqrt{1 - p^2}$; & fin. $Ala = \dfrac{a\varphi \times 1}{al} = \dfrac{a\upsilon \times 1}{AF} = \dfrac{x\sqrt{1 - p^2}}{a}$. Donc &c.

(51) Nous fuppofons ici que la force fuivant Ff pour le corps F eft la même que la force fuivant ao, parce qu'elles ne différent l'une de l'autre que d'une quantité infiniment petite du *fecond* ordre, & que nous n'avons égard ici qu'aux quantités infiniment petites du *premier* ordre, négligées dans le premier calcul.

Or

Or par la premiere solution approchée, on a une valeur de x en u, & de plus une équation séparée entre dt & du, c'eft-à-dire une valeur de dt en u & du, & par conféquent une valeur de du en u & en dt; faifant donc les fubftitutions convenables, c'eft-à-dire mettant au lieu de x fa valeur en u dans les termes $\dfrac{2\,p\,x\,(1-p^2)\,\phi\,u\,.\,dt^2}{a\,A}$;

& $\dfrac{d\,(x\,dx)\,\overline{1-p^2}}{a}$, au lieu de $d\,d\,x$ fa valeur $\dfrac{-2\,p\,\phi\,u\,dt^2}{A}$, & au lieu de dx^2 fa valeur, qu'on trouve aifément égale au produit de dt^2 par une fonction de u, on parviendra à une équation de cette forme $-d\,d\,u=\dfrac{-2\,p\,p\,\phi\,u\,.\,dt^2}{A}-\dfrac{\phi\,u\,.\,dt^2}{F}+V\,dt^2$,

V étant une fonction de u. Or cette équation eft intégrable. Maintenant u étant connue en t, ou plutôt t en u, on aura la valeur de x & de y par une méthode fort fimple. Car la premiere folution donne $x=\Delta u$, & la feconde donne $dt=du\,\Gamma u$; donc mettant Δu au lieu de x dans le terme $\dfrac{2\,x\,(1-p\,p)\,\phi\,u\,.\,dt^2}{a}$, on aura $-A\,d\,d\,x=dt^2\,\Xi\,u$, & $-A\,x+B\,t+C=\int dt\int dt\,\Xi\,u$: d'où l'on aura la valeur de x en u. Celle de y fera encore plus facile à trouver, puifque $F\,y+D\,t+G=\int d\,t\int d\,t\,\phi\,u$.

On aura enfin l'équation $F\,dds=\dfrac{x\,V\,[1-p^2]}{a}\times$

$dt^2 \varphi (p\bar{x} - \bar{y})$; & comme x & y font connues en t; tout le monde voit que l'intégration eft fort fimple.

R E M A R Q U E.

182. Il réfulte de l'article précédent, que quand le corps A choque deux corps à reffort C, D (Fig. 55), également fitués de part & d'autre de la direction AB du corps choquant, les viteffes de ces trois corps après le choc font, finon exactement, au moins à peu près les mêmes, que fi la compreffion & la reftitution du reffort fe faifoient dans un inftant. Il n'en feroit pas de même, fi les boules choquées n'étoient pas femblablement fituées de part & d'autre de la boule choquante.

En effet, fuppofons que la boule dure A mûe fuivant AB (Fig. 57) rencontre les boules dures & en repos C, D avec une viteffe repréfentée par $A\alpha$; fuppofons de plus que cette boule A ne change point de direction après le choc, & que $A\alpha$ foit fa viteffe, on aura (en faifant les parallélogrammes $An\alpha X$, $Apai$, & menant les lignes ax, ad perpendiculaires à AC, AD) (52) $C . Ax = A . iX$; & $D . Ad = A . np$: donc $iX : np :: C . Ax : D . Ad$; c'eft-à-dire que comme $n\alpha$

---

(52) Les trois corps devant aller de compagnie après le choc, le corps C doit avoir la viteffe Ax (*art.* 165), puifque le corps A étant fuppofé garder la viteffe $A\alpha$ aura la viteffe Ax dans la direction AC; mais en vertu du principe, le corps C animé en fens contraire de la viteffe Ax doit faire équilibre au corps A animé de la viteffe iX qu'il a perdue; donc &c. Même raifon de la feconde équation.

eſt à *A n*, ainſi le coſinus de l'angle *B A C*, multiplié par *C*, doit être au produit du corps *D* par le coſinus de l'angle *B A D*. Donc le produit du corps *C* par le ſinus de l'angle *B A C*, & par ſon coſinus, doit être egal au produit du corps *D* par le ſinus de l'angle *B A D*, & par ſon coſinus.

Si les corps *C* & *D* ſont égaux, on aura le produit du ſinus d'un des angles par ſon coſinus, égal au produit du ſinus de l'autre angle par ſon coſinus, ce qui ne peut arriver, à moins que les angles ne ſoient complément l'un de l'autre à 90 degrés, & qu'ainſi l'angle *D A C* ne ſoit droit. On aura pour lors *A i* : *A x* :: *A p* : *A d*. Donc, ſi on ſuppoſe la ligne *A a* infiniment petite, on voit que dans le cas où les trois corps *A* , *C* , *D* ſont à reſſort, ſi l'action des reſſorts *A C*, *A D* n'eſt pas comme les lignes *A x*, *A d*, le point *A* ſera écarté de la ligne droite *A a* dès le premier inſtant, & qu'ainſi les loix du choc entre ces trois corps ſeront fort différentes de ce qu'elles ſeroient, ſi la compreſſion & la reſtitution ſe faiſoient en un inſtant.

183. Soit en général *A B* (Fig. 58) la direction du corps choquant, *A a* la courbe qu'il décrit pendant la compreſſion & la reſtitution du reſſort, $A i = x$, $a i = z$, $C c = y$, $D \delta = u$, le coſinus de $D A C = r$; on aura $A x - C c = x + rz - y$, & $A d - D \delta = z + rx - u$, & l'on trouvera $- A d d x = \varphi (x + rz - y) . d t^2$; $- A d d z = \varphi (z + rx - u) d t^2$; $C d d y = \varphi (x + rz - y) d t^2$, $D d d u = \varphi (z + rx - u) d t^2$;

H h ij

d'où l'on tire $- A\,dd\,x = C\,dd\,y$, & à $t - A\,x = C\,y$;
& de même $- A\,dd\,z = D\,dd\,u$, & à $t - A\,z = D\,u$.
On aura donc (en mettant dans les deux premieres équations, pour y & u leurs valeurs) deux équations où il ne
restera plus que deux inconnues x, z, & qui pourront
se construire par les méthodes expliquées ci-dessus, si
$\varphi\,(\,x + r z - y\,) = F.\,(\,x + r z - y\,)$ & si $\varphi\,(z + r x - u)$
$= G.\,(\,z + r x - u\,)$.

184. Soient deux corps A, a (Fig. 59), unis par un
ressort $A\,a$, qui se choquent suivant $A\,D$, $a\,d$, de maniere que leur centre de gravité C restât en repos, s'ils
pouvoient se mouvoir suivant $A\,D$, $a\,d$; ces deux corps
décriront deux courbes semblables $A\,G$, $a\,g$ pendant le
tems de la compression (53), & la compression finira
lorsque $G\,g$ sera perpendiculaire à chacune des courbes;
ensuite pendant la restitution du ressort, ils décriront les
courbes $G\,F$, $g\,f$ semblables aux premieres; d'où l'on
voit que leur mouvement après le choc sera le même,
que si la compression & la restitution se faisoit dans un
instant. Cela est vrai en général, lorsque deux corps à

---

(53) L'état du centre de gravité ne changeant point par l'action des corps
entr'eux, ce centre doit rester en repos pendant la compression, si, comme
on le suppose, il a dû y rester sans la compression : or dans ce cas les distances des deux corps à ce point immobile gardant toujours le rapport réciproque de ces deux corps, seront toujours dans le même rapport : donc les
deux courbes $A\,G$, $a\,g$ seront semblables ; il en sera de même après la compression. De plus il est aisé de voir que la compression doit finir quand la ligne $G\,g$ qui joint les deux corps est perpendiculaire aux courbes qu'ils décrivent, puisqu'ils sont alors le plus près l'un de l'autre qu'il est possible.

reſſort viennent à ſe choquer d'une maniere quelconque ;
car il eſt aiſé de voir que le mouvement de leur centre
de gravité ne changeant point par leur action mutuelle ,
il n'y a qu'à chercher quels ſeroient leurs mouvemens
après le choc s'ils venoient ſe frapper de maniere que
leur centre de gravité fût en repos , & donner enſuite à
tout le ſyſtême le mouvement du centre de gravité (54).

Si les deux corps étoient mous, leurs viteſſes après le
choc ſeroient plus grandes que s'ils étoient durs. Car
dans le cas de la dureté des deux corps , les viteſſes après
le choc ſeroient aux viteſſes avant le choc, comme Cd
à Ca (55) ; & dans le cas où ils ſeroient mous, c'eſt-à-
dire où le reſſort ſe comprimeroit ſans ſe rétablir, ces
mêmes viteſſes ſeroient comme Cd à Cg. Or $Cg < Ca$.
Donc &c.

---

(54) Car ce mouvement étant commun à toutes les parties du ſyſtême ,
ces parties n'ont point d'autre action les unes ſur les autres que celle qui ré-
ſulteroit des mouvemens en vertu deſquels le centre de gravité reſteroit en
repos. A l'égard de la viteſſe du centre de gravité on a donné le moyen de la
déterminer , art. 72.

(55) Dans le cas des corps durs, ſi ab infiniment petite repréſente la viteſſe avant le choc, alors tirant Cbc & décrivant l'arc ac , cet arc exprimera
la viteſſe après le choc, puiſque le centre eſt ſuppoſé reſter en repos & que
la viteſſe perdue doit être dirigée ſuivant cb ; or $ac : ab :: Cd : Ca$. Dans
le cas des corps mous, la viteſſe après le choc ſera à la viteſſe avant le choc
$:: Cd : Cg$; car les viteſſes d'un corps qui décrit une courbe en vertu d'une
force dirigée à un point fixe, ſont en raiſon inverſe des perpendiculaires
menées de ce point ſur les tangentes. Or Cg étant $< Ca$, on a $\dfrac{Cd}{Cg}$
$> \dfrac{Cd}{Ca}$. Donc &c.

SCOLIE GÉNÉRAL.

185. Ce n'eft-là qu'une très-petite partie des queftions qu'on peut agiter fur le choc des corps. En voici
quelques-unes qui méritent l'attention des Géometres.

I.

Nous avons fait voir dans l'Encyclopédie au mot *Elaf-
tique*, Tome V. p. 447. col. 2. que le reffort, quand il
rendroit parfaitement aux corps choquans la figure qu'ils
ont perdue par le choc, pourroit bien ne leur pas rendre pour cela toute leur viteffe, & même qu'il ne la leur
rendoit pas en effet. Mais la quantité de viteffe perdue
dépend de la figure & de la matiere du corps, & ne
peut être déterminée que d'une maniere hypothétique
& conjecturale. En effet imaginons une fuite de points
ou d'atomes parfaitement durs, difpofés en ligne droite,
& unis par des refforts infiniment petits placés entre
chaque corps. Ce fyftême de points durs ainfi unis re-
préfentera affez exactement un corps à reffort. Suppofons enfuite que ce fyftême vienne frapper perpendiculairement un plan inébranlable, fuivant la direction de
la ligne qui enfile tous ces petits corps. Il eft évident que
le petit corps dur qui frappera immédiatement le plan,
perdra à l'inftant toute fa viteffe. Le fecond corpufcule,
celui qui fuit immédiatement le premier, pourra avancer tant foit peu, vû la compreffibilité du petit reffort
placé entre deux ; mais comme ce reffort eft (*hyp.*)

infiniment petit, qu'il doit cesser de se comprimer dès
que ses parties seront absolument contigues les unes aux
autres (ce qui doit arriver très-promptement), & que le
second corps n'auroit d'ailleurs qu'un chemin infiniment
petit à faire pour arriver jusqu'au premier corps, n'est-il
pas bien vrai-semblable, ou plutôt n'est-il pas certain
que ce second corps n'aura pas entierement perdu son
mouvement, avant que d'être arrivé au point de ne pouvoir plus avancer ? En ce cas ce qui lui reste de mouvement ou plutôt de tendance au mouvement, s'anéan-
tira tout à coup, comme quand un corps dur choque
un plan inébranlable. Il en sera de même de plusieurs
des corpuscules suivans. Or tous ces corpuscules qui
n'ont perdu qu'une partie de leur mouvement par la
compression des ressorts, & qui n'ont pû faire usage du
reste, ne recevront par la restitution du ressort que la
partie de mouvement que la compression du ressort leur
avoit fait perdre, & ne pourront jamais recouvrer l'autre partie qui a été entiérement détruite. Cependant
chaque ressort se rétablira dans son premier état, & par
conséquent le système reprendra sa premiere figure &
non sa premiere vitesse. Mais on sent bien qu'il est très-
difficile, & comme impossible, de trouver la vitesse de
chaque petit corps après la restitution du ressort, & par
conséquent la vitesse totale du corps qui est égale à la
somme des vitesses partielles divisée par le nombre des
corpuscules. Pour trouver la vitesse de chaque petit
corps, il faudroit connoître le degré d'étendue & de

roideur de chaque reſſort, ce qui doit varier dans chaque cas.

Ce que nous venons de dire du choc d'un corps à reſſort contre un plan inébranlable, doit avoir lieu de même dans le choc mutuel de deux corps à reſſort, qui
doivent néceſſairement perdre quelque partie de leur
viteſſe par le choc.

On ſuppoſe ordinairement que quand un corps à reſſort choque un plan inébranlable, il n'y a que la partie
infiniment petite placée au point de contaɛ̄t qui perde
tout d'un coup ſon mouvement, & que les autres parties ne perdent le leur que peu à peu, & ſont toujours en
mouvement pour s'approcher du plan juſqu'à ce que le
reſſort ſoit tout à fait bandé. Le raiſonnement précédent ſuffit pour montrer combien cette hypotheſe eſt
peu conforme à la nature.

I I.

Nous avons ſuppoſé dans tout le cours des Recherches précédentes, que quand deux corps à reſſort ſe
choquent avec des viteſſes qui ſont en raiſon inverſe
de leurs maſſes, le reſſort des deux corps eſt ſemblable-
ment & également bandé à chaque inſtant, enſorte que
les viteſſes perdues à chaque inſtant ſont en raiſon inverſe des maſſes, & que le point d'attouchement reſte
en repos pendant tout le tems que le reſſort ſe bande
& ſe débande. Or ſi le reſſort des deux corps n'eſt
pas ſemblable, cette ſuppoſition n'aura pas lieu, ce qui
peut

peut apporter du changement dans les folutions.

C'eft donc une fuppofition trop limitée & trop peu générale, que celle qui a été faite par plufieurs Auteurs, pour expliquer les loix du choc des corps à reffort. Ils imaginent un reffort placé entre les deux corps, & également bandé par l'un & par l'autre, enforte que chaque corps perde à chaque inftant des quantités de mouvement égales, & que le point du reffort placé au centre de gravité des deux corps refte en repos. Il eft vifible que cette fuppofition ne peut repréfenter clairement que le feul cas où le point de contact refte en repos pendant que les deux corps fe compriment & fe rétabliffent.

I I I.

Si un corps à reffort vient choquer perpendiculairement un plan inébranlable, & qu'on fuppofe ce corps à reffort parfait, c'eft-à-dire capable de reprendre par fon reffort la viteffe qu'il a perdue par le choc, il eft évident que ce corps rejaillira après le choc avec toute fa viteffe. Mais fi dans l'inftant où le corps eft entiérement applati, & a perdu toute fa viteffe par le bandement du reffort, on vient tout à coup à ôter le plan, il eft évident que le reffort étant alors abfolument libre, tend à fe débander en deux fens contraires, & que les mouvemens qu'il tend à imprimer étant oppofés, doivent fe détruire mutuellement; d'où il s'enfuit que le corps rejaillira avec une viteffe beaucoup moindre que dans le premier cas; il pourra même arriver qu'il ne rejaillisse point du tout, si la figure du corps dans son état de compression étoit telle, que le ressort se débandât également dans les deux sens contraires. Par la même raison si on ôte le plan dans le tems où le ressort n'est pas encore tout-à-fait débandé & rétabli, le corps rejaillira évidemment avec moins de vitesse que dans le cas du plan immobile.

Or quand le ressort des deux corps est parfaitement semblable, ensorte qu'ils se bandent & se débandent en même tems, le point de contact demeurant immobile durant tout ce tems, ces corps se servent mutuellement d'un appui inébranlable; & l'on conçoit qu'ils doivent rejaillir avec leurs premieres vitesses. Mais si un des ressorts est débandé avant l'autre, le corps dont le ressort est débandé ne peut-il pas alors se séparer de l'autre corps, & la vitesse avec laquelle ce dernier rejaillit n'en sera-t-elle pas diminuée?

I V.

Quelles sont les loix du choc d'un corps dur contre un corps à ressort? Elles se réduisent à savoir ce qui arrivera, quand deux corps, l'un dur, l'autre à ressort, se choquent en sens contraire avec des vitesses réciproquement proportionnelles à leurs masses. Il est évident que dans ce cas le point de contact ne peut être immobile, comme dans celui où les deux corps sont à ressort, & à ressort semblable. Le point immobile (car il

faut qu'il y en ait un) fera donc dans l'intérieur du corps
à reſſort. Mais ce point immobile ſera-t-il toujours le
même, ou changera-t-il à chaque inſtant pendant que le
reſſort ſe bande & ſe débande ? Il me ſemble qu'il doit
changer de place. En effet 1°. dans le premier inſtant de
la compreſſion le point immobile doit ſe trouver infiniment proche du point de contact, ou pour parler plus
exactement, très - proche. Car ſi ce point n'étoit pas
très-proche du point de contact, il faudroit donc que
la partie finie du corps à reſſort, placée entre ce point
& le point de contact, changeât bruſquement ſa viteſſe
de poſitive en négative, ce qu'on ne peut ſuppoſer dans
un corps à reſſort tel que celui dont il eſt queſtion, &
dans lequel toute partie finie doit être ſuppoſée perdre
ſa viteſſe par degrés. Pour le faire ſentir, nommons a la
viteſſe poſitive avant le choc, & $- b$ la viteſſe deve-
nue négative dans la partie du corps dont il s'agit ; il
s'enſuivroit donc que cette partie auroit perdu la viteſſe
$a + b$ qui auroit été détruite *bruſquement*. Or cela ne
ſe peut dans un corps à reſſort tel qu'on le ſuppoſe. Le
point immobile ſera donc au premier inſtant comme
infiniment près du point de contact. 2°. Dans les inſtans
ſuivans, comme les parties du corps dur ne peuvent cé-
der, & qu'elles avancent toujours, il eſt évident qu'elles
doivent faire reculer le point immobile, lequel ſe trouve
trop près du point de contact, & par conſéquent du corps
dur, pour reſter toujours à la même place. Le point immobile changera donc pendant que le reſſort ſe bande.

I i ij

Le reſſort ſe débandant enſuite, le point immobile ſu-
bira en ſens contraire tous les changemens qu'il avoit
ſubis pendant la compreſſion; & chacun des deux corps
recevra en ſens contraire à chaque inſtant la viteſſe qu'il
avoit perdue par le choc. Donc au dernier inſtant de la
reſtitution la viteſſe de chaque corps ſera la même (en
ſens contraire) qu'au premier inſtant de la compreſſion.
Ainſi les deux corps reprendront en arriere toute leur
viteſſe, & les loix du choc des corps durs & des corps à
reſſort parfait ſeront les mêmes que ſi les corps qui ſe
choquent étoient tous deux à reſſort parfait.

On voit par ces différentes obſervations, que nous
pourrions étendre encore plus loin, combien de recherches il reſte à faire ſur les loix du choc des corps, &
combien il s'en faut que la matiere ait été épuiſée par
le grand nombre de Géometres qui l'ont traitée juſqu'ici; ces Géometres n'ayant examiné que les cas les
plus ſimples & les moins ordinaires.

CHAPITRE IV.

Du Principe de la conſervation des forces vives.

186. SI des corps agiſſent les uns ſur les autres, ſoit
en ſe tirant par des fils ou des verges inflexibles,
ſoit en ſe pouſſant, pourvû qu'ils ſoient à reſſort parfait
dans ce dernier cas, la ſomme des produits des maſſes

par les quarrés des viteſſes, fait toujours une quantité conſtante; & ſi ces corps ſont animés par des puiſſances quelconques, la ſomme des produits des maſſes par les quarrés des viteſſes à chaque inſtant, eſt égale à la ſomme des produits des maſſes par les quarrés des viteſſes initiales, plus les quarrés des viteſſes que les corps auroient acquiſes, ſi étant animés par les mêmes puiſſances, ils s'étoient mûs librement chacun ſur la ligne qu'il a décrite. C'eſt dans ces deux principes que conſiſte ce qu'on appelle *la conſervation des forces vives.*

M. *Huyghens* eſt le premier, que je ſache, qui ait fait mention de ces deux principes, & M. *Bernoulli* le premier qui en ait fait voir l'uſage, pour réſoudre élégamment & avec facilité pluſieurs Problêmes de Dynamique. J'entreprends de donner dans ce Chapitre, ſinon une démonſtration générale pour tous les cas, au moins les principes ſuffiſans pour trouver la démonſtration dans chaque cas particulier.

187. Imaginons d'abord deux corps A, B (Fig. 60), d'une étendue infiniment petite, attachés à la verge inflexible AB; & ſuppoſons qu'on imprime à ces corps des directions & des viteſſes quelconques, repréſentées par les lignes infiniment petites AK, BD. Il faut par notre principe, faire les parallélogrammes MC, NL, tels que $LC = AB$, & $B \times BM = A \times AN$; BC & AL feront les viteſſes & les directions des corps B & A. Or $BC^2 = BD^2 - 2CE \times CD - CD^2$, & $AL^2 = AK^2 + 2PL \times KL - KL^2$; donc $B . BC^2 + A . AL^2$

$$= A . AK^2 + B \times BD^2 + A(2PL.KL - KL^2)$$
$$- B(2CE.CD + CD^2)$$ qui se réduit à $A . AK^2 +$ $B . BD^2 - A . KL^2 - B . CD^2$, à cause que $CE = PL$ & $A.KL = B.CD$.

On a donc $B . BC^2 + A . AL^2 = A . AK^2 + B . BD^2 - A . KL^2 - B . CD^2$.

<h3 style="text-align:center">COROLLAIRE I.</h3>

188. Si NA, BM sont infiniment petites, c'est-à-dire si les vitesses AL, BC, ne différent qu'infiniment peu des vitesses AK, BD, la conservation des forces vives aura lieu. Car négligeant dans l'équation les lignes KL, CD, on aura $B . BC^2 + A . AL^2 = A . AK^2 + B . BD^2$.

<h3 style="text-align:center">COROLLAIRE II.</h3>

189. Si NA, BM ne sont pas infiniment petites, & qu'on fasse $CF = CD, LO = LK$, & en sens contraire, il est aisé de prouver que $BF^2 = BD^2 - 4CE.CD$, & $AO^2 = AK^2 + 4PL \times KL$. Donc $B . BF^2 + A . AO^2 = B(BD^2 - 2BM.2CE) + A(AK^2 + 2.AN \times 2PL) = B . BD^2 + A . AK^2$, parce que $CE = PL$ & $A . AN = B . BM$.

Donc la conservation des forces vives a encore lieu ici. Mais, si l'on y fait attention, ce cas est précisément celui du choc de deux corps élastiques (*art.* 168).

De la conservation des forces vives dans les corps qui se tirent par des fils ou par des verges inflexibles.

190. Nous avons vû dans l'article précédent, que si

deux corps font attachés au bout d'une verge inflexible , & qu'on leur donne à chacun une viteffe quelconque, la confervation des forces vives n'a lieu que quand les viteffes qu'ils prennent différent infiniment peu des viteffes qu'ils ont reçûes. Or la viteffe initiale réelle de chacun de ces corps , peut différer d'une quantité finie de celle qu'on a imprimée à chacun fuivant une direction quelconque. Mais quand ils ont une fois commencé à fe mouvoir chacun fur fa courbe, leur viteffe ne varie qu'infiniment peu d'un inftant à l'autre (56). Ainfi dans le cas de l'article 188 la fomme des produits de chaque maffe par le quarré de fa viteffe eft toujours égale, non à la fomme des produits de chaque maffe par le quarré de la viteffe imprimée à chacune au premier inftant , mais par le quarré de la viteffe initiale réelle de chacune.

191. Il faut donc préfentement démontrer en général, que fi des corps fe meuvent en fe tirant par des fils ou

---

(56) Que les corps A & B joints par la ligne inflexible $A B$ (Pl. V. fig. 15) ayent décrit dans un inftant les lignes infiniment petites $A C, B D$, & que dans l'inftant fuivant au lieu de décrire $C E = C A, D F = D B$, (comme ils l'auroient fait s'ils euffent été libres) ils décrivent $C H, D K$; je dis que les lignes $E H$ & $F K$ qui repréfentent les mouvemens perdus feront infiniment petites du fecond ordre.

Car quelle que puiffe être la pofition des points H & K , le centre de gravité g' doit être dans la ligne droite $G g$ qu'il a décrite au premier inftant, & l'on doit avoir $g' g = G g$ (art. 76) ; donc $g' H = g C = A G$; mais (art. 91) $E g' - A G$ ou (ce qui eft ici la même chofe) $E g' - g' H$ eft égal à $2 (A G - C g)$ moins une quantité infiniment petite du fecond ordre ; donc puifque $A G = C g, E g' - g' H$ eft infiniment petite du fecond ordre , donc $E H$ l'eft auffi : la démonftration eft la même pour $F K$. Donc &c.

par des verges inflexibles, & que la vitesse de chacun ne varie à chaque instant qu'infiniment peu, la somme des produits des masses par les quarrés des vitesses sera constante, si les corps ne sont animés d'aucune puissance; & que s'ils le sont, elle sera égale à la somme des effets des forces motrices pour chaque corps.

Or j'observe d'abord, que le second de ces deux cas suit immédiatement du premier; c'est-à-dire que le premier étant supposé vrai, le second l'est aussi nécessairement. Car supposons deux corps A, a (Fig. 61) attachés l'un à l'autre par la verge Aa, & animés par des puissances motrices dirigées suivant les lignes quelconques EF, ef, dont la position à chaque instant soit telle qu'on voudra; que BA, ab soient les lignes que ces corps ont décrites pendant un même instant, & qui peuvent par conséquent représenter leurs vitesses. Si chacun de ces corps étoit libre, ils décriroient dans l'instant suivant les lignes AO, ao égales & en ligne droite avec AB, ab; supposant que AD, ad représentassent l'effet des puissances motrices pendant cet instant, leurs vitesses seroient changées en AN, an; & menant les perpendiculaires BC, bc sur AC, ac, on auroit $AN^2 = AB^2 + 2.AD.AC$, & $an^2 = ab^2 + 2.ad.ac$; mais comme les vitesses AB, ab sont les vitesses réelles que les corps ont dans le premier instant, & que les vitesses AN, an n'en différent qu'infiniment peu, ces mêmes vitesses AN, an ne différeront qu'infiniment peu des vitesses dans lesquelles elles seront changées par l'action réciproque des deux corps.

Donc,

Donc, si on nomme V, v les vitesses AB, ab; U, u les vitesses des corps A, a au second instant, c'est-à-dire les vitesses qu'ils ont au lieu de AN, an, on aura $A.UU + a.uu = A.AN^2 + a.an^2 = A(AB^2 + 2AD \times CA) + a(ab^2 + 2ad.ca) = A.VV + a.vv + 2A.AD.CA + 2a.ad.ca$. Donc $A(UU - VV) + a(uu - vv) = 2A.AD.CA + 2a.ad.ca$, c'est-à-dire $2AVdV + 2avdv = 2A.AD.CA + 2a.ad.ca$, ou (supposant $V = 0$ & $v = 0$ au commencement du mouvement) $AVV + avv = \int 2A.AD.CA + \int 2a.ad.ca$. Mais si les corps A, a se mouvoient librement sur les courbes GA, ga, il est clair que $\int 2A \times AD.CA$ seroit l'effet de la force motrice de A depuis G jusqu'en A, & de même $\int 2a.ad.ca$ l'effet de la force motrice de a depuis g jusqu'en a (57). Donc &c.

Si au commencement du mouvement, on avoit $V = B$, $v = b$, il est évident qu'on auroit alors $AVV + avv = ABB + abb + \int 2A.AD.CA + \int 2a.ad.ca$.

On voit aisément que cette démonstration peut s'étendre à tel nombre de corps qu'on voudra ; car tout ce qu'on y a supposé, c'est que si la vitesse ne varie qu'infiniment peu d'un instant à l'autre, & que les corps ne soient

---

(57) La force accélératrice en A étant représentée par AD, son action suivant la courbe sera $\dfrac{AD \times AC}{AB}$; donc si u' est la vitesse du corps A mû librement sur GA, on aura $\dfrac{AD \times AC}{AB} \times AB = u'd\,u'$, ou $A \times AD \times AC = Au'd\,u'$: donc $2\int A \times AD \times AC = Au'u'$; or ce qu'on appelle ici l'effet d'une force motrice, est le produit de la masse par le quarré de la vitesse que cette force peut imprimer.

point animés de forces accélératrices, la somme des produits des masses par les quarrés des vitesses fait toujours
une somme constante. C'est donc ce qui nous reste à
démontrer en général. Pour cela nous avons besoin des
Lemmes suivans.

Lemme XII.

192. *Soit un parallélogramme quelconque* B V b N
(Fig. 62); je dis, que si par un de ses angles quelconques
B, *on tire à volonté la ligne* B D *de grandeur & de posi-*
tion quelconque, & que du point D *on tire les perpendicu-*
laires D n, D K, D G *sur* B b, B V, B N *prolongées;*
on aura B b . B n = B V . B K + B N . B G.

Démonstration.

Des points N, V, b soient menées les perpendiculaires
$N E, V F, b H$ sur $B D$ prolongée; on peut regarder les
côtés $B V, B N$ comme représentant des puissances dé-
composées chacune dans les deux $B F, V F$, & $B E$,
$E N$; & de même la diagonale $B b$ comme une puissance décomposée dans les deux $B H, b H$. Donc, puisque
la puissance $B b$ équivaut aux deux $B N, B V$, on aura
$B E + B F = B H$: or à cause des triangles semblables
$b H B, B D n$, on a $B b \times B n = B D \times B H = B D \times$
$B E + B D \times B F = B N . B G + B V . B K$. Ce qu'il
falloit démontrer (*).

___

(*) On pourroit démontrer cette proposition, par des principes purement
géométriques, sans avoir recours à la Mécanique; mais la démonstration que
nous avons donnée, fait voir comment les différentes parties des Mathéma-
ques peuvent s'éclairer mutuellement.

REMARQUE.

193. On voit aifément, que felon la pofition des points
E, F l'un par rapport à l'autre & par rapport au point *H*,
il faudra au lieu de la fomme des produits *BN.BG*, &
BV.BK prendre leur différence,& la faire égale à *Bb.Bn.*

*De la confervation des forces vives quand les corps,
regardés comme des points, fe tiennent par des fils.*

194. Imaginons que trois corps *A, B, C* (Fig. 63),
foient attachés au fil *ABC*, & qu'on imprime à ces corps
les viteffes *Aa, BG, Cx*, qu'ils foient forcés de changer
par leur action mutuelle dans les viteffes *AA, BD, CC*,
qui feront telles, que A $D = AB$; $DC = BC$: il faudra
regarder par notre principe les viteffes *Aa, BG, Cx*,
comme compofées des viteffes *AA, BD, CC*, & des
viteffes *Aa, Bb, Cc* par lefquelles feules les corps
A, B, C fe feroient équilibre; il faut donc prouver que
$A.AA^2 + B.BD^2 + C.CC^2 = A.Aa^2 + B.BG^2 + C.Cx^2$, c'eft-à-dire (58) que $A.Aa.AQ - B.BN \times BG + B.BV.BK - C.Cc.CM = o$. Or $CM = BK$,
& $C.Cc = B.BV$, à caufe de l'équilibre. De même
$AQ = BG$, & $A.Aa = B.BN$. Donc &c.

Si au lieu du corps *A* on fuppofoit un point fixe autour
duquel les corps *B, C* tournaffent, on auroit $AQ = o$,

___

(58) Cette équation revient au même que la précédente, en fubftituant dans
celle-ci à la place de AA^2, BD^2, &c. leurs valeurs qu'on trouve aifément
par les propriétés connues des quarrés des côtés des triangles, en ayant de plus
égard à l'article 193 précédent, & en négligeant les quantités infiniment petites du fecond ordre.

$BG = o$, & la propofition feroit encore vraie. Il eft vifible par la nature de la démonftration précédente, qu'elle eft générale pour tel nombre de corps qu'on voudra.

Si le point B n'étoit pas fixe en fa place, mais pouvoit couler librement le long du fil, alors Bb diviferoit l'angle ABC en deux également, & on auroit $A.Aa = B.BN$; $B.BV = C.Cc$; $B.BN = B.BV$; & enfin $AQ - BG = BK - CM$, parceque $AD + DC = AB + BC$; donc $A.Aa.AQ - B.BN.BG + B.BV.BK - C.Cc.CM = o$.

On voit donc fuffifamment que la confervation des forces vives a lieu dans tous les cas poffibles, quand les corps ne font regardés que comme des points, & fe tiennent par des fils.

<h3 style="text-align:center">Lemme XIII.</h3>

195. *Soient trois corps* A, B, C *animés des puiſſances* AQ, BR, Cc (*Fig.* 64), *& en équilibre ſur un levier de figure quelconque; & ſoient* AB, BC *les diſtances de ces corps l'un à l'autre. Imaginons le levier dans une autre ſituation quelconque infiniment proche de celle-là, & que les points* F, G, E *ſoient alors le lieu des corps* A, B, C, *de ſorte que* FG = AB; GE = BC : *je dis qu'en menant les perpendiculaires* GK, FX, EZ, *on aura* ra B.BR.BK = A.AQ.AX + C.Cc.CZ.

<h3 style="text-align:center">Démonstration.</h3>

Tant que le levier ABC n'eſt pas droit, cette propoſition peut ſe démontrer de la même maniere que ſi

A B C étoit un fil, parceque chacune des puiſſances peut toujours ſe changer en deux autres, dont la direction paſ-ſe par les points où les deux autres ſont appliqués, & que l'on aura ainſi ſix puiſſances, égales deux à deux & directement oppoſées. *Voy. les art.* 192, 193, 194.

Il n'y a que le ſeul cas où le levier ABC (Fig. 65) eſt droit, dans lequel une pareille décompoſition ne ſe peut faire, & pour lequel il eſt néceſſaire de trouver une démonſtration particuliere. Soient donc AQ, BR, Cc perpendiculaires au levier ABC, on aura $B.BR.BO$ (59) $= C.Cc.CL + A.AQ.AY$; mais les lignes BO, BK; CL, CZ; AY, AX ne différent l'une de l'autre que d'une quantité infiniment petite par rapport à elles. Donc $B.BR.BK = C.Cc.CZ + A.AQ.AX$. Donc &c. *Ce qu'il falloit démontrer.*

R E M A R Q U E.

196. Si le levier ABC (Fig. 66) étoit fixe en quelque point, en Γ par exemple, & qu'on imaginât le levier dans une autre ſituation $F \Gamma G E$, la propoſition ſeroit encore vraie, & ſe démontreroit d'une maniere ſemblable.

De la conſervation des forces vives, quand les corps ſe tiennent par des verges inflexibles, & qu'on les regarde comme des points.

197. Il eſt clair que par le Lemme précédent (60) on

---

(59) Par la propriété connue des momens de pluſieurs forces en équilibre entr'elles.

(60) Il n'y aura qu'à conſidérer $AQ, AF; BR, BG; Cc, CE$ (fig. 64)

démontrera la conservation des forces vives, quand les corps se tiennent par des verges inflexibles, & que chacun de ces corps est fixe à la verge. Si l'un des corps comme B (Fig. 64) pouvoit couler le long de la verge, alors la vitesse BR qu'il perdroit, devroit être perpendiculaire à la verge, & il se trouveroit dans l'instant suivant, non au point G tel que $FG = AB$, mais à un point g infiniment proche de celui-là (*). Or à cause que les points B, G sont infiniment proches, & que Gg, BA doivent être censées parallèles, la ligne Gg doit être regardée comme perpendiculaire à BK, & partant on peut prendre Bk & BK l'une pour l'autre, parceque leur différence est infiniment petite du second ordre. Donc la conservation des forces vives a encore lieu dans ce cas.

De la conservation des forces vives, quand les corps sont de masses finies, & qu'ils se tiennent par des fils ou par des verges inflexibles.

198. Nous avons vû dans le Lemme XIII. que si trois corps A, B, C animés des forces AQ, BR, Cc de directions quelconques, sont en équilibre, on aura $C.Cc.CZ + A.AQ.AX = B.BR.BK$. D'où il s'enfuit, que si on prend Br égale & contraire à BR (Fig. 64), c'est-à-dire si on cherche la force résultante des deux puissances

---

comme les vitesses détruites, & les vitesses restantes aux corps A, B, C, & suivre exactement le même procédé qu'à l'article 195.

(*) On suppose ici que le levier ABC est une courbe aussi-bien que FGE, & que BR est perpendiculaire à cette courbe en B. Il a paru inutile de faire pour cela une nouvelle figure.

$C.\,Cc,\,A.\,AQ$, on réduira toujours $C.\,Cc.\,CZ +$ $A.\,AQ.\,AX$ à un feul produi t $B.\,Br.\,BK$. Ainfi quel que foit le nombre des corps attachés à une verge inflexible, fi on prend le point B par où paffe la force réfultante, & qu'on imagine ce point B parvenu en G, il fuffira de prendre le produit de BK par la force réfultante, au lieu de la fomme de tous ces produits.

Or pour que la confervation des forces vives ait lieu, il faut, comme nous l'avons vû, que la fomme de tous ces produits foit $= o$. Donc il faut, ou que la force réfultante foit $= o$, ou que BK foit $= o$. Or $1°$. quand il n'y a pas de point fixe, la force réfultante eft $= o$. $2°$. Quand il y en a un, la viteffe du point B doit être nulle, ou au moins fa direction eft néceffairement perpendiculaire à la direction de la force réfultante. En effet, fi l'obftacle eft un point Mathématique, comme le point d'appui d'un levier, la direction de la force réfultante paffe par ce point d'appui, & le mouvement du point B eft un mouvement de rotation autour de ce point, ou le point B n'eft autre chofe que le point d'appui même, dont le mouvement eft zéro. Si l'obftacle eft une furface immobile, le point B par où paffe la direction de la force réfultante eft néceffairement un point qui touche cette furface, & dont le mouvement inftantané eft fuivant la direction de cette furface même, tandis que la direction de la force réfultante eft perpendiculaire à cette furface. Donc en général $BK = o$, quand il y a un point fixe. Il eft donc démontré, que quand les corps fe tiennent par des leviers inflexibles, fixes ou non fixes, la confervation des forces vives a lieu.

199. Si les corps fe tiennent par des fils, alors on imaginera aux extrémités de chaque portion de fil qui eft entre deux corps, deux puiffances égales & oppofées qui tirent dans la direction du fil, & la démonftration fe déduira aifément de ce qui a été dit ci-deffus (*art.* 194) quand les corps étoient regardés comme des points.

200. Si le fil paffe à travers un ou plufieurs de ces corps, de maniere qu'ils puiffent y couler librement, alors comme la direction de la force réfultante des mouvemens perdus à chaque inftant paffe (*art.* 153) par le point de concours G (Fig. 67) des lignes CS, AR, & divife cet angle en deux également; il faudra, au lieu de cette force réfultante, imaginer deux puiffances égales qui tirent fuivant SG, & RG dans la direction des fils CS, AR; de plus fi on fuppofe que SV, RN foient les chemins des points S, R, & qu'on mene les perpendiculaires VD, NP, on aura, à caufe de $AR + SC$ conftante, $SD = RP$. Moyennant ces deux remarques, on viendra aifément à bout de démontrer dans tous les cas, la confervation des forces vives.

De la confervation des forces vives dans le choc des Corps élaſtiques.

201. Nous pourrions démontrer la confervation des forces vives dans le choc des corps élaftiques, en regardant ces corps comme durs, & fuppofant que la compreffion

preſſion & la reſtitution du reſſort ſe fît dans un inſtant, nous avons même déja donné dans l'article 189 un eſſai de démonſtration de cette eſpece ; mais comme nous avons obſervé (*art.* 176 & *ſuiv.*) que cette hypotheſe pourroit tromper ſur les véritables loix du choc des corps élaſtiques, nous l'abandonnerons ici, & nous démontrerons la propoſition dont il s'agit, en ſuppoſant un reſſort placé entre les deux corps, & qui leur donne en ſens contraires des forces motrices égales.

202. Soient A, B (Fig. 68), deux points unis par un reſſort AB, leſquels ayant reçû des impulſions quelconques AG, BF, décrivent les courbes Ama, BMb pendant le tems de la compreſſion & de la reſtitution du reſſort : ſoit φ la force motrice variable, qui eſt égale à chaque inſtant pour les deux corps, & qui les pouſſe en ſens contraires dans la direction du reſſort Mm, V la viteſſe de M, u celle de m, G la viteſſe de B, g celle de A, MV, dz, mu, dx, on aura $BVV = BGG - 2\int \varphi\, dz$, & $Auu = Agg + 2\int \varphi\, dx$. Mais lorſque $ab = AB$, on a $2\int \varphi\, dx - 2\int \varphi\, dz = 0$; car $dx - dz$ eſt la quantité dont le reſſort ſe comprime ou ſe dilate à chaque inſtant, & quand $ab = AB$, le reſſort eſt remis dans ſon premier état. Donc $Auu + BVV = Agg + BGG$, lorſque la compreſſion eſt finie.

Il eſt clair que cette démonſtration peut s'étendre à tant de points qu'on voudra, liés enſemble d'une maniere quelconque. On voit donc que la conſervation des forces vives a lieu pour des points liés par des reſſorts.

L l

Quand les corps font finis, il fuffit (*art.* 198) pour prouver la confervation des forces vives, de prouver que cette confervation a lieu dans les points par où paffe la direction de la force réfultante des forces qui fe font équilibre; ces points font dans l'un & dans l'autre corps le point par lequel ils fe touchent, & que nous fuppofons demeurer toujours le point touchant pendant la compref-fion & la reftitution, que nous regardons ici comme achevées dans un tems très - court. C'eft par ces points qu'il faut imaginer que paffe le reffort, qui leur communique en fens contraire à chaque inftant des forces motrices égales, qui fe diftribuent enfuite dans toute la maf-fe. Donc ce cas fe trouve par-là réduit au précédent.

203. Si les corps A, B (Fig. 69) fe choquoient par le moyen d'une verge $C\,B\,A$ fixe en C, alors les forces motrices appliquées en A & en B ne feroient plus égales, mais elles feroient en raifon inverfe des bras $C\,A$, $C\,B$, & comme les chemins des points B & A en tems égaux, font en raifon directe de ces bras de levier; il s'enfuit que le produit des forces motrices par le chemin des points A, B feroit égal de part & d'autre. Ainfi on peut encore ici démontrer la confervation des forces vives, foit par le principe de l'*art.* 189, en fuppofant les corps incompreffibles, foit en imaginant un reffort infiniment petit placé en A & un autre en B. Ce qu'il eft inutile d'expliquer plus en détail pour des Lecteurs intelligens.

Donc la confervation des forces vives aura encore lieu dans le cas dont il s'agit ici; & il eft clair en combinant les principes établis ci-deffus, qu'on pourra toujours la démontrer dans le choc des corps élaftiques.

SCOLIE GÉNÉRAL.

204. Il réfulte de tout ce que nous avons dit jufqu'à préfent, qu'en général la confervation des forces vives dépend de ce principe, que quand des puiffances fe font équilibre, les viteffes des points où elles font appliquées, eftimées fuivant la direction de ces puiffances, font en raifon inverfe. de ces mêmes puiffances. Ce principe eft reconnu depuis long-tems par les Géometres pour le principe fondamental de l'équilibre; mais perfonne, que je fache, n'a encore démontré ce principe en général, ni fait voir que celui de la confervation des forces vives en réfulte néceffairement.

Le principe de l'équilibre dont nous venons de parler, peut toujours fe démontrer facilement. Car, ou les puiffances font égales & directement oppofées, ou elles font appliquées à des bras de levier différens, ou enfin la force réfultante de ces puiffances paffe par quelque obftacle fixe & infurmontable, comme dans le Problême X. Tout ce que nous avons dit ci-deffus eft, ce me femble, fuffifant pour démontrer les deux premiers cas : à l'égard du dernier cas, il eft vifible que les puiffances décompofées dans une direction perpendiculaire à la force réfultante feront égales, & que les viteffes dans ce même fens feront égales auffi. Or de là il eft aifé de tirer la démonftration en la cherchant fur quelque cas, par exemple fur celui du Problême X. où elle eft aifée à trouver.

Si la force accélératrice qui anime les corps eft la gravité g, & que x, z &c. foient les abfciffes verticales des courbes qu'ils décrivent, on aura (*art.* 191) $A V V + a v v$ &c. $= 2 A g x + 2 a g z$ &c. en fuppofant, comme dans la démonftration de cet *art.* 191, que les corps partent du repos ; & fi les corps partoient avec les viteffes initiales B, b, on auroit $A V V + a u u$ &c. $= A B B + a b b + 2 A g x + 2 a g z$ &c. Il eft à remarquer que fi z eft négative par rapport à x, c'eft-à-dire fi le corps a monte tandis que le corps A defcend, il faudra mettre $- 2 a g z$. Par exemple fi deux corps égaux font attachés à un levier dont les bras foient c, e, & que celui de ces deux corps qui agit par le plus long bras de levier c, entraîne l'autre & le force à fe mouvoir de bas en haut, on aura $A V V + A u u$ ou

$$A V V + \frac{A V V e e}{c c} = 2 g A x - 2 g A z =$$

$$2 g A x - \frac{2 g A e x}{c} ;$$ d'où l'on tire $V V =$

$$\frac{2 g x (c c - c e)}{c c + e e} ;$$ équation qu'on trouveroit aifément d'ailleurs, foit par notre principe, foit par d'autres.

Il eft de plus aifé de voir que la quantité $2 A g x + 2 a g z$ &c. eft égale en général au produit de la fomme des poids par le double de la defcente du centre de gravité. Car la defcente du centre de gravité, comme il eſt aiſé de le démontrer par la Statique, eſt

$$\frac{A\,g\,x \,+\, a\,g\,z \;\&\text{c.}}{A\,g \,+\, a\,g \;\&\text{c.}}$$. Ainſi dans le cas où les corps ſont

peſans, la ſomme des forces vives à chaque inſtant eſt égale à la ſomme des forces vives initiales, plus à la force vive d'un poids unique égal à la ſomme de tous les poids, lequel deſcendroit librement d'une hauteur égale à la quantité dont le centre de gravité eſt deſcendu.

De la conſervation des forces vives dans les fluides.

205. Soit un vaſe de figure quelconque & indéfini *P O T Q* (Fig. 70) dont la partie *A D C Z* terminée par les parallèles *A D, C Z* ſoit remplie de fluide. Soit imaginé ce fluide diviſé en tranches *F K G* parallèles à *A D*; & que tous les points de chaque tranche ſoient animés par une force accélératrice repréſentée par l'ordonnée correſpondante *k f* de la courbe *d f b*, (les ordonnées *a d* repréſentant les forces accélératrices poſitives, c'eſt-à-dire qui tendent de *L* vers *B*, & les ordonnées *k f* celles dont la direction eſt en ſens contraire); je dis que ſi le fluide en cet état eſt en équilibre, l'aire ou ſurface *a d n m o b c* ſera zéro, c'eſt-à-dire la ſomme des aires poſitives égale à la ſomme des aires négatives.

Car pour l'équilibre, il faut qu'une tranche quelconque *F K G* ſoit preſſée également de bas en haut, & de haut en bas : or la preſſion de la tranche *F K G* ſuivant *L B,* eſt la même que ſi elle étoit chargée du cylindre

EHFG, dont le poids, en appellant *LK*, *x*, & φ la force accélératrice de chaque tranche, fera $FG \times \int \varphi \, dx$, ou $FG \times (adin - nfk)$; on prouvera de même que la pression de *FG* suivant *BK*, fera $FG(kfm - mog + gcb)$ & comme ces deux pressions doivent être égales, on aura $adin - nfk = kfm - mog + gcb$, & $adin - nfkm + mog - gcb = 0$. Donc &c. *Ce qu'il falloit démontrer.*

C O R O L L A I R E   I.

206. Si au lieu de la force accélératrice φ on substitue la petite vitesse *du* qui lui feroit proportionnelle, le tems étant constant, c'est-à-dire la petite vitesse avec laquelle chaque tranche, considérée comme isolée, descendroit dans un instant, on aura $\int du \, dx = 0$. Donc si le fluide se meut vers *AB*, & que *du* repréfente la vitesse perdue ou gagnée par chaque tranche, c'est-à-dire (*art.* 60) la vitesse par laquelle chaque tranche feroit restée en équilibre avec les autres, on aura $\int du \, dx = 0$.

C O R O L L A I R E   I I.

207. Nous avons fait voir ci-dessus en général (*art.* 191) que la conservation des forces vives quand les corps font animés par la pefanteur ou par une force accélératrice quelconque, dépend de la conservation des forces vives quand il n'y a point de forces accélératrices. Nous nous contenterons donc de prouver, que si un fluide *ADCZ*, pouffé & mis d'abord en mouvement par quelque caufe

(comme par un piston) se meut dans le vase $POTQ$, abstraction faite de la pesanteur, la conservation des forces vives aura lieu.

Pour cela, nous imaginerons le fluide partagé en tranches égales & infiniment petites, dont la masse sera appellée m, & dont l'épaisseur sera dx & y la largeur ; on aura ainsi $m = y\,dx$. Si on appelle u la vitesse de chaque tranche, & $u + du$ sa vitesse dans l'instant suivant ; il faudra par notre principe, que les tranches animées des vitesses du se fassent équilibre, c'est-à-dire que $\int du\,dx$ sera $= 0$ (*Cor. précéd.*). Mais pour démontrer la conservation des forces vives, il faut prouver (61) que $\int m\,u\,du = 0$: or $u = \frac{1}{y}$, puisque la vitesse de chaque tranche est en raison inverse de sa largeur ; $m = y\,dx$; donc $\int m\,u\,du = \int du\,dx = 0$. Donc &c.

AVERTISSEMENT.

M. *Daniel Bernoulli* dans son excellent Ouvrage qui a pour titre : *Hydrodynamica* &c. a tiré les loix du mouvement des fluides dans des vases, de la conservation des forces vives, mais sans la démontrer. Comme notre principe général exposé *art.* 60. nous a conduit à en trou-

---

(61) Si $\int m\,u\,du = 0$, & qu'on nomme u' la vitesse de la même tranche dans l'instant suivant, on aura (en faisant $y\,dx$ ou m constant, ce qui est permis), $\int \dfrac{m\,u'u' - m\,uu}{2} = 0$ (puisque $\dfrac{m\,u'u' - m\,uu}{2} = m\,u\,du$) ; donc $\int m\,u'u' = \int m\,uu$.

ver la démonſtration, il eſt évident que nous aurions pû déduire immédiatement de ce même principe le mouvement du fluide, ce qui auroit encore été plus lumineux & plus direct. Mais comme notre deſſein n'eſt point de traiter ici des fluides, nous nous ſommes contentés de faire voir en deux mots l'uſage de notre principe dans une matiere qui paroît ſi épineuſe. Nous nous contenterons donc ici de ce leger eſſai, & nous renverrons ceux qui déſireroient un plus grand détail, à notre *Traité de l'équilibre & du mouvement des Fluides*, dans lequel nous avons déduit de notre principe général, la ſolution des Problêmes les plus difficiles qu'on ait juſqu'à préſent propoſés ſur cette matiere.

F I N.

Quoique

Quoique l'Écrit suivant soit étranger à l'objet de ce Traité, cependant comme il a trop peu d'étendue pour être publié séparément, & qu'il a rapport au dernier Ouvrage que j'ai mis au jour, j'ai cru qu'on me permettroit de l'insérer ici.

LES réflexions que j'ai faites fur les Tables de la Lune, dans la troifiéme Partie de mes *Recherches fur le fyftême du Monde*, publiée en 1756, ont donné lieu à quelques obfervations, auxquelles je vais tâcher de répondre ; & j'efpere que cette réponfe fuffira, fans multiplier davantage les écrits, pour mettre au fait des queftions controverfées, le petit nombre de Juges qui font à portée d'en connoître.

I. Si le Problême des mouvemens de la Lune, fur lequel plufieurs Géometres fe font exercés, pouvoit être réfolu exactement & rigoureufement, il n'y auroit entre ces Géometres aucun fujet de partage fur le degré de perfection dont la folution eft fufceptible. Mais dans l'état où eft aujourd'hui l'Analyfe, le Problême dont il s'agit ne peut être réfolu que par approximation, c'eft-à-dire d'une maniere qui eft toujours néceffairement imparfaite. Or il m'a paru, & je n'en répéterai point ici les raifons qui, ce me femble, ne peuvent être combattues, que la multitude des quantités qu'on eft forcé de négliger dans ce Problême, jettoit beaucoup d'incertitude fur la valeur des coefficiens des équations qu'on trouve par la théorie ; je ne vois pas comment on peut être affuré *à priori* d'avoir déterminé la valeur d'aucun de ces coefficiens à une minute près ; il y en a même fur lefquels je crois que l'erreur peut aller fort au-delà, puifque ceux qui prétendent avoir fait ces calculs avec le plus de foin, ont varié quelquefois de deux minutes & plus dans les déterminations fucceffives d'un même coefficient. Je n'ai cependant point donné ces doutes fur l'exactitude *rigoureufe* de la théorie pour des raifons démonftratives, mais pour de fortes préfomptions, le feul genre de preuves qu'on puiffe employer dans cette matiere. Elles paroiffent avoir frappé M. Euler ainfi que moi, comme on le peut voir pag. 18 de la troifiéme Partie de mes *Recherches fur le fyftême du Monde* ; & ce grand Analyfte s'eft exercé affez long tems fur la théorie de la Lune, pour en connoître parfaitement les difficultés. D'ailleurs il ne faudroit, ce me femble, que l'erreur dans laquelle les Géometres ont été long-tems par rapport au mouvement de l'apogée, pour les rendre très-circonfpects dans leurs affertions fur cette matiere ; ils ont cru que la théorie ne faifoit trouver que la moitié de ce mouvement, parce qu'ils fuppofoient fauffement que les quantités qu'ils négligeoient ne pouvoient jamais donner qu'un réfultat très petit ; ce réfultat négligé & regardé comme prefque infenfible, étoit pourtant de près d'un degré & demi ; qui ofera répondre après cela d'une minute & plus d'erreur dans la valeur des autres coefficiens ? On feroit d'autant moins fondé à le préten- dre, que la différence, s'il y en a, eft ici toute à l'avan- tage du mouvement de l'apogée. Ce mouvement étant très-confidérable, & de 3° à chaque révolution, il faut néceffairement ou que la folution du Problême de la Lune foit mauvaife, ou qu'elle donne ce mouvement à peu près tel qu'il eft ; trois ou quatre minutes d'erreur fur trois degrés ne feront ici d'aucune confidération ; mais une ou deux minutes le feront fur certains coefficiens de l'équation lunaire, fans qu'il en réfulte pour cela d'er- reur trop grande fur le mouvement total de la Lune. En un mot pour pouvoir compter fur l'exactitude d'un coef- ficient, il faudroit être affuré, 1°. que la férie qui expri- me ce coefficient eft *conftamment* & *rapidement* conver- gente. 2°. Qu'on n'a négligé dans cette férie aucun des termes qui pouvoient être de quelque confidération. Or je le demande à tous ceux qui ont travaillé à la théorie de la Lune ; peut-on jamais refter fans nuage fur ces deux points dans les calculs énormes & très-compliqués que cette théorie demande ? Ce ne feroit pas ici le pre- mier Problême qu'on ne pourroit réfoudre par appro- ximation que jufqu'à un certain point, & il n'y auroit à cela rien de furprenant. Auffi les partifans les plus dé- clarés & les plus exclufifs de la théorie conviennent-ils que le *fuccès* feul peut en conftater l'exactitude ; pour lors les raifons de douter céderont aux faits. Mais ils conviendront auffi que jufqu'à préfent on n'eft point encore arrivé à ce fuccès; puifqu'après des calculs immenfes, l'erreur des Tables s'eft encore trouvée de plus de 4′ fur 100 obfervations.

I I. C'eft par toutes ces raifons qu'en publiant mes Tables, je n'ai pas cru devoir rien prononcer fur leur degré d'exactitude, me contentant d'inviter les Aftronomes à s'en affurer. J'aurois fait moi-même cet examen fi des occupations indifpenfables me l'euffent permis; mais pour le faciliter aux Aftronomes, j'ai publié au commencement de 1756 des *Tables de correction*, dont le calcul eft très-expéditif, & par le moyen defquelles on peut vérifier très - promptement les réfultats de la théorie. Perfonne n'ignore que depuis le commencement de ce fiécle les Aftronomes ont obfervé & calculé avec foin un grand nombre de lieux de la Lune, & infcrit dans leurs regiftres la différence du calcul à l'obfervation; il n'y aura plus qu'à appliquer les Tables de correction aux lieux calculés, pour voir fi ces Tables donnent le lieu de la Lune plus exactement, ce qui ne demande que très-peu de travail. Cet ufage fi fimple & fi naturel de mes Tables de correction fuffiroit, non-feulement pour juftifier la peine que j'ai prife de les dreffer, mais pour les faire préférer à des Tables entiérement nouvelles, dont la comparaifon avec les obfervations fera toujours fans comparaifon plus longue & plus épineufe. C'eft auffi cet ufage que j'ai eu principalement en vûe en publiant mes Tables, & qui doit, ce me femble, fauter aux yeux de tous les Géometres &

de tous les Aftronomes; ce qui me juftifie fuffifamment
de n'y avoir pas autant infifté que quelques Lecteurs
auroient paru le vouloir. Il me fuffit que ces Lecteurs
ne puiffent fe difpenfer de reconnoître cet avantage de
mes Tables, & de l'approuver. Mais ce n'eft pas le feul.
L'expérience montre que les Aftronomes ont beaucoup
de peine à fe détacher de la forme de Tables qu'ils
ont une fois adoptée, furtout lorfqu'ils ne connoiffent pas
affez le degré d'exactitude des nouvelles Tables qu'on
leur préfente. Ainfi quand ils auront obfervé eux-mêmes
un lieu de la Lune, ils trouveront encore plus fimple de
calculer d'abord ce lieu par les Tables dont ils fe fer-
vent pour l'ordinaire, d'examiner la différence du lieu
calculé à celui qu'ils auront obfervé, & de voir enfin (par
un calcul d'un moment) fi des Tables de correction diminuent ou non cette différence, que de calculer d'a-
bord le lieu de la Lune par de nouvelles Tables qu'on
leur aura préfentées.

I I I. Ces réflexions au refte tombent beaucoup plus
fur la grande utilité dont peuvent être en général des
Tables de correction pour vérifier la théorie, que fur
l'avantage particulier qu'on peut tirer des miennes. Encore une fois, je me fuis propofé fimplement d'offrir
aux Aftronomes dans ces Tables les réfultats que la théorie m'avoit donnés; tout ce que j'ai dit dans mon Ouvrage, prouve affez que je n'ai point prétendu répondre
de ces réfultats. Le calcul, par exemple, m'a donné la
variation fenfiblement plus petite que dans les autres

Tables, & j'ai cru fur des raifons qu'on a trouvées plau-
fibles, & qui le font en effet, que les Aftronomes pouvoient l'avoir faite trop grande. Mais il fe pourroit que je
l'euffe auffi trop diminuée, & que j'euffe en même-tems
un peu trop augmenté l'*évection*. J'avertis cependant que
j'ai calculé ces deux élémens avec un foin & une patience extrêmes, en ne négligeant que les quantités du
même ordre que la cinquiéme puiffance de l'excentricité; & fi ces termes négligés avoient pu produire une
erreur de deux minutes, je n'en ferois que plus convaincu de ce que j'ai avancé fur l'incertitude où l'on
eft toujours dans la théorie de la valeur des quantités
qu'on néglige. Cependant avant que de prononcer dé-
finitivement fur la valeur que j'ai donnée à la *variation*
& à l'*évection*, il fera bon d'examiner fi la différence du
lieu calculé au lieu obfervé, ne viendra pas en très-grande partie des autres termes de l'équation lunaire, dont
plufieurs font jufqu'ici très-incertains, & très - différens
dans toutes les Tables. Enfin des Tables de correction,
quelles quelles foient, auront toujours un avantage,
c'eft que les équations en étant fort petites, il fera plus
aifé de voir en quoi peuvent pécher ces équations, &
de les faire approcher davantage de la vérité, que de
pratiquer cette opération fur des Tables entiérement
nouvelles. Quand par ces différens moyens, on aura
donné aux Tables de correction toute la perfection poffible, il fera facile pour lors de les refondre dans les an-
ciennes Tables.

IV. Les Tables que j'ai choifies pour y appliquer des Tables de correction, font celles des *Inflitutions Aflronomiques*, 1°. parceque ces Tables font celles dont les Aftronomes me paroiffent faire actuellement le plus d'ufage, le calcul en étant incomparablement plus court que celui de quelques autres Tables publiées depuis. 2°. Parcequ'ayant été comparées à un très-grand nombre d'obfervations dans toutes fortes de circonftances, on peut fe flatter de connoître affez-bien le degré d'erreur dont elles font fufceptibles, & que M. le Monnier affure monter rarement à 5'. 3°. Enfin parceque l'erreur de ces Tables eft toute calculée pour une quantité confidérable de points. En effet on a déja l'erreur des Tables de Halley pour une période entiere : or l'on fait que les Tables des *Inflitutions* ne différent que très-peu de celles de Halley, quant au réfultat & quant à la forme ; elles ne s'en écartent que fur deux points, auxquels il eft très-aifé d'avoir égard. On fait de plus que M. le Monnier continue fur fes propres Tables, ce que Halley a fait fur les fiennes, pour en déterminer l'erreur à chaque période, & qu'il publie de tems en tems le réfultat de fon travail.

V. De tous les Mathématiciens qui ont donné en dernier lieu des Tables de la Lune, M. Mayer eft celui qui fe flatte le plus d'avoir approché de la vérité. On affure que M. Bradley y ayant comparé depuis peu plus de 300 obfervations, n'a pas trouvé une minute de différence ; ce qui fuppofe, ce me femble, que M. Mayer a fait quelques corrections à fes premieres Tables ; car les obfervations qu'il avoit d'abord comparées à fon calcul (les feules qui ayent été publiées jufqu'ici) s'en éloignoient quelquefois de deux minutes, *même dans les Syzygies*. C'eft cette différence qui avoit principalement fait naître mes premiers doutes fur l'exactitude des Tables de M. Mayer. Car elles avoient le défaut auquel de bonnes Tables ne paroiffoient pas devoir être fujettes, de n'être pas plus exactes dans les fyzygies qu'ailleurs ; & l'exactitude qu'elles donnoient dans les fyzygies n'étoit gueres plus grande que celle des Tables Newtoniennes, s'il eft vrai, comme on le prétend, que les premiers Aftronomes qui avoient borné à 2′ le degré d'erreur de ces dernieres Tables, ne les euffent gueres vérifiées que dans les fyzygies. Quoiqu'il en foit, bien-loin de refufer à M. Mayer la juftice qui lui eft dûe, je défire au contraire que l'exactitude de fes Tables foit en effet conftatée de plus en plus ; 1°. Parceque ces Tables font de la forme la plus expéditive pour le calcul. 2°. Parceque fi l'erreur de ces Tables ne va pas au-delà d'une minute, comme on l'affure, il n'y a gueres lieu d'efpérer que la théorie donne jamais une exactitude plus grande ; car les Tables formées fur la théorie préfentent un très grand nombre de coefficiens, dont aucun, de l'aveu de tout le monde, ne peut être réputé exact à quelques fecondes près : or quelques fecondes d'erreur fur plufieurs coefficiens feront bien-tôt une minute fur le total. 3°. Enfin parceque M. Mayer a vrai-femblablement

dreffé

dreffé fes Tables, moitié fur une théorie qui ne paroît pas avoir été fort rigoureufe, moitié fur une efpece de tâtonnement éclairé par les obfervations; ce qui ferviroit à confirmer l'opinion où je fuis, qu'on peut conftruire plus promptement & plus exactement des Tables de la Lune, en joignant les obfervations à la théorie, qu'en employant la théorie feule, ou les obfervations feules. Ce n'eft pas que je ne convienne de la grande utilité, de la néceffité même de la théorie, pour perfectionner les Tables; ce n'eft pas non plus que je veuille blâmer les Géometres qui croyent pouvoir s'en contenter. Mais je crois l'autre méthode plus courte & plus fûre, & c'eft celle-là que je me propofe d'employer, fi mes occupations me permettent de terminer mon travail fur la Lune; travail qui ne demande plus que de la patience & du tems, & dans lequel je ne ferai point fâché d'être prévenu par d'autres. Il me fuffira d'avoir réfolu le Problême des trois corps par une méthode, qui n'eft je crois inférieure à aucune des méthodes connues, & d'avoir fourni aux Géometres, comme je l'ai fait, un grand nombre de vûes pour tirer tout le parti poffible de la folution de ce Problême, vainement cherchée jufqu'à ces derniers tems.

VI. Il n'eft pas douteux qu'il n'entre d'autres quantités que l'excentricité dans l'équation du centre de la Lune; il ne faut qu'avoir calculé avec exactitude cette équation pour en être convaincu. On peut même prouver qu'en ayant égard à cette remarque, & réduifant toutes les Tables à la même forme, les différentes équations du centre s'accordent à très-peu-près. Mais cela n'a pas dû m'empêcher de dire un mot de la diverfité entre les excentricités trouvées par différens Géometres & Aftronomes, & d'en laiffer, comme je l'ai fait, la décifion aux obfervateurs à venir; cet élément de la théorie de la Lune ne pouvant être trop examiné.

VII. La comparaifon des deux méthodes dont on peut fe fervir pour trouver l'erreur du mouvement moyen, eft en elle-même peu importante, puifqu'on eft à peu près le maître de préférer celle des deux qu'on juge à propos; j'ai donc cru qu'il étoit inutile d'employer une méthode fevere & pénible pour cette comparaifon; & je lui en ai préféré une autre, moins rigoureufe à la vérité, mais auffi d'une utilité plus générale, & qui donne lieu, comme on en eft convenu, à des remarques curieufes. D'ailleurs les Aftronomes différent entr'eux de près de 15" fur la quantité qu'il faut ajoûter au lieu moyen pour corriger les Tables de Halley; il auroit fallu difcuter les raifons de cette différence, & cette difcuffion m'auroit mené trop loin, d'autant qu'elle n'étoit pas effentielle.

VIII. Quand j'ai donné une méthode plus abrégée que celle des *Inftitutions* pour calculer le lieu de la Lune, je n'ai pas prétendu que le réfultat des deux méthodes dût être abfolument le même; cela n'eft nullement néceffaire; il fuffit que la différence des réfultats foit d'un côré confidérablement plus petite que le réfultat total, & de l'autre fort au-deſſous de l'erreur dont les Tables des *Inſtitutions* ſont ſuſceptibles. Il y a de plus deux manieres de ſimplifier des Tables; ſoit en réduiſant pluſieurs équations à une ſeule, qui donnent ou exactement, ou à peu près le même réſultat; ſoit en retranchant celles qui paroiſſent n'être pas néceſſaires; c'eſt pour cette derniere raiſon que j'ai retranché quelques équations, comme une ſeconde équation du moyen mouvement que le calcul m'a fait trouver trop petite pour mériter attention. Au reſte il me ſeroit aiſé de prouver (mais cela eſt en ſoi fort peu important) que j'avois trouvé les abrégés dont il s'agit, avant la publication des Tables de M. Mayer.

IX. La méthode de trouver les coefficiens des équations lunaires par la théorie, ne peut être pratiquée que par un très-petit nombre de Géometres. Au contraire celle que j'ai donnée de trouver ces coefficiens par les ſeules obſervations, peut être miſe en uſage à la fois par un très - grand nombre d'Aſtronomes, en ſe ſervant de tous les moyens de ſimplification que je leur ai fournis. Sans être attachés à aucune théorie, ils auront du moins l'avantage de connoître déja à peu près par les différentes théories qui ont été publiées la valeur des principaux coefficiens, & cette connoiſſance peut abréger & ſimplifier leur travail. Un tâtonnement éclairé pourra leur apprendre le reſte; & pourquoi ne s'en flatteroit-on pas, lorſqu'on voit ce qu'un pareil tâtonnement a donné vraiſemblablement d'exactitude aux Tables de M. Mayer?

D'ailleurs c'eſt pour fournir aux Aſtronomes tous les ſe-cours qu'ils peuvent attendre de l'analyſe, que j'ai don-né la méthode dont il s'agit. Dans une matiere telle que celle-ci, on ne ſauroit ſe procurer un trop grand nombre de reſſources, & de trop d'eſpeces. C'eſt par la même rai-ſon que j'ai donné en paſſant la méthode de dreſſer des Tables d'après la formule du lieu moyen, dont on ne peut conteſter l'utilité, au moins quand il ſera queſtion de trouver le tems par le lieu.

X. Si je n'ai point conſtruit des Tables du mouvement horaire, c'eſt qu'il m'a paru que tout Aſtronome pouvoit les conſtruire avec beaucoup de facilité & de promptitu-de, par la méthode fort ſimple que j'ai expliquée. Au reſte je ne puis croire (vû le peu de certitude qu'on a ſur l'exac-titude des coefficiens) que la théorie donne, au moins juſqu'ici, le mouvement horaire à une ſeconde près ; une minute d'erreur ſur la ſeule *variation*, donne plus d'une ſeconde d'erreur dans le mouvement horaire, & il eſt aiſé de juger par la ſeule inſpection des différentes Ta-bles publiées juſqu'ici, que ces Tables doivent différer de pluſieurs ſecondes dans la détermination de ce mou-vement. Je ne croi pas non plus que dans aucun cas, par exemple dans la recherche de la parallaxe, il ſoit né-ceſſaire d'avoir égard aux erreurs d'une ſeconde dans la détermination du mouvement horaire, tant à cauſe de l'incertitude qui reſte encore dans ce mouvement, que parce qu'il s'en faut beaucoup qu'on puiſſe déterminer à une ſeconde près la parallaxe, cet élément ſi incertain par tant de raiſons.

XI. Je finirai par une réflexion qui ne doit pas être paf-
fée fous filence. Les différens objets de conteftation agités
aujourd'hui entre les Géometres fur la théorie de la Lune, ne doivent pas paroître furprenans, puifqu'ils rou-
lent fur des points que le calcul & l'obfervation n'ont pas
encore fuffifamment décidés, & fur lefquels il n'eft pas
étonnant qu'on fe partage aujourd'hui, pour fe rapprocher fans doute un jour, lorfque le tems aura pleinement
fixé tout ce qu'on peut attendre de la théorie. Mais un
point effentiel, & dont tous les Géometres conviennent
unanimement, c'eft que la théorie, dans l'état où elle eft,
fournit les preuves les plus convaincantes du fyftême de
la gravitation, & de l'accord de ce fyftême avec les mouvemens de la Lune.

De l'Imprimerie de J. C H A R D O N.

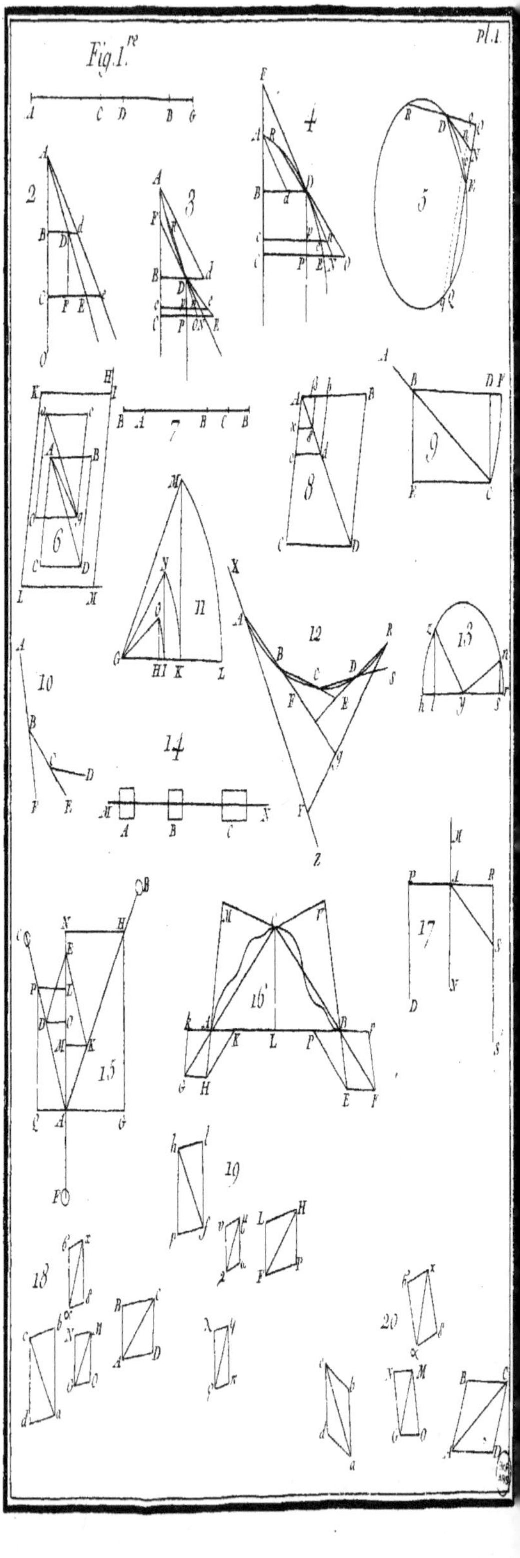

Fig.1.re
Pl.1.
2
3
4
5
6
7
8
9
10
11
12
13
14
15
16
17
18
19
20

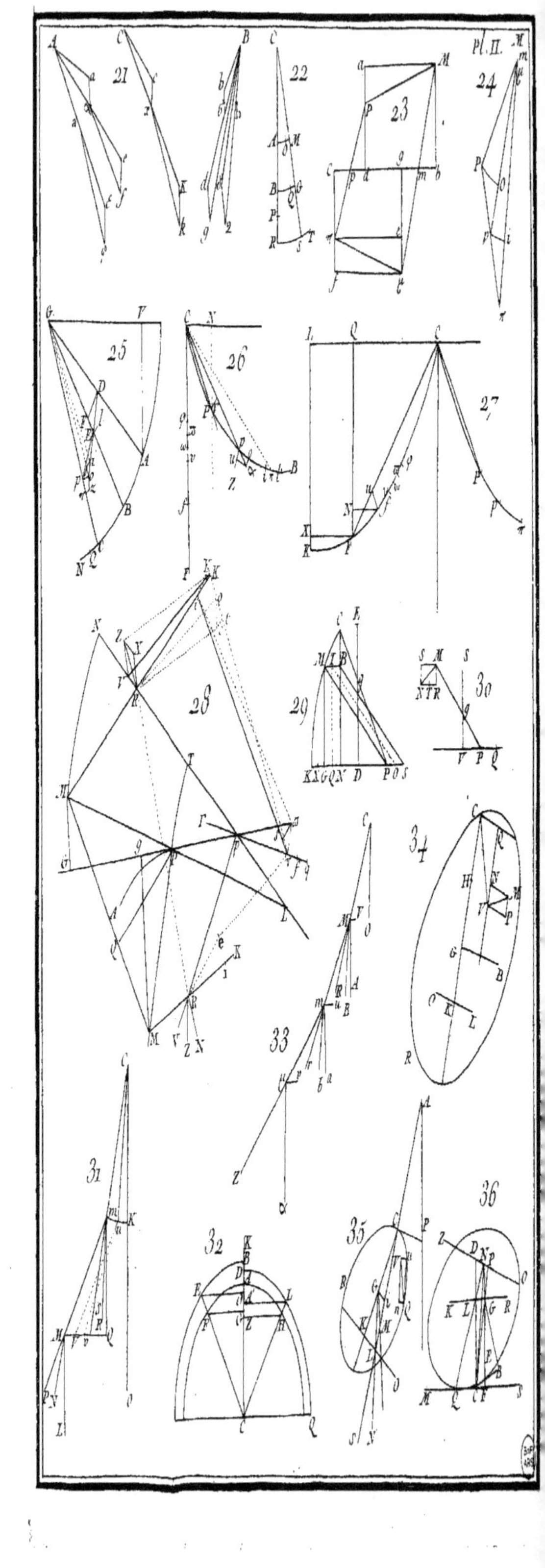

Pl. II.
21
22
23
24
25
26
27
28
29
30
31
32
33
34
35
36

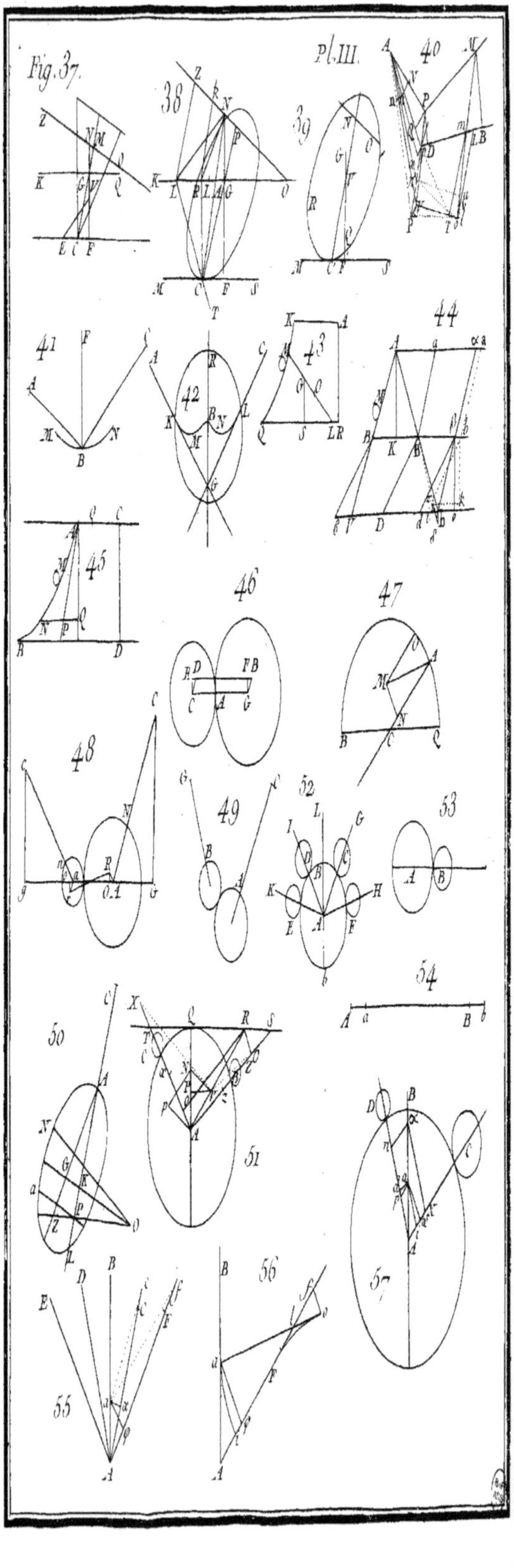

Fig.37.
38
Pl.III.
39
40
41
42
43
44
45
46
47
48
49
52
53
54
50
51
55
56
57

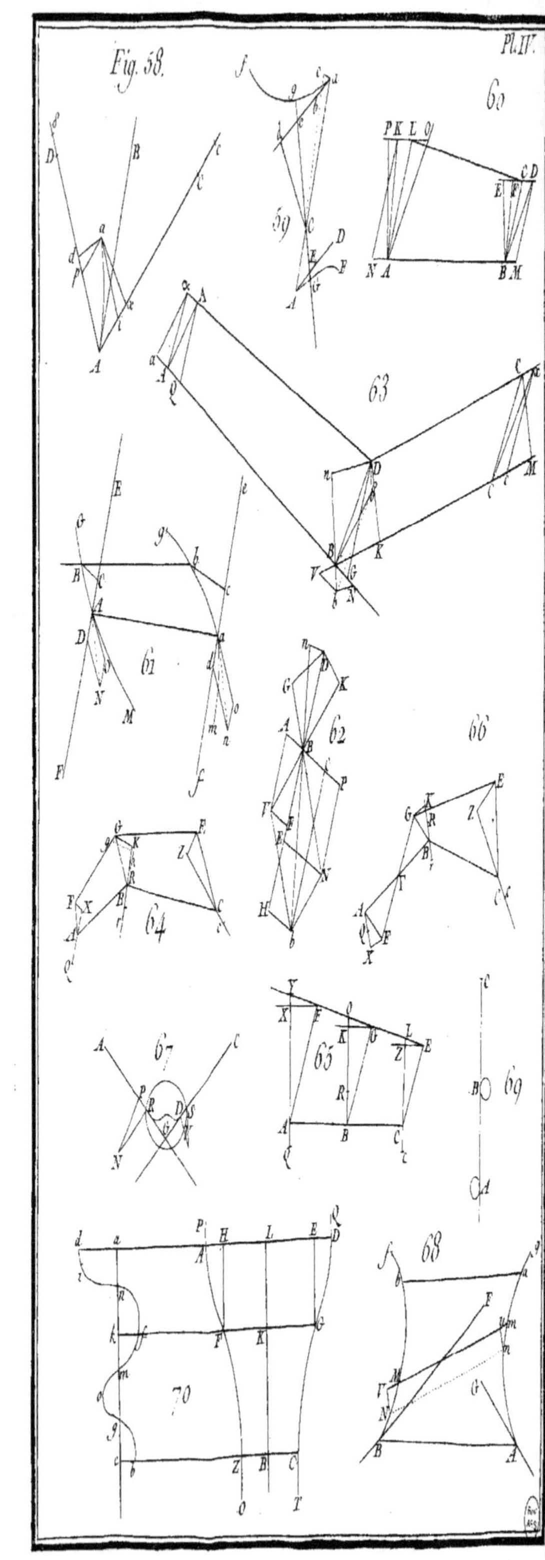

Pl. IV.
Fig. 58.
59
60
61
62
63
64
65
66
67
68
69
70

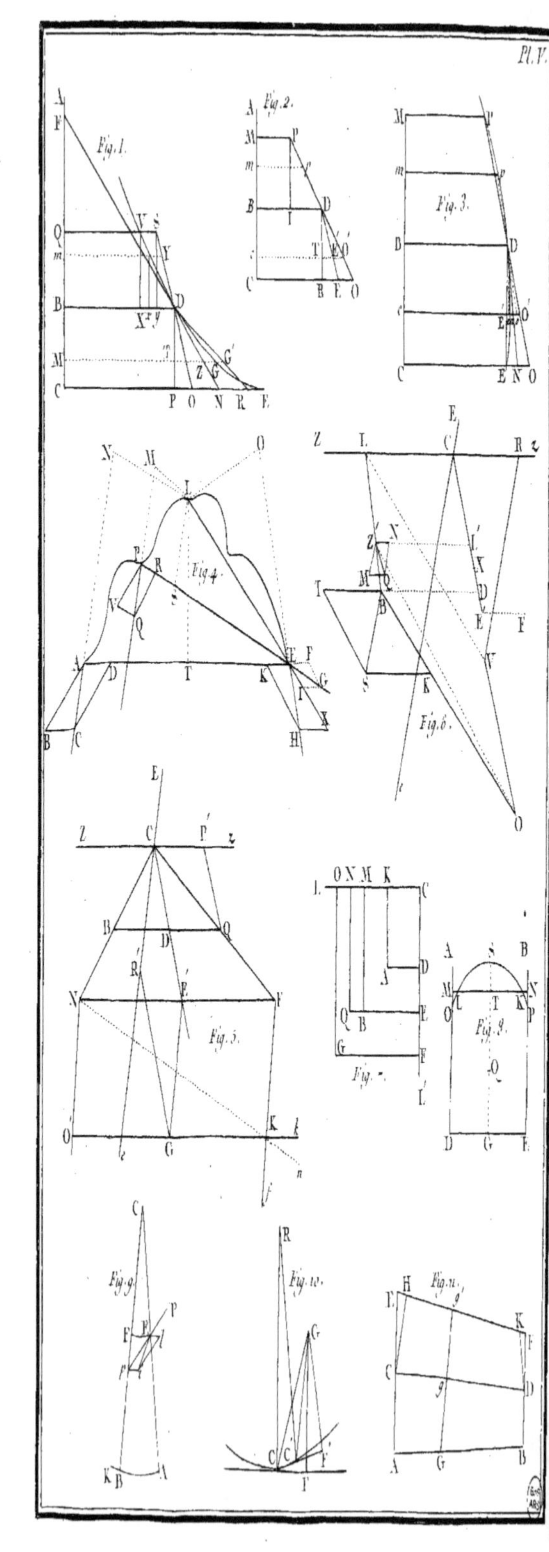
Pl. V.
Fig. 1.
Fig. 2.
Fig. 3.
Fig. 4.
Fig. 6.
Fig. 5.
Fig. 7.
Fig. 8.
Fig. 9.
Fig. 10.
Fig. 11.